明明白白學易經

易經

周易解謎

覃賢茂◎著

第八章 十翼：理解《周易》精髓的捷徑 / 421

明明白白學易經——《周易解謎》
序言

覃賢茂

2009年，是我的人生中一個重要的時間點。這一年因緣際遇，我離開了曾經生活了二十四年的異鄉南京，回到故鄉，進入了四川大學錦江學院文學傳媒學院任教，並且擔任了國學經典《周易》的教學任務。

說起來慚愧，我早在八十年代就開始學習《周易》，與《周易》結緣雖早，潛心研究數年之後，也自覺頗有一己之得，但一直並沒有起心發願要寫一本解讀《周易》的書。原因很多，主要是自己深知，那是一件極為艱巨浩大的工程，勞心勞神不說，時間上也會是極大的投入。而那時年輕的我，更多興趣在文學創作上。

倒是在九十年代，我寫作了兩部介紹《黃帝內經》運氣推算知識的普及小書，其中一本後來還在臺灣出了繁體版本。寫《黃帝內經》運氣推算，作為對我早年迷戀於東方神秘主義文化的一個總結和交待。

我在《黃帝內經與運氣推算》一書的前言寫道：

「實際上，後來發展得豐富成熟的中國古代算命術，具兩大理論支柱，一是八卦，一是陰陽五行。而代表八卦的經典著作為《易經》，代表陰陽五行學說的經典著作是《黃帝內經》」。

「精通中國古代算命術的人，都知道如果學習了《易經》和《黃帝內經》，那麼再學算命術，許多深奧難解之處，就會變得淺顯明白，一目之然了」。

而我在《實用運氣推算‧運氣要訣詳解》一書的前言則寫道：

「《運氣要訣》是由清代御醫吳謙等人，根據《黃帝內經‧素問》的內容編輯而成，是關於中國傳統運氣學說的簡明讀本，具有易記易誦的特點」。

「知八卦而不知運氣，猶如有兩腳之人卻只用獨腳行走，將去亦不遠」。

歲月流逝，風景轉移，幾乎就在 2009 年我在錦江學院擔任國學經典《周易》的教學任務的同時，我決定要寫這本《周易》解讀的書。我覺得條件成熟，時機正當，一是將我多年學習研究《周易》的心得與同好者分享，二是教學相長，更好地為同學們提供學習的便利參考資料。

當我面臨為學生介紹較為合適的《周易》解讀的讀本的時候，我實在是感到猶豫和困惑。按照我自己對解讀的理解，我覺得圖書市場上絕大多數《周易》解讀的讀本，並不是很適合像大學生這樣的初學者學習。關於這一點，我在後文的導讀文字，有更為詳細的說明，讀者可以自行明辨。

對於《周易》一書的解讀，我最為反對的一個觀點，就是如很多現代學者所認為的《周易》其經文文辭彼此是沒有內在的邏輯關係。這樣的觀點認為，「就《周易》全書的情況看，大部分內容仍屬於筮辭的堆砌，多數卦的卦爻辭之間缺乏甚至沒有邏輯的聯繫」（朱伯崑著《易學哲學史》第一卷第 10 頁）。這樣的觀點，在當今《周易》解讀書籍中佔據主導性的地位，我覺得這也正是真正問

題癥結的所在。

我認爲《周易》一書經文文辭的寫作或是編纂，理所當然是具有某種內在數理邏輯結構和形象思維方式。

我對於《周易》的理解，有一個形象的說法。我以爲《周易》一書六十四卦卦辭爻辭，就如同用象徵主義原則寫作的六十四首詩歌文本。

《周易》一書經文文辭的寫作或是編纂者，首先是「觀象繫詞」。他首先是面對《周易》六十四卦各種不同的卦形爻狀，細細體味觀察，根據某種內在建立的數理邏輯結構原則，然後再是用象徵主義原則繫撰出卦辭爻辭來。

所以，《周易》六十四卦卦辭爻辭，一定是與六十四卦卦爻圖像有著某種對應的關係。這種對應關係，並不是一一對應，彼此不是充分必要條件，只是必要條件，即是說，有此卦爻辭，一定是因爲有此卦象爻象的存在。

歷史上所謂三易，《連山》、《歸藏》、《周易》，都是應該這樣，以某種內在建立的數理邏輯結構原則，然後再是用象徵主義原則繫撰出卦辭爻辭來（雖然《連山》、《歸藏》都已經失傳，我們並不能確認它們是否有類似《周易》的辭爻辭）。

這樣的「觀象繫詞」象徵主義原則繫撰寫作方法，於情於理都是容易被我們理解和接受的。

如果讀者你自己有足夠的邏輯思維和形象思維能力，其實你也可以這樣寫作一部你自己的易經。

事實上古代文人做這種事情的大有人在。

明末清初的張潮（這是我非常喜歡的一個文人），就寫過一則小品《貧卦》。他是將大過卦（澤風大過，初、上分別是陰爻，中間四

爻全是陽爻）重新「觀象繫辭」，對大過卦圖像拆解為「分貝為貧」，「分上貝下，下八為初陰，中目為四陽，上分為上陰」（大過卦初爻為陰爻，陰爻兩斷即「下八為初陰」；上爻為陰爻，陰爻兩斷即「上分為上陰」。大過卦上卦兌，上面一陰爻兩斷，下面兩陽爻兩連，形狀恰像分字；下卦巽上面兩陽爻兩連，下面一陰爻兩斷，形狀恰像貝字），寫出卦辭：「貧，無咎，利君子貞，不利有攸往」，然後將每一爻也寫出爻辭。此小品《貧卦》才情詭異，錦繡文思，堪稱一絕。

　　類似的例子當然還有。如與張潮同時的尤侗作負卦，王晫作諂卦等（見王晫與張潮編纂的《檀幾叢書》，上海古籍出版社1992年影印版）。

　　將《周易》一書六十四卦卦辭爻辭看成用象徵主義原則寫作的六十四首詩歌文本，其實也有另外的學者認識到這一問題，雖然認識的程度和角度有所不同。

　　我曾經看到這樣的說法（見《略說周易和詩經的關係》，原載《華東師範大學學報》人文科學版1964年1期，轉引自夏傳才著《思無邪齋詩經論稿》，學苑出版社2000年9月版），歷史學家李平心先生認為：《周易》一書是戰國時代的一位作者所撰寫，其卦爻辭是「採用《詩經》的語句，模仿《詩經》的諧隱」，所以，「從內容和文體來看，《周易》襲用和模仿《詩經》」。

　　《周易》一書是戰國時代所撰出，這樣的論點現在幾乎已經是不攻自破，我們用不著去深究，但李平心先生能夠看出《周易》卦爻辭與《詩經》的諧隱（象徵主義的思維方式）有某種相類，還是有所見地。

　　話說回來，易經「觀象繫辭」這個觀點和原則，絕非我自己的

發明，這只是最早、最合於情理的原初解讀《周易》的理論體系。而因爲歷史的原因，這樣解讀《周易》的方法被忽略甚至幾近失傳。

根據我多年學習研究《周易》的經驗，對於像大學生這樣的初學者學習《周易》來說，回歸到傳統的解讀《周易》的理論體系，其實是最爲方便、有效、易於理解的學習方式。這才可以使初學者不會糾結和迷惑，才能知其然而又能知其所以然，才能學習得形象、生動、鮮活，才能感受到學習《周易》的樂趣，「玩索而有得」。

本書對《周易》的解讀是用孔子「以象解易」最本源而又是幾乎已經失傳的理論寫作，這樣的不合潮流的解易方式可能有點另類，但本書正本清源，如果讀者認真理解，這樣解釋《周易》對於讀者是最易明白而可以理解的。此種解易方式目前很難得有人使用，絕不敢臆說臆造，所有觀點都是言之有據，參考使用大量第一手古籍資料，有所根本，並且大量第一手古資料，掃除義理解易多年累積的「隔」的流弊。

本書雖然深有米珠之愧，但我也不能妄自菲薄。我相信呈現給讀者的，是篤實敦厚的材料和內容，尤其適合初學者以正途入門。

是爲序。

第一章
《周易》是一本什麼樣的書

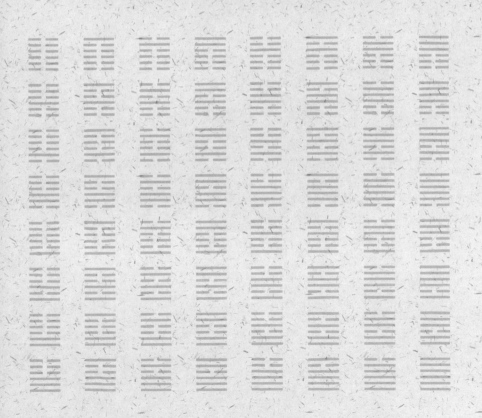

你對《周易》瞭解多少呢？請看下面的這些問題，你知道嗎？

1、乾卦的初爻爲什麼是「潛藏之龍」？

2、乾卦的第二爻「見龍在田」，「田」從何來？

3、乾卦的第三爻爲什麼說「君子」而不說龍了？

4、坤卦的初爻「履霜」，「霜」從何而來？

5、坤卦的第二爻爲什麼不學習還無不利？

6、坤卦的第三爻爲什麼「無成」卻能夠「善終」？

7、屯卦中的女子爲什麼十年嫁不出去？

8、蒙卦在說教育？其中有幾個老師？幾個學生？

9、需卦「不速之客」是哪三個人？

10、訟卦中打官司哪一位是法官？

12、師卦中誰是率師的將軍？

13、比卦中「後來的人有凶」，誰是「後來的人」？

14、小畜卦「密雲不雨」，雨到底下沒下？

15、履卦中爲什麼是「踩老虎的尾巴，老虎卻不咬人」？

16、泰卦中爲什麼「帝乙要嫁妹妹」？

17、否卦中爲什麼「不利君子貞」？

18、同人卦爲什麼又哭又笑？

19、大有卦用「大車以載」，大車在哪裏？

20、謙卦講謙虛，爲什麼還要「利用侵伐」？

…………

關鍵字：《周易》猶如一本謎語之書，其卦爻辭就是謎語的謎面。一般的白話《周易》只是教你讀懂謎面的文字，但是那有什麼意思？只有知道謎底，知其然而又知其所以然，你才是真正明明白

白讀懂了《周易》。

◆ 第一節 ◆ 《周易》的起源和成書

《周易》歷來有「人更三聖，世歷三古」的說法。意思是說：《周易》的成書，經歷了上古、中古、下古三個時代，由伏羲、文王、孔子三個聖人完成：伏羲畫卦、文王繫辭、孔子作十翼（「十翼」又稱《易傳》）。

關於《周易》的起源，傳統上一般認為《周易》起源自「河圖、洛書」。《易經‧繫辭上》云：「河出圖，洛出書，聖人則之。」

傳說在遠古時代，黃河出現了背上畫有圖形的龍馬，洛水出現了背上有文字的靈龜，聖人伏羲「仰觀天文，俯察地理，遠取諸物，近取諸身」，因此畫出了「先天八卦」。據說在伏羲時代，《易》只有八個符號，沒有文字，稱之為先天易。

伏羲，又名宓羲、包犧、庖犧等，亦稱犧皇、皇羲、太昊，史記中稱伏犧。是中國遠古史中傳說的人物，所處時代約為舊石器時代中晚期。又稱五天帝之一的東方青帝，是位於東方的司春之神，又稱蒼帝、木帝。據說伏羲生於隴西成紀（**今甘肅天水市**），是我國的人文初祖。

殷商末年，傳說暴戾失道的商紂王將周文王姬昌囚在羑里（**今河南湯陰縣**）長達七年之久，《周易》正是其被囚羑里時所作。周文王根據伏羲的「先天八卦」演繹出了「後天八卦」，也就是「文王八卦」，並進一步推演出了六十四卦，並作卦辭和爻辭（**或又說是文王寫卦辭，其兒子周公姬旦寫爻辭**）。

　　周文王（前 1152 年—前 1050 年），本名姬昌，是周太王之孫、季歷之子，是周朝的奠基者。商紂時，姬昌繼承西伯（**西方諸侯之長**）之位，故稱西伯昌。後來其子周武王姬發滅商，追尊他爲周文王。

　　孔子（前 551 年—前 479 年），名丘，字仲尼。祖籍宋國夏邑，出生於魯國陬邑　，春秋末期著名的思想家、政治家、教育家。據說孔子晚年好易，以至於「韋編三絕」（**意為孔子因讀《易》而翻斷了多次連接竹簡的牛皮帶子**）。孔子又說過：「加我數年，五十以學易，可以無大過矣」（《論語・述而》）。《史記・孔子世家》中記載：「孔子晚而喜易，序彖、繫、象、說卦、文言」，這就是說孔子作十翼的事情。

一、歷史上的「三易」

　　傳說歷史上的《易經》有三種，即「三易」：

　　一曰《連山》，據說是產生於神農時代的《連山易》，從艮卦開始，象徵「山之出雲，連綿不絕」。

　　二曰《歸藏》，據說是產生於黃帝時代的《歸藏易》，從坤卦開始，象徵「萬物莫不歸藏於其中」，表示萬物皆生於地，終又歸藏於地，一切以大地爲主。

　　三曰《周易》，據說是產生於殷商末年的《周易》，從乾卦開始，表示天地之間以及「天人之際」的學問不同。

　　《連山易》和《歸藏易》已經失傳，我們通常所說的《周易》就是《周易》。

　　《周易》的「周」字有兩種解釋，一說是周朝之周；另一說是周普、周備、周遍之意。

二、什麼是《周易》的一名三義

易，《說文解字》解釋：「蜥易，蝘蜓，守宮也，象形。《秘書》說：日月爲易，象陰陽也。一曰從勿」。對易的解釋，眾說紛紜，難有定論。主要的說法有兩種：

一是日月爲易。

段玉裁注：「按參同契曰：日月爲易，剛柔相當。陸氏德明引虞翻注參同契云：字從日下月。『象陰陽也』。謂上從日象陽，下從月象陰」。但段玉裁併不認可日月爲易的說法：「緯書說字多言形而非其義。此雖近理，要非六書之本，然下體亦非月也」。

二是易是蜥易的簡稱。

日月爲易的說法簡明可解。《周易正義》說：「夫易者，變化之總名，改換之殊稱」。朱熹《周易本義》說：「易，書名也。其卦本伏羲所畫，有交易、變易之義，故謂之易」。《乾鑿度》說：「孔子曰，易者，易也，變易也，不易也」。《周易正義》疏：「鄭玄依此義作易贊及易論云，易一名而含三義，易簡一也，變易二也，不易三也」。

《周易》講的到底是什麼神秘奧妙的道理，有一個最簡單的說法，就是「《周易》一名三義」：

不易；變易；簡易（或易簡）。

三、《十翼》：闡釋《周易》的十隻隱形翅膀

《周易》成書年代久遠，文辭古奧。而且加之中國文字的廣泛內含性（一字多音、一字多義），因此直解閱讀學習《周易》經文難度很大。

孔子在六十四卦經文的後面又加上了《十翼》（又稱，十傳），將其對《周易》經文的理解形成一套具有內在邏輯性體系的解釋模式，附於經文之後，幫助和指導後人學習和理解《周易》經文。

所以，前人有「先傳後經」的說法，學習《周易》最好是不能一開始就讀經文，否則越讀越糊塗。

然而，對於現代讀者來說，對於以文言文寫作的《十翼》，直解進行學習還是難度很大。加之《十翼》寫作時其預設的讀者對象應該是對《周易》經文並不陌生，所以許多地方文辭簡略，甚至語焉不詳，涉及一些數理邏輯問題更沒有細緻解釋，所以現代讀者直解先去學《十翼》，實際上也不是一件切合實際的事情。

本書在解讀《周易》經傳之前，將《十翼》中一些重要難解的關鍵內容，提前進行解讀。讀者先耐心掌握這些知識點，再去學習《十翼》原文，就容易了。

《十翼》的具體內容簡單歸納介紹：

繫辭上傳、下傳：繫，懸掛。是孔子的學易心得，是《周易》哲學體系通論。上傳主要講述八卦創立由來發生原理、《周易》學說世界觀以及內涵。下傳舉例深入討論《周易》學說世界觀以及對人們日常生活客觀實踐的指導。

彖傳上、彖傳下：彖，傳說中的獸名，牙堅利，象形，引申為斷。解釋六十四卦中每一卦的卦名、卦義及爻辭，總括一卦的概念及其意義。

象傳上（又稱大象）：從總體卦形卦象（內外卦）來解釋六十四卦中每一卦的象徵意義。

象傳下（又稱小象）：從六十四卦每卦中六爻每爻的情況來解釋這一爻的象徵意義。

　　文言傳：乾坤是易之門戶，乾坤兩卦是產生《周易》六十四卦的基礎。文言傳是專門解釋乾坤兩卦的含義的文辭。

　　說卦傳：解釋組成六十四卦的八個經卦（又稱基本卦、八卦）各自所象徵的物象事象及其內在邏輯關係。

　　序卦傳：解釋《周易》六十四卦的排序及其為什麼要這樣排序的內在義理規律。

　　雜卦傳：雜亂六十四卦序，用最精煉的語辭，歸納綜卦、錯卦兩個卦的卦義。

◆ 第 二 節 ◆ 《周易》的性質

　　《周易》是一切漢語文化的總源頭，是經典中的經典，歷來被譽為群經之首。在明代皇家《永樂大典》、清代皇家《四庫全書》的編列中，《周易》均居首位。古人曾言：「不讀易不可為將相」。不知易，居然是不可治理天下！學習《周易》，一直是被視為何等重要的大事！

　　漢語文化中各種學問分支，其實均是從《周易》而來。所以占卜家說它是占筮書，天文學家說它是天文書，哲學家說它是哲學書，歷史學家說它是歷史書，醫學家說它是醫學書，農學家說它是農事書，而文學說它是一部文字優美結構嚴謹的文學書，甚至詩歌的起源都在其中可以找到……《周易》的重要性自是不需在此處詳說。

　　那麼《周易》到底言說了什麼樣的秘密？如果說《周易》猶如一本謎語之書，怎樣才能解開它的謎底呢？

一、《周易》是一本卜筮之書

大儒朱熹在《周易本義》中主張「《易》本是卜筮之書」。這是對《周易》的性質最簡明的判斷。

《易傳》的《繫辭》中記載了「大衍筮法」，所以《周易》的卜筮性質是無可置疑的。秦始皇焚書坑儒的時候，《周易》因爲其被列爲醫術占卜書而倖免於難。可見歷史上最初對《周易》的認識是基於其卜筮的性質。

但是孔子作《易傳》，使《周易》成爲五經之首，對《周易》認識上升到哲學的高度，所以《周易》也是一部哲學之書。

另外，因爲《周易》的內容涉及許多歷史文獻內容，也有人主張《周易》是一部歷史書。

二、《周易》寫作的觀象繫辭原則

《周易》的卦辭和爻辭，絕不是有些人以爲的那樣，是隨意的安排。我們可以想像，一定是先有一個卦形卦象（比如乾卦是六陽爻，坤卦是六陰爻），然後《周易》的寫作者對此卦形卦象進行反覆的觀察、稽考，深思熟慮之後，才是以一種合理的內在邏輯對其卦爻象進行評判，以一種類似現代所謂的形象思維的方式，類似於象徵主義詩歌的寫作原則，寫下了卦爻辭。

比如：看到乾卦的卦形，是六個純粹的陽爻。《周易》的寫作者在對六個純粹陽爻的卦形卦象進行深思熟慮之後，在卦象後係以卦辭：「乾，元亨利貞」。

看到坤卦的卦形是六個純粹的陰爻，初爻是最下面的陰爻，《周易》的寫作者在對六個純粹陰爻的卦形卦象進行深思熟慮

之後，在初爻後係以爻辭：「履霜，堅冰至」。

易經「觀象繫辭」這個觀點和原則，是最早、最合於情理的原初解讀《周易》的理論體系。而因為歷史的原因，這樣解讀《周易》的方法被忽略甚至幾近失傳。

根據我的經驗，對於像大學生這樣的初學者學習《周易》來說，回歸到傳統的解讀《周易》的理論體系，其實是最為方便、有效、易於理解的學習方式。這才可以使初學者不會糾結和迷惑，才能知其然而又能知其所以然，才能學習得形象、生動、鮮活，才能感受到學習《周易》的樂趣，「玩索而有得」。

三、六十四卦如同六十四首象徵主義詩歌

《周易》一書經文文辭的寫作或是編纂，具有某種內在數理邏輯結構和形象思維方式。

我對於《周易》的理解，有一個形象的說法。我以為《周易》一書六十四卦卦辭爻辭，就如同用象徵主義原則寫作的六十四首詩歌文本。

《周易》一書經文文辭的寫作或是編纂者，首先是「觀象繫辭」。他首先是面對《周易》六十四卦各種不同的卦形爻狀，細細體味觀察，根據某種內在建立的數理邏輯結構原則，然後再是用象徵主義原則係撰出卦辭爻辭來。

所以，《周易》六十四卦卦辭爻辭，一定是與六十四卦卦爻圖像有著某種對應的關係。這種對應關係，並不是一一對應，彼此不是充分必要條件，只是必要條件，即是說，有此卦爻辭，一定是因為有此卦象爻象的存在。

這樣的「觀象繫辭」象徵主義原則係撰寫作方法，於情於理都

是容易被我們理解和接受的。

如果讀者你自己有足夠的邏輯思維和形象思維能力，其實你也可以這樣寫作一部你自己的易經。

◆ 第三節 ◆ 解讀《周易》的思路：《周易》研究史簡述

一、孔子傳易：以象解易

既然《周易》的寫作是「觀象繫辭」，其遵循的是某種象徵主義的詩歌寫作原則，六十四卦如同六十四首象徵主義詩歌，那麼「以象解易」，就是揭示《周易》內在秘密的必要途徑。

其實「以象解易」，最開始曾經是解釋《周易》的正統思路。

傳說孔子為了解釋《周易》而寫了十篇文字《十翼》（**翼就是翅膀，猶如說《十翼》是給《周易》裝上羽翼，使得《周易》的奧秘義理可以飛舉**），就是發揮「以象解易」的理論，為解密《周易》六十四卦卦辭、三百八十四爻爻辭的原「象」，指明了一套可以行之有效解釋的方法和易例。

比如：

乾為天、坤為地，震為雷，巽為風，坎為水，離為火，艮為山，兌為澤。

乾為馬，坤為牛，震為龍，巽為雞，坎為豕，離為雉，艮為狗，兌為羊。

乾為首，坤為腹，震為足，巽為股，坎為耳，離為目，艮為手，兌為口。

……

《十翼》中的這些說法，毫無疑義是在「以象解易」。雖然這只是最基本的「以象解易」系統，具體在對《周易》的卦爻辭進行解謎的時候，當然是沒有這樣簡單。

理解《周易》，應該先從理解孔子所作的《十翼》開始。

二、短命天才王弼：掃象不談

孔子傳易於商瞿（商瞿字子木，比孔子小二十九歲。商瞿雖然是魯國人，但生於四川雙流縣，居於瞿上，故名商瞿，其舊居稱為商瞿裏，後來在這裏居住的人，分別以地名取商姓和瞿姓），後來再輾轉傳到漢代。

漢易基本是繼承了「以象解易」的《周易》解釋傳統，但發揮得過分複雜，並且附會許多讖緯災祥的學說，日暮途窮，物極必反，引起許多有識之士的反感。所以到了魏晉，出現了一個不世出的短命天才，這就是只活了二十四歲的王弼（226 年－ 249 年）。王弼字輔嗣，三國時代曹魏山陽郡（今山東濟寧、魚台、金鄉一帶）人。

現在行世的十三經傳本，有一本就是這個短命天才王弼注釋的，就是後來在易學解釋史中佔據正統地位的《周易正義》。而另一本在中國古代經典中佔據極為重要地位的著作，老子的《道德經》，也是王弼注釋的。

王弼對《周易》進行注釋，對易學解釋史最大的貢獻就是所謂的「掃象不談」，「得意忘象」。

王弼從思辨哲學的高度來注釋《周易》，其境界是一般人難以企及，從此形成易學解釋史的一個新的傳統，這就是相對於「象數」派的「義理」學派。

　　王弼以言簡意賅的說詞論證代替漢易的繁瑣注釋，其實也是一種「明明白白學易經」的思路。

　　王弼以他的天才雄辯瓦解了漢易象數之學的機械蕪雜，但他在傾倒髒水的同時卻把澡盆裏的孩子一同倒掉。從此，「以象解易」的傳統一蹶不振。

　　王弼以後，通儒大家，或自詡玄妙高明之人，都羞於再做「以象解易」這樣的低級通俗功夫，所以易學解釋史自此以往，都是「義理」學派佔據主導地位。

　　隋唐之時，佛教和道家並盛，王弼以玄義解釋《周易》，與時代思想潮流合拍，大受歡迎。而王弼所注《周易》，更是在唐朝成為顯學，孔穎達等人奉命對王弼《周易》注本進行疏撰整理，成為官方權威版本《周易正義》，此後自唐至宋，明經取士，都是以此為準。「以象解易」的傳統漸漸淡出人們視線，以至於漢易傳統被人忽略、遺忘，幾乎失傳。

三、草根一族李鼎祚：保存象數一脈香火

　　唐朝中後期，資州磐石（今四川資中西北）人李鼎祚（生卒年不詳），編撰了一本叫《周易集解》的書，將那些瀕臨失傳的漢易「以象解易」學說部分保留了下來，使「象數」派尚存在一脈香火，不至於斷絕。

　　《周易集解》收集了漢魏晉唐馬融、荀爽、虞翻、王肅、蜀才、崔憬等 35 家的易說，極為難得珍貴。可以說是「象數派」的一部聖經，是研究「以象解易」的必讀必備參考書。

　　到了宋朝，北宋五子之一的程頤所著《周易程氏傳》，是「義理」學派集大成者。

此後，影響超強的朱熹所著《周易本義》，雖然也想從象數圖書中發掘精華另出奇招，但仍然是以肯定《周易程氏傳》的「義理」為主。

李鼎祚的《周易集解》，一直處於易學解釋史主流之外的邊緣，屬於「草根」一族，雖然此後引起無數學人的興趣，但並不是正統，是野狐禪、旁門左道之類。

四、大師級人物來知德：以象解易

明朝稍晚的時候，「以象解易」的傳統，終於出了一個大師級的人物，這還是我們四川老鄉，明夔州府梁山縣（今重慶梁平縣）人來知德（1526～1604）。來知德字矣鮮，別號瞿塘。他還真是一個耐得住寂寞的人，用了差不多三十年的時間，寫了一部驚世之作：《周易集注》。

來知德在並不排斥「義理」解釋的同時，力主「以象解易」，試圖還原《周易》神秘的本來面目，解開其謎底。

來知德的學問和成就舉世矚目，在當時是國寶級人物，被朝廷御賜稱名為「崛起真儒」、「一代大儒」。來知德獨享大名的生前生後事，我們不去說他，但他為「以象解易」的傳統挽回了臉面和榮譽，卻是難得和應該讓我們尊敬的。

《宋史·隱逸·譙定傳》記有一段逸事：

「初，程頤之父珦，嘗守廣漢，頤與兄顥皆隨侍。遊成都，見治篾箍桶者挾冊。就視之，則《易》也。欲擬議致詰，而篾者先曰：『若嘗學此乎？』因指《未濟》男之窮以發問。二程遜而問之。則曰：『三陽皆失位。』兄弟渙然有所省。翌日再過之，則去矣。

「其後，袁滋入洛，問《易》於頤。頤曰：『易學在蜀耳。盍

往求之！』

「滋入蜀，訪問久，無所遇。已而，見賣醬薛翁於眉、邛間。與語，大有所得。不知所得何語也。」

「易學在蜀」的說法，就是起於程頤。看來程頤是頗有見地，甚至有未卜先知之明。

來知德直接挑戰了程頤、朱熹的權威，被譽爲「始知千載真儒，直接孔氏之絕學，雖朱程復生，亦必屈服」。

來知德的出現，使「易學在蜀」的說法更是無可置疑。

五、解讀《周易》的幾本巨著

清朝以來，雖然得力於來知德「以象解易」的提倡，「以象解易」的傳統其實在大有恢復之勢，但是清朝學者喜言漢學，治易的思路是要恢復漢易，往往亦步亦趨，又走向繁複蕪雜的路子。

清朝易學，當然是首推康熙年間李光地奉敕撰修之《御纂周易折中》一書。因爲此書有著官方背景和立場，所以影響極大。此書雖然標榜「義理象數，一以貫之，乃爲盡善」，也贊成「象數派」的消息盈虛的一些說法，但是很明顯還是以義理爲主，多有採用程頤的《周易程氏傳》和朱熹《周易本義》的學說。

虞翻易學是兩漢以來象數易學集大成者，所以清朝虞翻易學受到重視。清代研究虞翻易學代表者是張惠言（1761～1802），其所著《周易虞氏義》對虞翻以象解《易》系統闡釋最爲詳細。

另外的一個極端是自創解易體系的焦循（1763～1820），另闢蹊徑，批評漢易「卦變」學說，用「之卦」說取而代之，但難免有「附會難通」「支離破碎」之譏。

清朝道光年間李道平（1788～1844）著《周易集解纂疏》，雖然

有未盡善之處，但卻有使李鼎祚的《周易集解》發揚光大之功。

民國最後一個易學大師，是尚秉和先生（1870-1950）。尚秉和字節之，號石煙道人，晚號滋溪老人，學者稱槐軒先生，河北省行唐縣城西南滋河北岸伏流村人。尚秉和也是主張「以象解易」，聲稱：「象為學《易》之本」。

不過，尚秉和「以象解易」是另闢蹊徑，從研究《左傳》、《國語》、《逸周書》尤其是《易林》中久已為人忽忽的易象入手，自己提出了一套「焦氏逸象」的易象象徵體系，不拘泥，也太同於傳統的《說卦傳》卦象。

所以尚秉和所著之書自己取名為《周易尚氏學》。尚秉和的以象解易，也有很多可以參考借鑒之處。

六、被現代人忽略的易學傳統

「以象解易」的傳統，在現當代並沒有得到較大的重視，雖然也有一些學者（如郭彧先生）注意和認識到這一問題，在易學解釋史的研究中時被論及，但肯定都不是大張旗鼓的主流。所以今日坊間的白話《周易》，百分之九十甚至以上，都是所謂「義理」派的傳承和流緒。更有一些大家的白話《周易》，完全打破和摒棄《周易》經傳的解釋傳統，其白話解釋是隨心所欲，牽強附會，做盡翻案文章，雖然自成一家，但對於普通讀者來說，卻是使其混淆視聽，誤入歧途。

有感於「以象解易」傳統的輕失，我曾經口占兩首詩如下：

得意忘象原有象，
易在象中本應當。

一叢輔嗣（王弼，字輔嗣）談玄後，
論者多將源頭忘。

象數義理兩可俱，
勿將象數看輕易。
拋卻象數空言理，
何如緣木去求魚。

這兩首詩反映了我解讀《周易》的思路。

◆ 第四節 ◆　學習《周易》的方法

《周易》的學習，既有簡單明白之道，但又需先下一些踏實的死記硬背功夫。

一般讀者之所以感到自學幾乎是難以完成的任務，其實這是因爲事前準備工作沒有做夠而在學習時產生的畏難情緒所致。

正像學習英語先要牢記字母、單詞和語法規則一樣，讀者也需要把《周易》中一些必須記憶的知識點先記住。

孔子研究了《周易》說：「玩索而有得」。對於《周易》的學習，首先要有一種放鬆的心態，有著玩味品鑒、充滿趣味的心情。

學習《周易》的過程，其實你可以把它看著是完成一個智力遊戲的過程，是猜謎和解謎的過程。

《周易》中每一句每一字都不會是虛設和隨便排列，都是隱含著某種智者的秘密。

　　而從古至今，沒有人敢說能夠把《周易》作者設置的謎底完全而毫無差錯地解開。易學解釋史中，有大家，有權威，但我們任何人都不能去迷信權威。

　　讀者在掌握了猜謎的方法之後，也可以嘗試自己的猜謎答案。如果你也能夠有自己言之成理的見解，那麼祝賀你，你也可以成一家之說。

如何學習《周易》提示

1. 先傳後經
2. 熟記卦象和卦序
3. 先通易圖
4. 學易應該掌握背景知識：陰陽五行
5. 尚秉和先生有「未學易先學筮」的觀點，當是研習《周易》之捷徑。

第二章

《周易》先修基礎知識
：應知應會提綱（上）

　　孔子的《十翼》對解讀《周易》有意想不到的最大幫助，所以閱讀此書，你應該先對孔子的《十翼》花點功夫。

　　不過，由於對於初學者來說，直接學習《十翼》是有一定的困難。所以我們會在這前面的基礎知識部分將極爲重要和難懂的知識點提前展示出來。

◆ 第一節 ◆ 看圖識八卦

一、八卦取象歌（重要！必須熟練背誦）

☰ 乾三連， ☷ 坤六斷。
☳ 震仰盂， ☶ 艮覆盌。
☲ 離中虛， ☵ 坎中滿。
☱ 兌上缺， ☴ 巽下斷。

巽，讀ㄒㄩㄣˋ。艮，讀ㄍㄣˇ。盌，讀ㄨㄢˇ。

二、什麼是太極、陰陽

　　太極八卦圖：中間是太極圖，週邊是八卦。

　　《周易》中說：「易有太極，是生兩儀，兩儀生四象，四象生八卦」。宋代的易學大師邵康節說：「一分爲二，二分爲四，四分爲八。」

　　太極一分爲二爲陰陽兩爻；陰陽兩爻，做兩次疊加，就形成四象；陰陽兩個爻，做三次疊加，就形成八卦。

什麼是太極？簡單來說，陰陽未分，即為太極。

太極圖中圓形分為黑色和白色兩部分，其形狀像是兩條魚纏繞在一起。一條如同黑魚，一條如同白魚，黑魚中有白眼睛，白魚中有黑眼睛。

其實太極圖有多種表示方法，我們不在此處展開討論。但是不管是以哪種形式出現的太極圖，都有代表陰陽交錯、對待流行的對稱的黑色和白色兩部分。

太極圖中黑色代表陰，白色代表陽。為什麼？

現在地圖的方位是：上北下南，左西右東（**以面對地圖的方向為準**）。古代地圖的方位和現在地圖的方位正好相反，是上南下北，左東右西。

為什麼這樣？簡單來說是這與我們中華民族處在北半球的位置有關。我們看到的太陽，通常並不是在我們的頭頂正中從東到西經過，而是在我們的前面一點從東到西降落。我們以看到的太陽是在前，在上，所以我們古代地圖的方位是以南方為上。

這一點很重要！

請讀者一定記住。我們中華民族為什麼是以中國為國名？中國人就應該有自己的方位感！既然是中國，我們應該記住我們中國人的視角：上南下北，左東右西。

好了，南方代表炎熱代表火代表光明代表陽，北方代表寒冷代表水代表黑暗代表陰。光明可見，所以用白色為象徵，黑暗不見，

所以用黑色爲象徵。

　　什麼是陰陽？簡單說來，陰代表被動的一面，陽代表主動的一面。

　　《周易‧繫辭》中說：「一陰一陽之謂道」。陰陽是漢語言文化中最重要和最基本的哲學概念。陰陽的對待是太極圖的中心思想。

三、陰陽三大定律

　　太極圖中陰陽的關係，我模仿牛頓三大定律將其歸納爲「陰陽三大定律」：

　　（一）陰陽慣性定律：

　　萬物負陰而抱陽，陰和陽沒有絕對的靜止狀態，一直處於一種相互包含的慣性運動的狀態：孤陽不生，孤陰不長，陽中有陰，陰中有陽，陰根於陽，陽根於陰。

　　（二）陰陽作用力和反作用力定律：

　　陰陽之間有相互作用的規律：陰消則陽息，陰降則陽升，陰下則陽上，陰左則陽右，陰來則陽往，陰靜則陽動，陰冷則陽熱，陰殺則陽生，陰虛則陽實，反之亦然。陰陽一定會相互作用，上下往來，循環往復，反覆轉換。

　　（三）陰陽萬有引力定律：

　　陰和陽之間都存在引力，但其性質是同性相斥，異性相吸。

四、什麼是卦？什麼是爻？

　　卦，《說文解字》解釋：「筮也」。「四象生八卦」。　《周易‧說卦》中說：「觀變於陰陽而立卦」。

《周禮‧春官‧大卜》中記載:「卦之爲言掛也,掛萬象於上也」。

卦是指易經占卜所用的卦形符號,是卜筮之義。卦形符號猶如圖像懸掛在那裏,象徵萬事萬物,所以卦又有「懸掛物象」之意。

考察卦從卜從圭,圭爲古代測日影的儀器「圭表」的零件,日圭測影可以測定節氣和一年時間的長短。《周易‧繫辭》中說:「古者包羲氏之王天下也,仰則觀象於天,俯則觀法於地」,推衍日月運行、寒來暑往之道,顯然八卦的起源是與古時的天文學知識有關。所以卦字,還應該有「以圭測影,設卦卜筮」的含義。

爻,讀一ㄠˊ,《說文解字》解釋:「交也。象《易》六爻,頭交也」。

《周易》使用蓍(蓍草),易占以其莖用作占卜。

《周易》使用蓍草進行占卜,所以爻字表示蓍草數目交錯和變動的意思。

《周易‧繫辭》中說:「爻者,言乎變者也」。又「爻也者。效此者也」。又「爻也者。效天下之動者也」。所以爻字,又有效仿之義,仿效其蓍草交錯和變動的爻象。

繁體字「學」,上部有「爻」的部首,所以學與效,字源是同類。

陰爻,用兩根短線,中間相斷表示。

陽爻,用一根長線,中間相連表示。

爲何用此表示陰陽,有很多種解釋。簡單的解釋是,陽爲奇數、陰爲偶數,陰陽的符號只是表示奇數偶數而已。

「—」爲陽爻,「--」爲陰爻。

每三爻合成一卦，可得八卦；三個爻組成的卦叫做經卦，或小成卦。傳說這是由伏羲氏畫的。

每兩個經卦重疊組成的卦，叫做別卦或大成卦。共有六十四個。

六爻卦中，陽爻又稱爲「九」，陰爻又稱爲「六」。一個六爻卦分別自下而上每爻的位置是：初、二、三、四、五、上。如果初爻是陽爻，那麼初爻也可以說成「初九」；如果「二爻」是陰爻，那麼「二爻」也可以說成「六二」。

◆ 第二節 ◆ 八卦的八種取象象徵 ［理解記憶］

八卦每一卦象具體可以代表什麼樣的象徵事象和物象，請讀者閱讀書中後面對《易經·說卦傳》的解釋。這裏不詳釋。

一、什麼是「恒象」：恒常使用的象

恒象：指《易經·說卦傳》中八卦最基本的恒常使用的成象：

乾爲天，坤爲地，艮爲山，兌爲澤，震爲雷，巽爲風，坎爲水，離爲火。

乾，健也；坤，順也；震，動也；巽，入也；坎，陷也；離，麗也；艮，止也；兌，說（同悅）也。

乾為馬，坤為牛，震為龍，巽為雞，坎為豕，離為雉，艮為狗，兌為羊。

乾為首，坤為腹，震為足，巽為股，坎為耳，離為目，艮為手，兌為口。

二、什麼是「廣象」：八卦對應世界萬物

《周易‧說卦傳》中涉及的八卦「廣象」，對於我們解讀《周易》非常關鍵和重要。雖然八卦廣象不需要背誦，但必須掌握。

廣象見本書後面的《周易‧說卦傳》。

三、什麼是「逸象」：八卦的不完全舉例法

逸象：《周易‧說卦傳》中出現的八卦象徵的物象，是不完全舉例法。所以傳統上還有逸象的說法，如影響最大的虞氏（虞翻）逸象。我們這裏暫時不單獨介紹，在解讀《周易》正文時，會進行提示和說明。

四、什麼是「互象」：以「互卦」取象

在解讀《周易》之時，我們還會用到以「互卦」取象的概念，叫做「互象」。

互卦的概念極為重要。互卦有時候又稱為「中爻」。

每卦六爻（請參考後面的爻位說）：

二三四爻組合為下卦，叫做「下互卦」。

三四五爻組合為上卦，叫做「上互卦」。

五、什麼是「變象」：陰陽向對方轉變

陰陽三大定律中，陰陽慣性定律指出，陰和陽沒有絕對的靜止狀態，孤陽不生，孤陰不長，陽中有陰，陰中有陽，陰根於陽，陽根於陰。所以在解讀《周易》之時，我們還會用到「變象」的概念。

「變象」是指原卦某一爻發生陰陽改變之後（*原來是陽爻，就變為陰爻；原來是陰爻，就變為陽爻*）形成新的卦象。比如，乾卦的初爻，陽爻改變為陰爻，乾卦就變成巽卦，此時就取巽卦之象。

六、什麼是「伏象」：所有爻改變陰陽屬性

在解讀《周易》之時，我們還會用到「伏象」的概念。陽中有陰，陰中有陽，所以：

乾中伏坤，坤中伏乾，乾坤互為伏象；

震中伏巽，巽中伏震；震巽互為伏象；

坎中伏離，離中伏坎；坎離互為伏象；

艮中伏兌，兌中伏艮；艮兌互為伏象；

「伏象」是指原卦所有爻發生陰陽改變之後（*原來是陽爻，就變為陰爻；原來是陰爻，就變為陽爻*）形成新的卦象。

七、什麼是「覆象」：將卦旋轉 180 度

在解讀《周易》之時，我們還會用到「覆象」的概念。陰陽對待流行，覆象就是將一個卦旋轉 180 度形成的新卦之象。所以：

乾坤坎離無覆象（*旋轉 180 度卦形不變*）；

震艮互為覆象；

巽兌互為覆象；

八、什麼是「大象」：卦之變形的相似和聯想

「大象」又稱：「像卦」。

三爻卦（經卦），其卦形如八卦取象歌所謂：「離中虛，坎中滿……」等等。六爻卦（別卦）有時其卦形如同經卦卦形的變形（拉伸、放大等）。

比如頤卦，初、上是陽爻，中間四爻是陰爻，其卦形猶如拉伸、放大的三爻卦離卦（離中虛）。

再比如大過卦，初、上是陰爻，中間四爻是陽爻，其卦形猶如拉伸、放大的三爻卦坎卦（坎中滿）。

還如中孚像離，小過像坎。

這樣的情況就叫做「大象」。

在進行以象解易時，「大象」的象徵和聯想，也是經常會用到。

◆ 第 三 節 ◆ 八卦像個大家庭：乾坤生六子 〔熟練記憶〕

一、乾坤生六子

乾坤生六子的原文見後面《易經・說卦傳》，這非常重要，對於理解《周易》卦爻辭幾乎是不可或缺。

八卦，可以象徵地比喻為一家八口人。

坤母
兌
離
巽

乾父
艮
坎
震

兌為少女得坤上爻
離為中女得坤中爻
巽為長女得坤初爻
艮為少男得乾上爻
坎為中男得乾中爻
震為長男得乾初爻

乾坤生六子：

乾卦，象徵天，所以比喻為父；

坤卦，象徵地，所以比喻為母；

此外，乾坤父母生有六個子女，三男三女，分別是：

三男：

震一陽在下（二陰在上），是乾父初次和坤母陰陽交合生出的兒子，所以是長男；

坎一陽在中（二陰在上下），是乾父再次和坤母陰陽交合生出的兒子，所以是中男；

艮一陽在上（二陰在下），是乾父三次和坤母陰陽交合生出的兒子，所以是少男；

三女：

巽一陰在下（二陽在上），是乾父初次和坤母陰陽交合生出的女兒，所以是長女；

離一陰在中（二陽在上下），是乾父再次和坤母陰陽交合生出的女兒，所以是中女；

兌一陰在上（二陽在下），是乾父三次和坤母陰陽交合生出的女兒，所以是少女；

二、陽卦多陰，陰卦多陽

陽卦多陰，陰卦多陽：

八卦有陽卦和陰卦的分別。從乾坤生六子中，我們就可以看出，乾、震、坎、艮為陽卦；坤、巽、離、兌為陰卦。

震、坎、艮中，一陽爻二陰爻，所以說是「陽卦多陰」,「一君子而二小人」。

坤、巽、離中，一陰爻二陽爻，所以說是「陰卦多陽」，「一小人而二君子」。

◆ 第四節 ◆ 先天八卦圖 〔熟練背誦〕

一、先天八卦數

先天八卦圖的記憶，其實只需要記憶背誦先天八卦數就可以了。先天八卦數的應用最為基礎和廣泛，應該背誦得滾瓜爛熟。

先天八卦數：

乾一、兌二、離三、震四、巽五、坎六、艮七、坤八。

二、伏羲八卦次序圖 〔理解記憶〕

先天八卦數的來歷，就是按照「太極生兩儀，兩儀生四象，四象生八卦」加倍法生出的所謂「伏羲八卦次序」。見下圖：

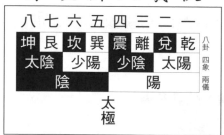

繫辭傳曰，易有太極，是生兩儀，兩儀生四象，四象生八卦。邵子曰，易逆數也。說卦傳曰，易逆數也。邵子曰，一分為二，二分為四，四分為八也。乾一，兌二，離三，震四，巽五，坎六、艮七，坤八。自乾至坤，皆得未生之卦，若逆推四時之比也，後六十四卦次序放此。

　　從最下面一排的「太極」，生出倒數第二排的從右到左的「陽、陰」，這是兩儀；

　　在倒數第二排的「陽、陰」上面，倒數第三排從右到左按照「陽、陰、陽、陰」疊加，這就是四象，形成從右到左的：「太陽、少陰、少陽、太陰」。

　　在倒數第三排的「太陽、少陰、少陽、太陰」上面，倒數第四排從右到左再次按照「陽、陰、陽、陰、陽、陰、陽、陰」疊加，這就是八卦，形成從右到左的伏羲八卦次序：「乾一、兌二、離三、震四、巽五、坎六、艮七、坤八」。

　　我們來看下圖從右到左的縱列：

　　乾一，是三陽（三行白色）；

　　兌二，是一陰在上二陽在下（一行黑色在上二行白色在下）；

　　離三，是一陰在中二陽在上下（一行黑色在中二行白色在上下）；

　　震四，是一陽在下二陰在上（一行白色在下二行黑色在上）；

　　巽五、坎六、艮七、坤八依此類推……。

　　乾一、兌二、離三、震四、巽五、坎六、艮七、坤八，這樣的順序，其實是和二進位有關係。見下圖：

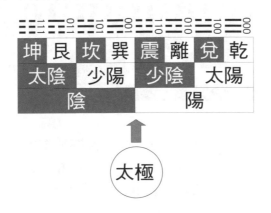

如果將陽爻作爲二進位的 0，陰爻作爲二進位的 1：

乾就是 000，兌就是 001，離就是 010，震就是 011，巽就是 100，坎就是 101，艮就是 110，坤就是 111。

將以上二進位轉換爲十進位：

乾就是 0，兌就是 1，離就是 2，震就是 3，巽就是 4，坎就是 5，艮就是 6，坤就是 7。

這就是伏羲八卦次序。

三、伏羲六十四卦次序圖 〔理解記憶〕

伏羲八卦次序圖，三次重疊陰陽，成三爻卦八卦次序。

如果繼續以此規則，在八卦次序上，從右到左再次按照「陽、陰、陽、陰……」疊加：

第四次就產生十六個有著四個爻的卦形。

第五次就產生三十二個有著五個爻的卦形。

第六次就產生六十四個有著六個爻的卦形，這就形成六十四別卦或大成卦。

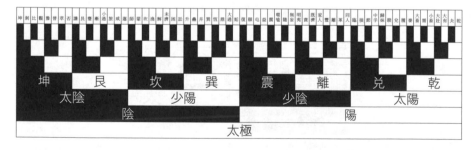

以上伏羲六十四卦次序圖（次序的排列從圖中乾卦開始，從右向左：乾、夬、大有、大壯、小畜、需、大畜、泰……否、萃、晉、豫、觀、比、剝、坤，共六十四卦），和伏羲八卦次序圖一樣，其順

序的排列其實是和二進位有關係。

如果將陽爻作為二進位的 0，陰爻作為二進位的 1：

乾就是 000000，夬就是 000001、大有就是 000010、大壯就是 000011、小畜就是 000100、需就是 000101、大畜就是 000110、泰就是 000111……否就是 111000、萃就是 111001、晉就是 111010、豫就是 111011、觀就是 111100、比就是 111101、剝就是 111110、坤就是 111111。

將以上二進位轉換為十進位：

乾就是 0，夬就是 1、大有就是 2、大壯就是 3、小畜就是 4、需就是 5、大畜就是 6、泰就是 7……否就是 56、萃就是 57、晉就是 58、豫就是 59、觀就是 60、比就是 61、剝就是 62、坤就是 63。

這就是伏羲六十四卦次序。

四、先天八卦圖

熟記了先天八卦數，現在來記憶先天八卦圖就非常容易了。

先天八卦圖讀者初看貌似複雜，其實很簡單，它就是先天八卦數乾一、兌二、離三、震四、巽五、坎六、艮七、坤八的數學排列。

先天八卦圖中，八卦的排列是這樣的：

乾為天在上（南方），然後按照先天八卦數順序逆時針旋轉，乾一（南方）、兌二（東南方）、離三（東方）、震四（東北方）；

好了，現在再從震四（東北方）直解到正對著的方位，將巽五排在西南方，繼續按

照先天八卦數順序順時針旋轉，巽五（**西南方**）、坎六（**西方**）、艮七（**西北方**）、坤八（**北方**）。

五、先天八卦圖的各方位代表的象徵含義

先天八卦圖雖然在《周易》中沒有繪圖，但《周易·說卦傳》說：「天地定位，山澤通氣，雷風相薄，水火不相射，八卦相錯，數往者順，知來者逆；是故，易逆數也」。這段話的意思是：

乾天坤地確定處位，艮山兌澤感通氣息，震雷巽風相互薄激，坎水離火不會交相射害，八卦互相錯雜，追數往昔是順序相究（**或謂先天八卦方位乾一兌二離三震四往行順數**），預知將來是逆行相推（**或謂先天八卦方位巽五坎六艮七坤八來複逆數**）；所以易經的預測是逆推其數。

所以我們去懷疑先天八卦圖的真偽其實沒有必要，它只是將《周易·說卦傳》中文字內容圖形化了，更方便我們對《周易》的理解。

先天八卦圖側重反映空間的概念：

天在上（**南方**），地在下（**北方**），太陽從左邊（**東方**）升起，月亮從右邊（**西方**）落下。

北京天壇、地壇、日壇、月壇的佈局，就是先天八卦圖的方位。

先天八卦圖的各方位代表的象徵含義（**理解記憶**）：

南方：乾一，天，夏天；

東南：兌二，澤；

東方：離三，日（**火**），春天；

東北：震四，雷；

西南：巽五，風；

西方：坎六，月（水），秋天；

西北：艮七，山；

北方：坤八，地，冬天；

◆ 第五節 ◆ 後天八卦圖 〔熟練背誦〕

一、後天八卦圖

後天八卦圖和洛書的數學矩陣（上下、左右、對角各個方向，數字相加之和都等於 15）有關，其實並不神秘、複雜，非常容易理解和記憶。洛書我們稍後介紹，讀者可以參閱理解。

二、《後天八卦順序歌》 〔熟練背誦〕

◎ 一數坎兮二數坤，

◎ 三震四巽數中分，

◎ 五寄中宮六乾是，

◎ 七兌八艮九離門。

後天八卦數與先天八卦數不同：

坎一、坤二、震三、巽四、（中五）、乾六、兌七、艮八、離九。

這個順序與《洛書》有關。見下面《洛書》的介紹。

三、後天八卦圖的各方位代表的象徵含義 〔理解記憶〕

後天八卦圖雖然在《周易》中沒有繪圖，但《周易・說卦

傳》說：「帝出乎震，……成言乎艮」。請參考第八章。

後天八卦圖的各方位代表的象徵含義：

東方：震卦，春天，木，爲出；時當二月春分；

東南：巽卦，木，爲齊，爲絜（通「潔」）；時當四月立夏；

南方：離卦，夏天，火，爲見（現），爲明，爲治；時當五月夏至；

西南：坤卦，土（地），爲役，爲養；時當夏秋之交，節令立秋；

西方：兌卦，秋天，金，爲悅，爲言；時當八月秋分；

西北：乾卦，（金），爲戰，爲薄；時當十月立冬；

北方：坎卦，冬天，水，爲勞，爲歸；時當冬月冬至；

東北：艮卦，（土），爲成，爲終，爲始。時當正月立春；

後天八卦圖側重反映時間的概念：

東方爲春天，南方爲夏天，西方爲秋天，北方爲冬天。

以上這些象徵含義對於我們解讀《周易》非常重要！

後天八卦圖可以配合在手掌中記憶：

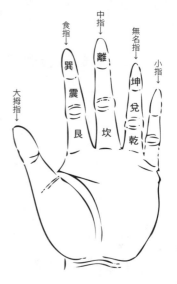

第三章

《周易》先修基礎知識
：應知應會提綱（下）

◆ 第 一 節 ◆ 洛書 〔熟練記憶〕

一、洛書

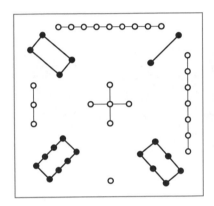

二、洛書記憶口訣

戴九履一，

左三右七。

四二為肩，

八六為足。

加中之五，

縱橫十五。

　　洛書其實就是一個數學矩陣，不管是縱列，還是橫行，或是對角，三個數相加，都是十五。

　　我們將洛書與後天八卦圖對照起來看，就會發現後天八卦圖和洛書的數學矩陣是完全一致的。

◆ 第二節 ◆ 河圖 熟練背誦

一、河圖

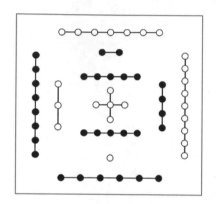

二、河圖記憶口訣

天一生水，地六成之；

地二生火，天七成之；

天三生木，地八成之；

地四生金，天九成之；

天五生土，地十成之。

解釋：

《河圖》中的白點代表陽，黑點代表陰。天代表陽，地代表陰。奇數代表陽，偶數代表陰。（這些配合不能搞亂）。

《河圖》下面的一個白點，叫作「天一生水」，一是水的生數，加上中間的五個白點，叫做「地六成之」，六是水的成數。

　　《河圖》上面的二個黑點，叫作「地二生火」，二是火的生數，加上中間的五個白點，叫做「天七成之」，七是火的成數。

　　《河圖》左面的三個白點，叫作「天三生木」，三是木的生數，加上中間的五個白點，叫做「地八成之」，八是木的成數。

　　《河圖》右面的四個黑點，叫作「地四生金」，四是金的生數，加上中間的五個白點，叫做「天九成之」，九是金的成數。

　　《河圖》中間的五個白點，叫作「天五生土」，五是土的生數，將中間的五個白點再加一次，叫做「地十成之」，十是土的成數。

　　金木水火土生數，加中心五，爲成數。

三、河圖各方位代表的象徵含義 〔理解記憶〕

北方：天一生水，地六成之；坎卦，冬天，水；

南方：地二生火，天七成之；離卦，夏天，火；

東方：天三生木，地八成之；震卦，春天，木；

西方：地四生金，天九成之；兌卦，秋天，金；

中央：天五生土，地十成之；土；

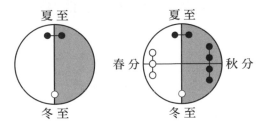

解釋：

　　河圖也是一種數學矩陣，其數字的排列與古人對天文的觀測和曆法的制定有關。

　　卦者，圭也。古人以日圭測影，測繪出一年的時間長短和四季

的節氣。

我國古代是陰陽合曆，以陰曆爲基礎，以置閏之法協調陰陽曆，即三年一閏，五年再閏，十九年七閏始能齊一。平年 354 日，閏年 384 日。

所以：

冬至之日，是一年中日影最長之時，陰氣最重，但陰陽轉換，已經暗含了一陽來復的意義。

冬天配北方配坎卦，五行爲水，所以是「天一生水」。

夏至之日，是一年中日影最短之時，陽氣最重，但陰陽轉換，陽消陰息（注意，息字在這裏不是休息，而是滋息、生長的意思）已經暗含了陰氣增息的意義。

奇數爲陽，偶數爲陰，陽之出生爲一，陰之初長爲二。

夏天配南方配離卦，五行爲火，所以是「地二生火」。

同理：

春天配東方配震卦，五行爲木，陽氣增長繼一爲三，所以是「天三生木」。

秋天配西方配兌卦，五行爲金，陰氣增長繼二爲四，所以是「地四生金」。

金木水火土五行中，土的方位在中間，對應一年中每個季節的最後一個月（或曰是三、六、九、十二月各月最後十八天爲土），即三、六、九、十二月。

三月爲奇數，從十一月冬至一陽來復算起，十一、十二、一、二、三，三月正是五陽之數（這一點後面介紹十二消息卦時會看得更清楚），故以五爲土的生數，所以是「天五生土」。

萬物有生就有成，大地厚德載物，萬物生成都離不開土，所以

在金、木、水、火、土的生數上，再加上土的生數五，就成了金、木、水、火、土的成數。

四、五行生數成數

一是水的生數，六是水的成數。

二是火的生數，七是火的成數。

三是木的生數，八是木的成數。

四是金的生數，九是金的成數。

五是土的生數，十是土的成數。

五、二十四節氣歌訣 〔熟練背誦〕

要深刻理解河圖與後天八卦方點陣圖，應該掌握農曆二十四節氣知識。二十四節氣知識還與後面我們要講的十二消息卦有關。在解讀《周易》時，也需要這些常識的幫助。

二十四節氣歌訣（熟練背誦）：

春（立春）雨（雨水）驚（驚蟄）春（春分）清（清明）穀（穀雨）天，

夏（立夏）滿（小滿）芒（芒種）夏（夏至）暑（小暑）相（大暑）連，

秋（立秋）處（處暑）露（白露）秋（秋分）寒（寒露）霜（霜降）降，

冬（立冬）雪（小雪）雪（大雪）冬（冬至）小（小寒）大（大寒）寒。

每月兩節不變更，最多相差一兩天；

上半年來六廿一，下半年是八廿三。

太陽從黃經零度起，沿黃經每運行 15 度所經歷的時日稱為「一個節氣」。每年運行 360 度，共經歷 24 個節氣，每月 2 個。其中，

每月第一個節氣為「節氣」，每月的第二個節氣為「中氣」。「節氣」和「中氣」交替出現，各歷時 15 天，現在人們已經把「節氣」和「中氣」統稱為「節氣」。

歌訣後四句是指二十四節氣與陽曆日期的固定關係。每月兩個節氣上半年出現的日期是 6 日和 21 日，下半年是 8 日和 23 日，這些日期會有一、二天的差別。

◆ 第三節 ◆　五行相關知識 熟練掌握

五行最早的記載於《尚書‧洪範》：

五行，一曰水，二曰火，三曰木，四曰金，五曰土。水曰潤下，火曰炎上，木曰曲直，金曰從革，土爰稼穡。潤下作鹹，炎上作苦，曲直作酸，從革作辛，稼穡作甘。

《周易》雖然並沒有明確指示五行學說，但還是暗含了五行的的概念。考察先天八卦方位和後天八卦方位，就可以知道，借用五行的概念，是有助於對《周易》進行解密的。

漢代以後，象數易學將五行等學說與《周易》緊密結合起來，我們不能因為是其理論出現稍晚，而拒絕其中合理的部分。

易學解釋史歷來都具有開放性的特質。只要是能夠言之成理，能夠自圓其說，建立某種闡釋理論體系，我們都應該以寬容的態度對待。

本書不對五行知識進行展開討論，這裏只是提示讀者應該的條目。

一、五行生克關係

生，相促進、支持、友好、利於也；克，有制約、限制、不利的意思。關係如圖：

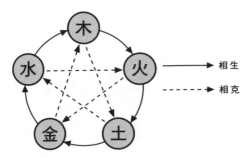

水生木，木生火，火生土，土生金，金生水；
水克火，木克土，火克金，土克水，金克木。

二、十干支配五行方位

東方甲乙木，
南方丙丁火，
中央戊己土，
西方庚辛金，
北方壬癸水。

三、十二地支配五行方位

東方寅卯木，
南方巳午火，
中央辰未戌丑土，
西方申酉金，
北方亥子水。

四、十二地支配屬相

子水鼠，丑土牛，寅木虎，卯木兔，辰土龍，巳火蛇，午火馬，未土羊，申猴金，酉金雞，戌土犬，亥水豬。

五、十二地支配月份（農曆）

十一月建子；

十二月建丑；

正月建寅；

二月建卯；

三月建辰；

四月建巳；

五月建午；

六月建未；

七月建申；

八月建酉；

九月建戌；

十月建亥。

提示：十一月建子

請讀者特別注意，我國傳統的農曆，又稱夏曆、陰曆、舊曆、漢曆，其實是一種陰陽合曆，其來源非常古老，可以追溯到夏朝。

《論語中》孔子曾經說過：「顏淵問爲邦。子曰：行夏之時，乘殷之輅，服周之冕」。

顏淵向孔子請教治國之道，孔子說了幾個要點，第一就是「行夏之時」，就是實行夏朝的曆法。

夏朝的曆法最大的特點，是十一月建子，而以孟春正月，就是建寅。

十一月建子，時在冬至，正是一年中陰氣最盛，而陽氣開始潛藏，一陽來復的時候。十二地支中，子代表第一，所以十一月建子，有著合理的考量。

我國古代的曆法將一年爲春夏秋冬四時，每一時又分孟仲季三個月。夏曆居然是十一月建子，所以孟春正月，就是建寅之月，爲四時之始。

夏朝的曆法合乎春生夏長秋收冬藏的自然時序，「不違農時」，所以孔子主張行夏之時。

中國古代的天文學比人們想像的還要先進發達，所以夏朝的曆法非常有先進性與合理性，直到現在，還在使用。

六、八卦所屬五行

乾、兌，金；
坤、艮，土；
震、巽，木；
坎，水；
離，火。

五行旁通表：

五行	水	火	木	金	土
五方	北	南	東	西	中
生數	1	2	3	4	5
成數	6	7	8	9	10
五臟	腎	心	肝	肺	脾
八宮	坎	離	震 巽	乾 兌	艮 坤
天干	壬癸	丙丁	甲乙	庚辛	戊己
地支	子亥	巳午	寅卯	申酉	丑辰未戌

七、卦氣旺

震、巽木旺於春，
離火旺於夏，
乾、兌金旺於秋，
坎水旺於冬，

坤、艮土旺於辰戌丑未月。

八、卦氣衰

坤、艮土衰於春，

乾、兌金衰於夏，

震、巽木衰於秋，

離火衰於冬，

坎水衰於辰戌丑未月。

九、八卦干支方點陣圖

八卦干支方點陣圖理解說明：

1、先排後天八卦方位

2、五方配五行

3、天干配五方，順時針方向，甲乙中嵌木震，丙丁中嵌火離……等類推。

4、地支配五方：先配東南西北，如子水坎、卯木震……等類推。再從子開始順時針方向，隔位派 12 地支，如子癸丑艮寅甲卯……。

◆ 第四節 ◆ 卦名次序歌（朱熹） 熟練背誦

《周易》共八八六十四卦，分為上下兩經。

上經三十，以乾坤兩卦開始，坎離兩卦結束；

下經三十四，以咸恒兩卦開始，最後是既濟未濟兩卦結束。

《周易》卦名次序排列比較複雜，很難找到簡明解釋其順序為何如此的數理邏輯規律。

對於發願要學習《周易》的讀者來說，我強烈建議是先要下一點死記硬背功夫，熟練背誦六十四卦順序。

朱熹《周易本義》卷首載《上下經卦名次序歌》，把六十四卦的卦名按次序編成七言詩句，方便我們記憶六十四卦順序。

一、卦名次序歌

乾坤屯蒙需訟師，比小畜兮履泰否，

同人大有謙豫隨，蠱臨觀兮噬嗑賁，

剝複無妄大畜頤，大過坎離三十備。

咸恒遯兮及大壯，晉與明夷家人睽，

蹇解損益夬姤萃，升困井革鼎震繼，

艮漸歸妹豐旅巽，兌渙節兮中孚至，

小過既濟兼未濟，是為下經三十四。

六十四卦卦名意義及其排列順序的道理，《十翼》中專門有一篇《序卦》進行解說。

《序卦》本來和《說卦傳》、《雜卦》等一樣是獨立成篇，但是

爲了方便讀者學習，歷來多有《周易》讀本將其打散，分別編進每一卦的正文之中，本書也是採取這樣的編排體例。

二、二二爲偶，非覆即變 理解掌握

六十四卦《序卦》的排列，基本的原則是遵循「二二爲偶，非覆即變」的易例，即是將六十四卦分爲三十二對，兩兩對舉爲一偶對，這一偶對的關係，不是覆（卦形旋轉一百八十度）的關係，就是變（卦中所有陰陽爻全部變爲相反的陽陰爻）的關係。

通行本卦序三十六反覆圖

覆與變，還有其他的叫法：

或名之爲錯（即是變）與綜（即是覆），或名之爲旁通（即是變）與反對（即是覆）。

名稱不一樣，但意思一樣。讀者對這些名稱要熟練掌握，否則讀起書來就會是一頭霧水。

變卦即是來知德所謂的錯卦（又稱反卦、旁通），是將一個卦中所有的陽爻變陰爻，陰爻變陽爻，形成的一個新的卦就是錯卦。比

如，乾卦的變卦（錯卦）是坤卦，坤卦的變卦（錯卦）是乾卦，乾卦和坤卦互為變卦（錯卦）。

覆卦即是來知德所謂的綜卦（又稱反對卦），就是將一個卦旋轉180度形成的新卦，就是這個卦的綜卦。比如屯卦的覆卦（綜卦）是蒙卦，蒙卦的覆卦（綜卦）是屯卦，屯卦和蒙卦互為覆卦（綜卦）。

六十四卦中覆卦（綜卦）共有五十六個。而變卦（錯卦）共有八個。

八個變卦（錯卦）是乾卦、坤卦，坎卦、離卦、大過、小過、頤、中孚。

這八個卦卦形上下對稱，旋轉一百八十度後卦形不變，所以八個變卦（錯卦）取爻變而形成新的卦象。

《周易》六十四卦的排序，遵循的基本原則是「二二為偶，非覆即變」的易例。

從上經乾坤開始到坎離，下經咸恒開始到既濟未濟，六十四卦分為三十二對，兩兩對偶，這就是所謂的「二二為偶」。

三十二對卦，其每一對卦之間的關係是，不是互為覆卦（綜卦），就是互為變卦（錯卦）。

《周易》六十四卦上經三十卦，覆卦十二，變卦共三對，共十八個卦形。

《周易》六十四卦下經三四卦，覆卦十六，變卦只有一對，也是共十八個卦形。

所以表面上看《周易》六十四卦上經下經的卦數不對等，其實內在的卦形卻是對等的。

◆ 第五節 ◆ 分宮卦象次序（京房八宮八卦）

　　京房八宮八卦圖，可以幫助我們初學者按照一定的數理邏輯來記憶六十四卦卦形卦象。

　　初學者如果掌握了這一個圖中的內容，那麼說到任何一個卦名，你都能夠知道其具體是長得什麼樣子。

　　可以說化點力氣記熟此圖，學習《周易》一定會有事半功倍的效果。

分宮卦象次序（京房八宮八卦）：

乾坎艮震爲陽四宮，巽離坤兌爲陰四宮。

八宮卦	一世	二世	三世	四世	五世	遊魂	歸魂
乾爲天	天風姤	天山遯	天地否	風地觀	山地剝	火地晉	火天大有
坎爲水	水澤節	水雷屯	水火既濟	澤火革	雷火豐	地火明夷	地水師
艮爲山	山火賁	山天大畜	山澤損	火澤睽	天澤履	風澤中孚	風山漸
震爲雷	雷地豫	雷水解	雷風恆	地風升	水風井	澤風大過	澤雷隨
巽爲風	風天小畜	風火家人	風雷益	天雷無妄	火雷噬嗑	山雷頤	山風蠱
離爲火	火山旅	火風鼎	火水未濟	山水蒙	風水渙	天水訟	天火同人
坤爲地	地雷復	地澤臨	地天泰	雷天大壯	澤天夬	水天需	水地比
兌爲澤	澤水困	澤地萃	澤山咸	水山蹇	地山謙	雷山小過	雷澤歸妹

　　京房八宮八卦圖說明：

　　上圖八行八列，正好八八六十四卦。

　　先看左起的第一縱列。

　　讀者如果已經記住了後天八卦方點陣圖，一定就發現了，正是從後天八卦方點陣圖的西北方乾卦開始，順時針旋轉，正是乾坎艮

震巽離坤兌的順序。

　　左起的第一縱列叫做本宮卦：乾坎艮震巽離坤兌，就是八個純卦。

　　左起的第二縱列叫做一世卦：是本宮卦初爻變（**如果是陰爻就變為陽爻，如果是陽爻就變為陰爻，下同**），得出的新的一個卦。以第一橫行乾宮舉例，乾卦初爻陽，變爲陰，上面五爻不變，形成新的一卦，就是天風姤卦。

　　左起的第三縱列叫做二世卦：是一世卦二爻變得出的新的一個卦。注意這是在一世卦的基礎上變，剛才變過的不要再變。如以第一橫行乾宮舉例，一世卦是天風姤卦，天風姤卦的二爻是陽，變爲陰，其餘五爻不變，形成新的一卦，就是天山遯卦。

　　左起的第四縱列叫做三世卦：是二世卦三爻變得出的新的一個卦。注意這是在二世卦的基礎上變，剛才變過的不要再變。如以第一橫行乾宮舉例，二世卦是天山遯卦，天山遯卦的三爻是陽，變爲陰，其餘五爻不變，形成新的一卦，就是天地否卦。

　　左起的第五縱列叫做四世卦：是三世卦四爻變得出的新的一個卦。注意這是在三世卦的基礎上變，剛才變過的不要再變。如以第一橫行乾宮舉例，三世卦是天地否卦，天地否卦的四爻是陽，變爲陰，其餘五爻不變，形成新的一卦，就是風地觀卦。

　　左起的第六縱列叫做五世卦：是四世卦五爻變得出的新的一個卦。注意這是在四世卦的基礎上變，剛才變過的不要再變。如以第一橫行乾宮舉例，四世卦是風地觀卦，風地觀卦的五爻是陽，變爲陰，其餘五爻不變，形成新的一卦，就是山地剝卦。

　　左起的第七縱列叫做遊魂卦：是五世卦的四爻變回原爻得出的新的一個卦。注意這是在五世卦的基礎上變，剛才變過的不要

再變。如以第一橫行乾宮舉例，五世卦是山地剝卦，山地剝卦的四爻是陰，變為原爻陽，其餘五爻不變，形成新的一卦，就是火地晉卦。

左起的第八縱列叫做歸魂卦：是遊魂卦的內卦全部變回本體卦得出的新的一個卦。注意這是在遊魂卦的基礎上變，遊魂卦的內卦三爻要全部變。如以第一橫行乾宮舉例，遊魂卦是火地晉卦，火地晉卦的內卦是坤，三爻全變為原卦乾卦，形成新的一卦，就是火天大有卦。

其餘橫行八宮八卦，以此類推。

◆ 第六節 ◆ 六十四卦方圓圖 理解記憶

六十四卦方圓圖其實內在數理關係簡單實在，不用死記硬背，只是需要理解一下，就能夠記住。

六十四卦方圓圖又稱伏羲六十四卦方點陣圖，始見於朱熹《周易本義》。

六十四卦方圓圖體現了《周易》所闡釋的時間與空間的宇宙模式。

圓圖的方位與先天八卦方點陣圖一致。

圓者動而為天，圓圖中主要體現時間的概念，乾卦在南方為午時，坤卦在北方為子時。離卦在卯時，坎卦在酉時。

方圖的方位也與先天八卦方點陣圖相關。

方者靜而為地，方圖中主要體現空間的概念，乾卦開始於西北方位，坤卦終盡在東南方位，陽在北，陰在在南。

　　方圖從乾卦到坤的對角線，正好是先天卦數順序：乾一、兌二、離三、震四、巽五、坎六、艮七、坤八。

　　圓圖和方圖乾坤南北方位相反，朱熹說：「此二者陰陽對待之數」。意指陰與陽在圖中對而待之，交互轉換和變化。

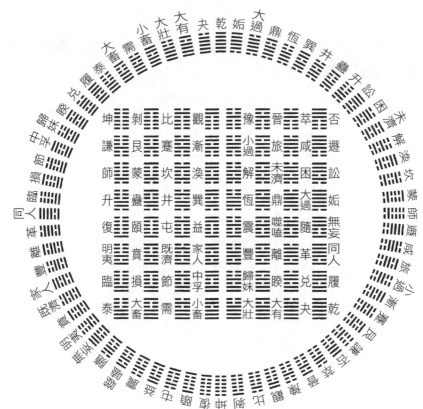

六十四卦方圓圖讀圖說明：

　　先天卦數順序是：乾一、兌二、離三、震四、巽五、坎六、艮七、坤八。

　　先看方圖：

　　首先，從乾卦開始，看縱列的上卦（外卦），從左到右，恰好

是先天卦數順序：乾一、兌二、離三、震四、巽五、坎六、艮七、坤八。

　　然後，從乾卦開始，看橫行的下卦（**內卦**），從下到上，也恰好是先天卦數順序：乾一、兌二、離三、震四、巽五、坎六、艮七、坤八。

　　我們可以用先天八卦數將上面的方圖轉換成下六十四卦方圖數位圖，就可以看得很明白了。

六十四卦方圖數字圖

8 8	7 8	6 8	5 8	4 8	3 8	2 8	1 8
8 7	7 7	6 7	5 7	4 7	3 7	2 7	1 7
8 6	7 6	6 6	5 6	4 6	3 6	2 6	1 6
8 5	7 5	6 5	5 5	4 5	3 5	2 5	1 5
8 4	7 4	6 4	5 4	4 4	3 4	2 4	1 4
8 3	7 3	6 3	5 3	4 3	3 3	2 3	1 3
8 2	7 2	6 2	5 2	4 2	3 2	2 2	1 2
8 1	7 1	6 1	5 1	4 1	3 1	2 1	1 1
坤 8	艮 7	坎 6	巽 5	震 4	離 3	兌 2	乾 1

再看圓圖：

圓圖的卦序排列是從方圖而來的。

　　方圖最下面倒數第一排的橫行，從乾卦開始，從右向左看，順序是乾、夬、大有、大壯、小畜、需、大畜、泰。

　　而圓圖從南方乾卦，逆時針順序排列，正是這樣的順序：乾、夬、大有、大壯、小畜、需、大畜、泰。

　　方圖最下面倒數第二排的橫行，從履卦開始，從右向左看，順序是履、兌、睽、歸妹、中孚、節、損、臨。

　　而圓圖從南方乾卦，逆時針順序排列，排列了乾、夬、大有、

大壯、小畜、需、大畜、泰之後，接著的正是這樣的順序：履、兌、睽、歸妹、中孚、節、損、臨。

圓圖在排列了履、兌、睽、歸妹、中孚、節、損、臨之後，接著就是以同樣的方法，將方圖最下面倒數第三排、第四排的橫行卦順序排列，這樣排列了 32 個卦，到復卦為止。

接下去在復卦之右設定北方的坤卦。

然後圓圖從北方的坤卦，繼續逆時針順序排列，但此時不是去從方圖的倒數第五排排列了，而是從方圖最上面第一排，從坤卦開始，從左到右，是坤、剝、比、觀、豫、晉、革、否的順序。

然後在否之後，繼續逆時針順序排列，從方圖上面第二排，是否、謙、艮、蹇、漸、小過、旅、咸、遯的順序。

接下去，以同樣的方法，將方圖上面第三排、第四排的橫行卦順序排列，這樣排列了 32 個卦，到姤卦為止。姤卦正好在旋轉一圈的最後，位於南方乾卦的右邊。

◆ 第 七 節 ◆ 十二消息卦 〔理解記憶〕

消為消減；息為增息。

《周易》六十四卦中，有十二個卦非常特殊，體現了一種陰陽轉換、對待流行、此消彼長的關係。

「十二消息卦」雖然是在漢易中才被明確提及，但考察其源流卻是極為古老。我們從《周易》的卦爻辭中，可以明顯看出這十二個卦其內在聯繫規律。

「十二消息卦」正好對應一年中的十二個月，其對應關係如下：

「十二消息卦」從復卦一陽來復開始，至乾卦是陽息陰消的過程：陽爻逐漸增加，從下往上增長，陰爻逐漸減少，表示陽氣逐漸增加，陰氣逐漸消減；

序號	月份	地支	卦名	陰陽消息
01	十一月	建子	複卦	一陽息陰
02	十二月	建丑	臨卦	二陽息陰
03	一月	建寅	泰卦	三陽息陰
04	二月	建卯	大壯卦	四陽息陰
05	三月	建辰	夬卦	五陽息陰
06	四月	建巳	乾卦	六陽息陰
07	五月	建午	姤卦	一陰消陽
08	六月	建未	遯卦	二陰消陽
09	七月	建申	否卦	三陰消陽
10	八月	建酉	觀卦	四陰消陽
11	九月	建戌	剝卦	五陰消陽
12	十月	建亥	坤卦	六陰消陽

從姤卦至坤卦，是陰息陽消的過程：陰爻逐漸增加，從下往上增長，陽爻逐漸減少，表示陰氣逐漸增加，陽氣逐漸消減。

「十二消息卦」又名「十二辟卦」。

辟，《說文解字》解釋：「法也」。辟有法度的意思。

又，辟，《廣韻》中解釋：「君也」。《爾雅·釋訓》「皇王后辟，君也。天子諸侯通稱辟」。所以辟又有君臨、主宰的意思。

「十二消息卦」可以很好地幫助我們理解《周易》中的奧秘。

比如坤卦初爻爲什麼是「履霜」？從十二消息卦對應的月份、節氣，就可以明白。

又如，如果我們將「十二消息卦」各卦的卦辭排列在一起看，

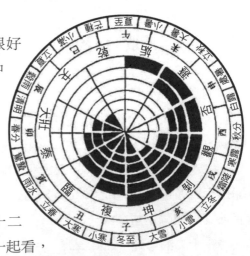

就可以理解，其卦辭的凶吉爲什麼會不一樣。

《周易》以乾卦作爲六十四卦的開始，古人認爲有「扶陽抑陰」的含義。陽氣代表主動例，代表生機，所以「十二消息卦」中，陽氣增息多吉，陰氣消陽多凶。陰陽往來，陽來多吉，陽去多凶：

序號	卦名	卦辭	凶吉判斷
01	複卦	複：亨。出入無疾，朋來無咎。反覆其道，七日來複，利有攸往。	一陽來複所以利有攸往。
02	臨卦	臨：元，亨，利，貞。至於八月有凶。	二陽息陰本是「元，亨，利，貞」。但到了八月是觀卦，四陰消陽，陰陽轉換成凶。
03	泰卦	泰：小往大來，吉亨。	三陽開泰所以吉亨。
04	大壯卦	大壯：利貞。	四陽息陰，陽氣大為壯盛，盛需防衰，所以利於貞固。
05	夬卦	夬：揚於王庭，孚號，有厲，告自邑，不利即戎，利有攸往。	五陽決斷一陰，所以利有所往。
06	乾卦	乾：元，亨，利，貞。	純陽之卦，所以「元，亨，利，貞」。
07	姤卦	姤：女壯，勿用取女。	一陰消陽，君子道消，所以「勿用」。
08	遯卦	遯：亨，小利貞。	二陰消陽，但下卦艮為少男，為小，所以「小利貞」。遯卦與大壯顛倒互覆，大壯「利貞」，遯卦「小利貞」。
09	否卦	否：否之匪人，不利君子貞，大往小來。	否卦與泰卦顛倒互覆，陰陽往來，所以泰卦「吉亨」而否卦「不利」。
10	觀卦	觀：盥而不薦，有孚顒若。	觀卦四陰消陽，陽不能用，所以「盥而不薦」有無為勿用之義。
11	剝卦	剝：不利有攸往。	剝卦五陰消陽，陽氣將盡，生意將滅，所以不利有所往。
12	坤卦	坤：元，亨，利牝馬之貞。君子有攸往，先迷，後得主，利。西南得朋，東北喪朋。安貞，吉。	純陰之卦，所以「元，亨，利牝馬之貞」，「安貞，吉」。

◆ 第 八 節 ◆ 《周易・繫辭》筮算的方法 理解記憶

尚秉和主張：未學易，先學筮。所以我們掌握《周易・繫辭》古
筮卜算占卦的方法，對於理解《周易》意義深遠。

《周易・繫辭》的第九章記載了古筮卜算占卦的方法，讀者可
以對照後文對《周易・繫辭》第九章白話解讀進行理解，這裏不重
複翻譯。

這裏對其中一些知識點進行提示。

天一，地二。天三，地四。天五，地六。天七，地八。天九，
地十。

天數一，地數二。天數三，地數四。天數五，地數六。天數
七，地數八。天數九，地數十。

天數二十有五：$1 + 3 + 5 + 7 + 9 = 25$

地數三十：$2 + 4 + 6 + 8 + 10 = 30$

天地之數五十有五：$25 + 30 = 55$

大衍之數五十，其用四十有九。分而爲二以象兩，掛一以象
三，揲之以四，以象四時，歸奇於扐以象閏，五歲再閏，故再扐而
後掛。

古筮卜算占卦步驟講解（按照朱熹《筮儀》）：

分而爲二以象兩（將四十九根著策任意分開作左右兩份用以象徵
陰陽兩儀），掛一（取右份之一於左手小指間）以象三（以象徵天地
人三才），揲（ㄅㄧㄝˋ 數）之以四以象四時（將著策以四爲數四根

一揲四根一揲分開），歸奇以扐（ㄌㄜ ˋ 手指之間）（將左份分揲後最後餘下的奇餘零頭著策歸到左手無名指之間夾扐）以象閏（以象徵閏月）；五歲再閏（因為五年中有兩次閏月），故再扐（夾勒於手指間）而後掛（別起一卦）。

古筮卜算占卦，需要四次營算才能成一變，三變才能算出一爻，六爻需要三六十八次變才能成一卦。

第一變：

1、第一變本來是四十九根著策：

分二（一營，即是第一次營算）：左份著策如果是任意數 X，右份著策就是 49 － X。

掛一（二營，即是第二次營算）：右份著策拿走一根，左份著策還是 X，右份著策則變成了 48 － X。

左除四（三營之半，第三次營算之半）：左份著策以四為數分數，相當於除四，X ÷ 4 ＝ 4 N ＋（1，2，3，4），（N 為任意自然數），餘數應該是或 1，或 2，或 3，或 4（除盡就餘 4，下同）。

歸奇（四營之半，第四次營算之半）：將左份分揲後餘下的餘數著策歸到左手無名指之間（1，2，3，4）。或 1，或 2，或 3，或 4。

右除四（三營之半，第三次營算另外之半）：右份著策以四為數分數，相當於除四，（48 － X）÷ 4 ＝ 4 M ＋（3，2，1，4），（M 為任意自然數），餘數應該是或 3，或 2，或 1，或 4。

注意，由於四十九根著策掛一拿走一根之後只剩 48 根，48 是能夠被 4 整除，所以左份著策以四為數分數後餘數應該是或 1，或 2，或 3，或 4，那麼右份著策以四為數分數後餘數就應該是或 3，或 2，或 1，或 4。

左份蓍策餘數與右份蓍策餘數相加一定是 4 或 8。

歸奇（四營之半，第四次營算之另外半）：將右份分揲後餘下的餘數蓍策歸到左手中指之間（3，2，1，4），或 3，或 2，或 1，或 4。

通掛一之策：左份蓍策餘數與右份蓍策餘數，再加上掛一之策，三數相加，不是 5 則是 9。

5，因為其中有 1 個 4，所以當作「奇」；

9，因為其中有 2 個 4，所以當作「偶」；

只有這 4 種情況：

左份蓍策餘數 1，右份蓍策一定是 3；加掛一之策，總和是 5。

左份蓍策餘數 2，右份蓍策一定是 2；加掛一之策，總和是 5。

左份蓍策餘數 3，右份蓍策一定是 1；加掛一之策，總和是 5。

左份蓍策餘數 4，右份蓍策一定還是 4；加掛一之策，總和是 9。

所以，這 4 種情況中，3 種情況是「奇」；1 種情況是「偶」。

朱熹在《筮儀》中說，此時「一變所餘之策，左一則右必三，左二則右亦二，左三則右必一，左四則右亦四。通掛一之策，不五則九。五以一其四而為奇，九以兩其四而為偶，奇者三而偶者一也」。

第一變四次營算全部結束後，左份蓍策餘數與右份蓍策餘數再加上掛一之策剩下的或 5 或 9 根蓍策拿走放在一邊，剩下的蓍策數目，或是 44 根，或是 40 根：

49 － 5 ＝ 44　　49 － 9 ＝ 40

我們就可以進行第二變的營算了。所以第二變有兩種情況：44

根，或是 40 根。我們分別按照上面是步驟繼續講解：

第二變：

1、第二變或是 44 根，或是 40 根著策，先考慮 44 根：

分二（一營，即是第一次營算）：左份著策如果是任意數 X，右份著策就是 44 － X。

掛一（二營，即是第二次營算）：右份著策拿走一根，左份著策還是 X，右份著策則變成了 44 － X。

左除四（三營之半，第三次營算之半）：左份著策以四為數分數，相當於除四，X ÷ 4 ＝ 4 N ＋（1，2，3，4），（N 為任意自然數），餘數應該是或 1，或 2，或 3，或 4（除盡就餘 4，下同）。

歸奇（四營之半，第四次營算之半）：將左份分揲後餘下的餘數著策歸到左手無名指之間（1，2，3，4）。或 1，或 2，或 3，或 4。

右除四（三營之半，第三次營算另外之半）：右份著策以四為數分數，相當於除四，（44 － X）÷ 4 ＝ 4 M ＋（2，1，4，3），（M 為任意自然數），餘數應該是或 2，或 1，或 4，或 3。

注意，由於 44 根著策掛一拿走一根之後只剩 43 根，43 不能夠被 4 整除，應該餘 3，所以左份著策以四為數分數後餘數是或 1，或 2，或 3，或 4，那麼右份著策以四為數分數後餘數就應該是或 2，或 1，或 4，或 3。

為什麼？因此此時，左份著策餘數與右份著策餘數相加一定是 3 或 7，這樣才能與 43 不能夠被 4 整除應該餘 3 的情況相吻合。

歸奇（四營之半，第四次營算之另外半）：將右份分揲後餘下的餘數著策歸到左手中指之間（2，1，4，3），餘數應該是或 2，或 1，或 4，或 3。

　　通掛一之策：左份蓍策餘數與右份蓍策餘數，再加上掛一之策，三數相加，不是 4 則是 8。

　　4，因爲其中有 1 個 4，所以當作「奇」；

　　8，因爲其中有 2 個 4，所以當作「偶」；

　　只有這 4 種情況：

　　左份蓍策餘數 1，右份蓍策一定是 2；加掛一之策，總和是 4。

　　左份蓍策餘數 2，右份蓍策一定是 1；加掛一之策，總和是 4。

　　左份蓍策餘數 3，右份蓍策一定是 4；加掛一之策，總和是 8。

　　左份蓍策餘數 4，右份蓍策一定是 3；加掛一之策，總和是 6。

　　所以，這 4 種情況中，2 種情況是「奇」；2 種情況是「偶」。

　　朱熹在《筮儀》中說，此時「二變所餘之策，左一則右必二，左二則右必一，左三則右必四，左四則右必三。通掛一之策，不四則八。四以一其四而爲奇，八以兩其四而爲偶，奇偶各得四之二焉」。

　　如果第二變或是 40 根蓍策，以上的講解步驟完全一樣，只需要將 44 換成 40 就可以了，完全不影響結論。

　　簡單說一下：

　　以 40 爲第二變：

　　分二（一營）：左 X，右 40 － X。

　　掛一（二營）：左 X，右 39 － X。

　　左除四（三營之半）：X ÷ 4 ＝ 4 N ＋（1，2，3，4）。

　　歸奇（四營之半）：（1，2，3，4）

　　右除四（三營之半）：（44 － X）÷ 4 ＝ 4 M ＋（2，1，4，3）。

　　歸奇（四營之半）：（2，1，4，3）

通掛一之策：不 4 則 8。

　　第二變四次營算全部結束後，左份蓍策餘數與右份蓍策餘數再加上掛一之策剩下的或 4 或 8 根蓍策拿走放在一邊，剩下的蓍策數目，或是 40 根，或是 36 根，或是 32 根：

$$44 - 8 = 36 \qquad 44 - 4 = 40$$
$$40 - 8 = 32 \qquad 40 - 4 = 36$$

第三變：

　　第二變或是 40 根，或是 36 根，或是 32 根蓍策，其實演算的和講解步驟完全和第二變一樣，完全不影響結論。

　　朱熹在《筮儀》中說，此時「或四十策，或三十六策，或三十二策。複四營如第二變之儀，而置其掛扐之策於格上第三小刻，是爲三變。三變餘策，與二變同」。

　　簡單說一下，比如是 32 根蓍策：

以 32 爲第三變：

分二（一營）：左 X，右 32 － X。

掛一（二營）：左 X，右 31 － X。

左除四（三營之半）：$X \div 4 = 4N + (1，2，3，4)$。

歸奇（四營之半）：（1，2，3，4）

右除四（三營之半）：$(31 - X) \div 4 = 4M + (2，1，4，3)$。

歸奇（四營之半）：（2，1，4，3）

通掛一之策：不 4 則 8。

　　第三變四次營算全部結束後，左份蓍策餘數與右份蓍策餘數再

加上掛一之策剩下的或 4 或 8 根蓍策拿走放在一邊，剩下的蓍策數目，或是 40 根，或是 36 根，或是 32 根，或是 28 根，或是 24 根：

$40 - 8 = 32$	$40 - 4 = 36$
$36 - 8 = 28$	$36 - 4 = 32$
$32 - 8 = 24$	$32 - 4 = 28$

現在我們可以根據第三變結束後的情況確定此次筮算的情況。

朱熹在《筮儀》中總結確定此次筮算的原則說：「掛扐之數，五四為奇，九八為偶。掛扐三奇合十三策，則過揲三十六策而為老陽，其畫為「囗」，所謂重也。掛扐兩奇一偶合十七策，則過揲三十二策而為少陰，其畫為「- -」，所謂拆也。掛扐兩偶一奇，合二十一策，則過揲二十八策而為少陽，其畫為「—」，所謂單也。掛扐三偶合二十五策，則過揲二十四策而為老陰，其畫為「Ｘ」，所謂交也」。

解釋：

每一變掛扐之數（左份蓍策餘數與右份蓍策餘數，再加上掛一之策，三數相加），5 和 4 當作「奇」；9 和 8 當作「偶」；

三變掛扐之數，如果是三個奇，最後蓍策餘數是 36，就是老陽，畫為「囗」的記號，又稱為「重」。

三變掛扐之數，如果是兩奇一偶，最後蓍策餘數是 32，就是少陰，畫為「- -」的記號，又稱為「拆」。

三變掛扐之數，如果是兩偶一奇，最後蓍策餘數是 28，就是少陽，畫為「—」的記號，又稱為「單」。

三變掛扐之數，如果是三個偶，最後蓍策餘數是 24，就是老陰，畫為「Ｘ」的記號，又稱為「交」。

簡單地說，我們也可以這樣理解：

28 ÷ 4 = 7（少陽）春——陽爻（不變）

36 ÷ 4 = 9（老陽）夏——陽爻（可變）

32 ÷ 4 = 8（少陰）秋——陰爻（不變）

24 ÷ 4 = 6（老陰）冬——陰爻（可變）

朱熹《易學啓蒙》考變占介紹：

「變卦」又叫「之卦」，就是在本卦的變爻改變性質（**陽爻變陰爻，陰爻變陽爻**）之後，所形成的新卦。「變卦」的情況，在解卦時經常要考慮到。

一、六爻不變：卦中六爻都是不變爻，這叫「靜卦」，依據本卦的彖辭來解卦。內卦爲貞爲我，外卦爲悔爲彼。

二、一爻變：卦中有一個變爻，就用這個變爻的爻辭解卦。

三、二爻變：卦中有兩變爻，用這兩個變爻的爻辭解卦，而以上爻爻辭爲主。

四、三爻變：卦中有三個變爻，解卦時用本卦的彖辭並結合變卦的彖辭作綜合考慮。以本卦爲貞，之卦爲悔，前十卦爲貞，後十卦爲悔（**這裏的前後是指變爻中包不包括初爻，包括初爻變叫後，初爻不變時叫前。**）

五、四爻變：卦中有四個變爻，用變卦的另外兩個不變爻的爻辭解卦，而以下爻爻辭爲主。

六、五爻變：卦中有五個變爻，用變卦的不變爻的爻辭解卦。

七、六爻皆變：卦中六爻都是變爻，如果是乾、坤兩卦就用「用九」、「用六」解卦，其他卦則用變卦的彖辭解卦。

乾之冊二百一十有六，坤之冊百四十有四，凡三百有六十，當期之日。二篇之冊，萬有一千五百二十，當萬物之數也。

乾之策二百一十有六（$6 \times 9 \times 4 = 216$），

坤之策百四十有四（$6 \times 6 \times 4 = 144$），

凡三百六十，當期（年）之日。

二篇之策，萬有一千五百二十

（$6 \times 64 = 384$　　$384 \div 2 = 192$，

$192 \times 9 \times 4 = 6912$，

$192 \times 6 \times 4 = 4608$，

$6912 + 4608 = 11520$），

當萬物之數也。

第四章

《周易》卦爻辭易例
：《十翼》中的十二種爻象爻位說

一、基本爻象說

陽爻表徵陽氣、陽、剛健、剛強、男性、君子、剛健剛強之人、實，等等；陰爻符示陰氣、陰、柔順、柔弱、女性、小人、柔順柔弱之人、虛，等等。

二、爻位陰陽說

一個六爻卦（別卦），分別自下而上有：初、二、三、四、五、上，這六個爻位。即是：初爻之位，二爻之位，三爻之位，四爻之位，五爻之位，上爻之位。

爻位有陰陽之分。奇數的爻位爲陽位，偶數的爻位爲陰位。初爻、三爻、五爻爲陽位；二爻、四爻、上爻爲陰位。

三、爻象當位、失位說

陽爻應當居於陽位，陰爻應當居於陰位。

凡陽爻居於陽位、陰爻居於陰位爲當位；

凡陽爻居於陰位、陰爻居於陽位爲失位。

當位則得正，失位則失正。

一般而言，當位得正則吉，失位失正則凶。

四、爻位凶吉說

《繫辭》中說：「二與四，同功而異位，其善不同。二多譽，四多俱，近也。柔之爲道，　不利遠者。其要無咎，其用柔中也」。「三與五，同功而異位。三多　凶，五多功，貴賤之等也」。讀者可以對照後文翻譯。

五、爻位本末、終始說

一個六爻卦（別卦）的初爻與上爻，分別象徵「本與末」和「始與終」。

《大過卦・彖傳》中說：「本末弱也」。意指初爻與上爻，猶如事物的「本與末」，有柔弱之象。

初爻初生為稚弱，上爻終極，其道已窮，力量也已經減弱。

一般來說：

初爻是事物的起步階段，力弱勿用；

上爻是事物的終結階段，窮極有悔。

六、爻位中位說

一個六爻卦（別卦）由上下兩個三爻卦（經卦）組成。下卦又叫內卦，貞卦；上卦又叫外卦，悔卦。

二爻、五爻之位，分別是下卦和上卦的中間，這兩個爻位，即被稱為中位。某爻居於中位，即稱得中，抑或得中道。

一般說來，得中為吉，有利。

七、爻位三才說

三才，指天地宇宙間的天、地、人三才。

一個三爻卦（經卦），初爻之位為地之位，二爻之位為人之位，上爻之位為天之位；

一個六爻卦（別卦），初爻、二爻之位為地之位，三爻、四爻之位為人之位，五爻、上爻之位為天之位。

雖然初爻、二爻之位都為地之位，但二爻之位得中，所以二爻

之位是地之位的正位。

雖然三爻、四爻之位爲人之位，但三爻之位更接近大地，所以三爻之位是人之位的正位。

雖然五爻、上爻之位都爲地之位，但五爻之位得中，所以五爻之位是天之位的正位。

五爻之位爲天位、所以又被稱爲君位。

八、爻象乘、承說

乘，是乘凌、凌駕之義；

承，柔順而承奉之義。

一卦中任何相鄰之爻，若陰爻在陽爻之上，就稱爲陰乘陽，或稱爲柔乘剛；

若陰爻在陽爻之下，就稱爲陰承陽，或稱爲柔承剛。

《周易》扶陽抑陰，陽尊陰卑，剛尊柔卑。

因此一般說來：

陰承陽、柔承剛則吉；

陰乘陽、柔乘剛則凶。

另外，還有所謂爻象比和之說，本書基本不加採用。

九、爻象得應、失應說

一個六爻卦（別卦）的上卦和下卦的三個爻位，存在對應關係。

初爻、四爻之位，分別是上卦和下卦的初位；

二爻、五爻之位，分別是上卦和下卦的中位；

三爻、上爻之位，分別是上卦和下卦的終位。

所以：

初爻、四爻之位，如果分別是陰陽不同的爻，異性相吸，就稱爲得應。

初爻、四爻之位，如果分別是陰陽相同的爻，同性相斥，就稱爲失應。

二爻、五爻之位，如果分別是陰陽不同的爻，異性相吸，就稱爲得應。

二爻、五爻之位，如果分別是陰陽相同的爻，同性相斥，就稱爲失應。

三爻、上爻之位，如果分別是陰陽不同的爻，異性相吸，就稱爲得應。

三爻、上爻之位，如果分別是陰陽相同的爻，同性相斥，就稱爲失應。

一般而言，得應有助爲吉，失應無助爲凶。

十、爻象剛柔上下往來說（卦變說）

《周易》泰卦辭云：「小往大來」，否卦辭云：「大往小來」，涉及到《周易》《彖傳》中剛柔上下往來之說。

對於剛柔上下往來之說的解釋，實際上是涉及了《周易》的所謂「卦變」體系學說。對剛柔上下往來之說的解釋，歷來大都是以各種不同的卦變說爲依據。

對於「卦變」體系應該如何正確認識和解讀，歷來眾說紛紜，是解釋《周易》必須要回答的一個難題。

黃宗羲在《易學象數論》中說：「卦變之說由《泰》《否》二卦小往大來，大往小來而見之。夫子發明卦義者於是爲多，固《易》中一大節目也。」

　　關於本書解易的宗旨是要明白簡明易懂，所以並不採用虞翻、李挺之、朱熹等傳統的卦變理論，主要參考來知德以錯綜卦的思路來解釋剛柔上下往來之說。

　　錯綜卦概念見「二二爲偶，非覆即變」條目。

　　《周易杭氏學》也力主來知德以錯綜釋卦變之說較優：「《易・彖傳》言『陰陽上下往來』，後儒或主卦變，或主錯綜，（**此指來氏之所謂錯綜**）眾論紛若，莫衷一是。而卦變之例，荀虞以下既各不同，而同一虞《易》，其爲圖也又參差不一。朱子既圖卦變，又取《彖傳》之言往來者十九卦，編爲歌訣。然與其圖，已不相符合。且《彖傳》之言往來上下者，亦不僅此十九卦。故證以經文，參諸卦象，自以主兩卦之一往一來者，（**即來氏錯綜**）其說較優」。

　　明來知德《周易集注・原序》曰：「乾坤者萬物之男女也。男女者一物之乾坤也。故上經首乾坤。下經首男女……又序六十四卦。其中有錯有綜。以明陰陽變化之理。錯者交錯對待之名。陽左而陰右。陰左而陽右也。綜者高低織綜之名。陽上而陰下。陰上而陽下也。雖六十四卦止《乾》、《坤》、《坎》、《離》、《大過》、《頤》、《小過》、《中孚》八卦相錯，餘五十六卦皆相綜而爲二十八卦，並相錯八卦共三十六卦。」「以某卦自某卦變者，此虞翻之說也，後儒信而從之。如《訟》卦『剛來而得中』，乃以爲自《遯》卦來，不知乃綜卦也。《需》、《訟》相綜，乃坎之陽爻來於內而得中也。」

　　以錯綜卦的思路來解釋剛柔上下往來之說，因爲篇幅原因本書不多討論。

十一 、爻象陽遇陰則通說

尚秉和先生結合其師吳摯甫《易說》的「陽遇陰則通、遇陽則阻」的原理謂「易之道如電然，同性則相違，異性則相感」，黃壽祺、張善文先生所著《周易譯注》取爲易例，認爲：

《周易》中凡陽爻之行，遇陰爻則通，進陽爻則阻。如《大畜》初、二兩陽皆不進，因前臨陽爻受阻；九三利往，以前行遇陰路通。

其說簡明可通，本書也取爲爻象說一例。

十二、爻位說

六十四卦每卦各有六爻，分處六級高低不同的等次。象徵事物發展過程中所處的位置，六爻分處的六級等次，稱爻位。

從下到上，依次稱爲初、二、三、四、五、上。《乾鑿度》稱「易氣從下生」。

《乾鑿度》所說六爻之位，初爲元士，二爲大夫，三爲三公，四爲諸侯，五爲天子，上爲宗廟。

第五章
乾坤兩卦天文地理取象

　　《周易》以乾坤兩卦開篇，兩卦卦爻辭取象既顯明又幽微。如果仔細品味《繫辭傳》中提到的這樣一些話：「易與天地準，故能彌綸天地之道。仰以觀於天文，俯以察於地理，是故知幽明之故」；「在天成象，在地成形，變化見矣；日月運行，一寒一暑」；「　法象莫大乎天地；變通莫大乎四時」，我們就會有覺察：《繫辭傳》無疑是在暗示乾坤兩卦與日月運行、寒暑往來有著某種重要的關係。

　　所以在易學解釋史上，先賢們一直試圖以更深入的方式，來解釋乾坤兩卦卦爻辭的取象，試圖揭示出其與天文地理以及四時運行之間更為深刻複雜的聯繫。

◆ 第 一 節 ◆ 乾坤配四時（第一種情況）

　　《周易集解》中，就有這樣的記載，很早的時候，易學家就將乾坤兩卦的爻象與日月運行、寒暑往來的變化進行配合，用以解釋時空現象。

　　乾坤兩卦與四時相配，主要有以下這兩種情況：

　　第一種情況是：

　　將乾坤兩卦六爻按照十二消息卦與月份相配，從乾卦初爻配十一月開始：

　　乾卦：

　　初九：（干寶曰：）陽在初九，十一月之時，自複來也。

　　九二：（干寶曰：）陽在九二，十二月之時，自臨來也。

九三：（干寶曰：）陽在九三，正月之時，自泰來也。

九四：（干寶曰：）陽在九四，二月之時，自大壯來也。

九五：（干寶曰：）陽在九五，三月之時，自夬來也。

上九：（干寶曰：）陽在上九，四月之時也。（形成乾卦）。

坤卦：

初六：（干寶曰：）陰氣在初，五月之時，自姤來也。

六二：（干寶曰：）陰氣在二，六月之時，自遯來也。

六三：（干寶曰：）陰氣在三，七月之時，自否來也。

六四：（干寶曰：）陰氣在四，八月之時，自觀來也。

六五：（干寶曰：）陰氣在五，九月之時，自剝來也。

上六：（干寶曰：）陰在上六，十月之時也。（形成坤卦）。

乾坤兩卦六爻配十二消息卦之說對後世影響極大，幾乎為定論。郭彧先生解乾坤兩卦爻象即是按此。

此說按十二消息卦對一年十二個月陰陽二氣盈虛消息進行配合是沒有問題的，但在取像是有許多不明之處。特別是坤卦初六「陰氣在初，五月之時」，爻辭卻說：「履霜」，於常理難通。而乾卦中間四爻「田」、「日」、「淵」、「天」的位置，初爻曰潛，二爻已經在地上，四爻為何又在淵中？在順序上有交錯難解之處。

✦ 第二節 ✦ 乾坤配四時（第二種情況）

第二種情況是：

按照「時乘六龍以御天」的意思，將乾卦六爻，配一年十二個月，從初爻配十一月開始，每爻配兩個月：

《文言》（初九）：「潛龍勿用，陽氣潛藏」。

何妥曰：此第三章，以天道明之。當十一月，陽氣雖動，猶在地中，故曰「潛龍」也。

《文言》（九二）：「見龍在田，天下文明」。

孔穎達曰：先儒以爲九二當太蔟之月，陽氣見地。則九三爲建辰之月，九四爲建午之月，九五爲建申之月，上九爲建戌之月⋯⋯。

按：太蔟之月即是建寅之月，即是正月。

《文言》（九三）：「終日乾乾，與時偕行」。

　　何妥曰：此當三月。陽氣浸長，萬物將盛，與天之運俱行不息也。

《文言》（九四）：「或躍在淵，乾道乃革」。

　　何妥曰：此當五月。微陰初起，陽將改變，故云「乃革」也。

《文言》（九五）：「飛龍在天，乃位乎天德」。

　　何妥曰：此當七月。萬物盛長，天功大成，故云「天德」也。

《文言》（上九）：「亢龍有悔，與時偕極」。

　　何妥曰：此當九月。陽氣大衰，向將極盡，故云「偕極」也。

乾卦六爻配一年十二個月之說，符合一年的陽氣的變化規律，也是沒有問題，但還是在取象有不明之處，還是存在乾卦中間四爻「田」、「日」、「淵」、「天」的位置順序，有交錯難解之處。

◆ 第三節 ◆ 「龍」字的起源

明朝嘉靖癸未進士徐體乾撰有一部《周易不我解》（**書名之意：其解不敢以我之見專斷也**），托以得到陳摶《龍圖》解易之說，以龍星解釋乾卦六爻中龍的取象，雖然當時其說不見稱於世，但其對後來解易者的影響和啟發很大。

《周易不我解・乾龍辯》中說：

春秋傳：凡土功，龍顯而畢務。言九十月之交，龍星朝見於東方，而農人土功之務畢矣。梓慎曰：龍，宋鄭之星也。又魏獻子問龍於蔡墨，蔡墨曰：「周易有之，在乾之姤，曰潛龍勿用。在坤之剝，曰龍戰於野」。若不朝夕見，誰能物之。吾詳味朝夕見三字，得其關鍵。凡物體生於地，精曜於天。左傳言周易實以星為龍矣。若龍非星也，豈得朝夕見乎？

明末清初大學者黃宗羲在《易學象數論卷三》中便是以天文星相解釋乾卦六爻，與徐體乾之說相似：

東方蒼龍七宿，角、亢、氐、房、心、尾、箕。子丑月，黃昏蒼龍入地，故曰「潛」。寅卯月，角宿昏見天淵之分，故曰「在淵」。

辰巳月，蒼龍昏見天田星下，故「見龍在田」。午未月，龍星昏見於天，故曰「在天」。申酉月，大火西流，龍將入地，故曰「夕惕」。戌亥月，平旦龍見於東北，晝晦其形，故曰「亢」。魏獻子問龍於蔡墨，蔡墨曰「周易有之，在乾之姤」云云，若不朝夕見，誰能物之龍？非星也，豈得朝夕見乎？

以龍為星，這樣的說法其實有更深刻的背景。

班大為著徐鳳先所譯《中國上古史實揭秘——天文考古學研究》中說：「甲骨文中『龍』字與它實際對應的星象之間的相似。位於東宮的蒼龍對應於我們西方體系中從室女座到全部天蠍座，角宿一和大角星代表蒼龍的兩個角，約 75°之外的天蠍座代表蒼龍的尾。巴比倫人視為蠍尾的呈鉤狀的一排星，中國人將其認作是龍的尾」。

我們確實能夠吃驚地發現龍字的起源似乎確實是與東方蒼龍七宿分佈圖有關。請見下圖：

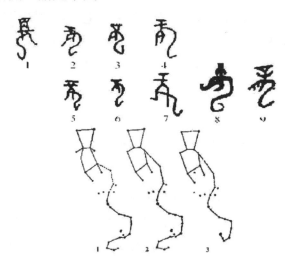

圖中：

上部 1-7 是甲骨文的龍字；8-9 是金文的龍字；下部是蒼龍之象構想圖（由連接自室女座到天蠍座的星形成）（據馮時，《中國早期星象圖研究》，《自然科學史研究》9 卷 2 期，1990 年，112 頁）。轉引自《中國上古史實揭秘——天文考古學研究【美】班大為著 徐鳳先譯》（上海古籍出版社 2008 年出版）。

周易「以圭測影，設卦卜筮」，其起源自是與古時的天文學知識有關。以龍為星，符合周易推衍日月運行、寒來暑往的原理。

◆ 第四節 ◆ 以星相解乾卦六爻

下面我們來看看徐體乾、黃宗羲等是如何用星相、四時來解釋乾坤兩卦的。

通常對六爻爻位的解釋，是卦氣由下生，六爻順序是初、二、三、四、五、上。

但是徐體乾卻別出心裁，以為上三爻為天，下三爻為地，初應四，二應五，三應上，所以六爻順序應該是初、四；二、五；三、上。

徐體乾在《周易不我解·六爻相應辯》中說：

青山子曰：畫雖六，其實只兩層也。蓋言下三畫一層以象地，上三畫一層垛於其上以象天。人但知初應四，二應五，三應上，殊不知設畫本意則四垛於初之上，五垛與二之上，上垛於三之上。象天地

上下相召以相應也。

　　徐體乾此說，看似語出驚人，但確實有其道理，能夠解決乾卦中間四爻「田」、「日」、「淵」、「天」的位置順序交錯難解的問題。

　　徐體乾、黃宗羲也是按照「時乘六龍以御天」的意思，將乾卦六爻配一年十二個月，從初爻配十一月開始，每爻配兩個月以。

　　但是徐體乾、黃宗羲將乾卦六爻每爻配兩個月的順序就於《周易集解》有所不同了，他是按照初、四；二、五；三、上的六爻順序來配：

```
月 亥 戌
月 未 午
月 卯 寅
月 酉 申
月 巳 辰
月 丑 子
```

初爻：配子丑，即是十一、十二月；

四爻：配寅卯，即是一、二月；

二爻：配辰巳，即是三、四月；

五爻：配午未，即是五、六月；

三爻：配申酉，即是七、八月；

上爻：配戌亥，即是九、十月；

　　所以，《周易不我解》「乾六位配四時之圖」中如此圖示乾卦六爻龍星在一年十二個月中的方位變化情況：

子丑月，黃昏蒼龍入地，故曰「潛」：

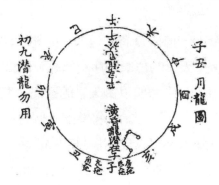

寅卯月，角宿昏見天淵之分，故曰「在淵」：

辰巳月，蒼龍昏見天田星下，故「見龍在田」：

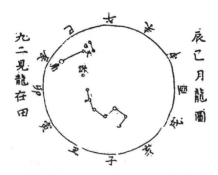

午未月，龍星昏見於天，故曰「在天」：

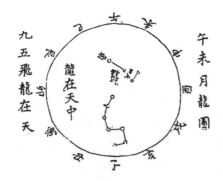

申酉月，大火西流，龍將入地，故曰「夕惕」：

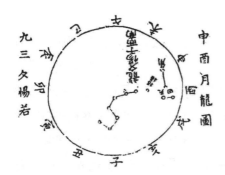

戌亥月，平旦龍見於東北，晝晦其形，故曰「亢」：

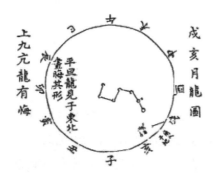

◆ 第五節 ◆ 龍：春分而登天，秋分而潛淵

《周易不我解》以天文星相解釋乾卦六爻，被《四庫提要》批評爲「附會」。

（《周易不我解》二卷）明徐體乾撰。體乾字行健，長淮衛人。嘉靖癸未進士。《自序》謂嘗得《青山易》半卷，《希夷易》一卷，其法以天星配四時。解《乾卦》「六龍」，即指龍星。解「《坤》爲牛」，亦指犧牛星。蓋即林光世《水村易鏡》之說而變幻之，殊爲附會」。

但大儒黃宗羲卻持以類似見解。

郭彧《周易圖像集解》評述黃宗羲之說對此說也頗有稱道：

> 或按：《說卦》：「乾爲天」、「坤爲地」，《繫辭》：「天尊地卑，乾坤定矣」、「在天成象，在地成形，變化見矣」。黃氏以天象解《乾》、地象解《坤》，可謂有見。
>
> 龍，《說文解字》解釋：「龍，鱗蟲之長。能幽能明，能細能巨，能短能長。春分而登天，秋分而潛淵」。

《古代天文曆法講座》（張聞玉著，2008 年廣西師範大學出版社出版）中對此有很好的解說：

> 這是一條什麼樣的龍呢？春分登天，秋分潛淵。在許慎生活的東漢時代，作爲鱗蟲之長的「龍」早已絕跡，許慎無從得見，也無法交代清楚，就利用天象上的角亢氐房心尾箕一東方蒼龍七宿來加以描繪。天幕上的蒼龍七宿從

春分到秋分這一段時間裏，每當初昏時候就橫亙南中天。到現在，民間傳說還有「二月初二龍抬頭」的說法。春分後蒼龍七宿現，秋分後蒼龍七宿初昏已入地了。原來許慎在用天象釋字義。

龍春分而登天，秋分而潛淵，有著天文學的解釋。但是這樣一來就出現了問題：乾卦初九「潛龍勿用」，一般解釋是在十一月、十二月（子丑月），並不是秋分，並不合符東方蒼龍七宿初昏入地的天文現象。

這個問題應該怎樣解決？

我個人以為，其實乾卦初九「潛龍勿用」，將其時間配在戌亥月（九、十月）更為合適。

按照徐體乾、黃宗羲初、四；二、五；三、上的六爻順序這樣來配：

初爻：配戌亥，即是九、十月；

四爻：配子丑，即是十一、十二月；

二爻：配寅卯，即是一、二月；

五爻：配辰巳，即是三、四月；

三爻：配午未，即是五、六月；

上爻：配申酉，即是七、八月；

這樣就可以既滿足「龍春分而登天，秋分而潛淵」的天文學的解釋，又能解決乾卦中間四爻「田」、「日」、「淵」、「天」的位置交錯難解的順序問題。

◆ 第六節 ◆ 乾卦六爻與二十四節氣

十二地支，即子、丑、寅、卯、辰、巳、午、未、申、酉、戌、亥，對應現行所謂的夏曆十二月及二十四節氣如下：

地支	子	丑	寅	卯	辰	巳	午	未	申	酉	戌	亥
月份	11	12	1	2	3	4	5	6	7	8	9	10
時間	23-1	1-3	3-5	5-7	7-9	9-11	11-13	13-15	15-17	17-19	19-21	21-23
節氣	大雪冬至	小寒大寒	立春雨水	驚蟄春分	清明穀雨	立夏小滿	芒種夏至	小暑大暑	立秋處暑	白露秋分	寒露霜降	立冬小雪

請看我的解釋：

初九「潛龍勿用」：時當九、十月，秋分剛過，東方蒼龍七宿初昏入地，所以龍是「秋分而潛」。後天八卦圖此處（戌）還未出兌之位，兌為澤，龍潛入淵澤。

九四「或躍在淵」：時當十一、十二月，龍已潛淵，但冬至一陽來復，陽氣復甦，有躍躍欲試之象。後天八卦圖此處（子）在坎，坎為淵，所以龍或躍在淵。

九二「見龍在田」：時當一、二月，所謂「二月二龍抬頭」，節氣為驚蟄，春雷滾滾，萬物復甦，龍現於田；後天八卦圖此處（卯）在震，震為龍，震為大塗，有大路野外田地之象。

九五「飛龍在天」：時當三、四月，春分剛過，東方蒼龍七宿初昏時候橫亙南中天，所以是飛龍在天。

九三「終日乾乾」：時當五、六月，後天八卦圖此處（午）在離，離為日，所以終日乾乾健行不息；由午到未，日過中已昃，日已西斜，有「夕惕」之象。而且接下去就會是七、八月將至秋分，

那時龍將入地，所以心中有此憂懼，故曰「夕惕」。

上九「亢龍有悔」：時當七、八月，漸至秋分，龍漸行入地，所以有悔。

以上乾卦六爻，其實說的是三件事：

初九、九四：秋分而潛淵，先潛後躍淵；是同一件事的先後關係。

九二、九五：春分而登天，由田飛上天；是同一件事的先後關係。

九三、上九：日中則西昃，惕厲終亢悔。是同一件事的先後關係。

《周髀算經》中說：「晝者陽，夜者陰。春分至秋分，晝之象，秋分至春分，夜之象」。

原來在古人的天文學的觀察中，春分至秋分，被認為猶如是白晝和黑夜。如果把一年比作一天，春分如早晨卯時，秋分如黃昏酉時。

《周髀算經》中談論二十四節氣說：「二至者，寒暑之極。二分者，陰陽之和。四立者，生長收藏之始。是為八節，節三氣，三而八之，故為二十四」。

和冬至、夏至一樣，秋分、春分也是陰陽寒暑往來變化的重要時間點。取冬至、夏至為時間點的起始和終結，與取秋分、春分為時間點的起始和終結，都有其合理的意義。

◆ 第 七 節 ◆　坤卦六爻與二十四節氣

黃宗羲在《易學象數論卷三》以土功農事解釋坤卦六爻：

> 「冰」、「霜」之候，農功未施，「直方大」，田疇
> 之經界也。三之「含章」，黍稷華秀也。四之「括囊」，稻
> 納稼也。五之「黃裳」，授衣載績也。上「龍戰野」，塞向
> 墐戶。《春秋傳》曰：「凡土功，龍見而畢務」。

其大意如下：

初六「履霜，堅冰至」：十月自九月最後的節氣「霜降」，履霜
而來。冰霜之氣候，天氣寒冷，「農功未施」，沒有施行耕作農事。

六二「直，方，大」：天氣轉暖，「田疇之經界」，進行田土耕
地疆界劃分，意為進行耕耘之事。

六三「含章可貞」：「黍稷華秀」，農作物長勢良好，黍禾開花
秀實。

六四「括囊」：「稻納稼」意為收割稻穀禾稼。《詩經‧豳風‧
七月》：「九月築場圃，十月納禾稼」。

六五「黃裳」：「授衣載績」意為製備寒衣，紡麻織布。《詩經‧
豳風‧七月》：「七月鳴鵙，八月載績」。

上六「龍戰於野」：「塞向墐戶」意為堵塞北窗，以禦寒風。《詩
經‧豳風‧七月》：「七月在野，八月在宇，九月在戶，十月蟋蟀入
我床下。穹窒熏鼠，塞向墐戶」。

黃宗羲此解確是有所見地，別出心思。但是其中還是沒有完全

說清楚問題。所引用《詩經・豳風・七月》的詩句，明確指示月份時間，但月份時間上卻顯得含糊混亂，並沒有如乾卦那樣明確對應月份。六四「納禾稼」是十月，上六「塞向墐戶」也是十月，難以理解。

我個人以爲，坤卦六爻，按照初、四；二、五；三、上的順序可以這樣來配一年的十二個月，配同乾卦：

初爻：配戌亥，即是九、十月；
四爻：配子丑，即是十一、十二月；
二爻：配寅卯，即是一、二月；
五爻：配辰巳，即是三、四月；
三爻：配午未，即是五、六月；
上爻：配申酉，即是七、八月；

請看我的解釋：

初六「履霜，堅冰至」：時當九、十月，冰霜之氣候，天氣寒冷，所以沒有施行耕作農事。

六四「括囊」：時當十一、十二月，冬至一陽來復，復卦象詞：「先王以至日閉關，商旅不行，後不省方」。這是「括囊」藏閉不用之象。

六二「直，方，大」：時當一、二月，春回大地，天氣轉暖。後天八卦方位此爲震，震爲大塗，有「直，方，大」之象。可以進行田土耕耘之事。

六五「黃裳」：時當三、四月，春分剛過，時爲暮春。孔子云：「暮春者，春服既成」。可知古時有暮春備衣之事，所以是

「裳」之象。土常在四季，每個季節最後一個月爲土。三月辰爲土，土爲黃色，所以是「黃裳」之象。三、四月間，正是春耕時節，服字本義也可以指服田，從事耕作，種田。春服既成，隱含春日農事已經完畢之意。

六三「含章可貞」：時當五月、六月，節氣爲芒種到大暑。《玉篇》解釋：「稻麥芒也」。《周禮・地官・稻人》：「澤草所生，種之芒種」。《注》：「芒種，稻麥也」。芒種爲傳統農忙時節，收麥播稻。芒種到大暑禾稼長勢良好，正是「含章」之象。後天八卦圖此處（午）在離，離爲日，也是光明彰顯的「含章」之象。

上六「龍戰於野」：時當七、八月，漸至秋分，龍漸行入地，是陰陽開始交戰相剝之象（九月為剝卦）。

以上坤卦六爻，其實說的是三件事：

初六、六四：履霜慮始，括囊藏閉，不求有功，但求無過；是同一件事的兩個方面。

六二、六五：直方大無不利，黃裳元吉；是同一件事的兩個方面。

六三、上六：內含章美而有終，龍戰於野而慎終；是同一件事的兩個方面。

第六章

《周易》64 卦詳解
：上經 30 卦

第1卦 乾　　乾上乾下

乾：元，亨，利，貞。

直解：元始，亨通，有利，正固。

「元，亨，利，貞」稱之爲乾卦之四德。

《周易》注重於扶陽抑陰，所以列乾爲周易六十四卦之第一卦。

乾卦六爻純陽，爲一切生命元氣之初始，因此爲元。

乾卦天道坦蕩邈遠亨通，因此爲亨。

乾卦健行而不息無往不利，因此爲利。

乾卦純陽潔淨精微有貞固守正之義，因此爲貞。

尚秉和解元、亨、利、貞即是秋、夏、秋、冬，值得參考。一般來說，凡是遇到東南方春夏之卦，一般就會有元、亨的卦辭，遇西北方秋冬之卦，一般則有利、貞的卦辭。

初九：潛龍，勿用。

直解：潛藏之龍不可作用。

初九爻動變，初九變爲初六，下卦乾變爲巽，巽爲伏（《雜卦》中說：「巽伏而兌現」）。初爻在下，也有潛藏之義。

龍爲傳說中的神靈之物，能飛能潛，能大能小。乾爲天，爲無可捉摸無形的純陽之氣，因此用龍來象徵乾卦之六爻。

《說卦傳》乾並沒有直接取龍象，只說乾爲馬。其實馬也可以爲龍，如人們熟悉的一句古詩詞：「車如流水馬如龍」（李煜《望江南·多少恨》）。十三經疏注《周禮·夏官司馬·庾人》記載：「馬八

尺以上爲龍。」

初九位卑力弱，陽氣始出，還處在潛藏階段，其力量還不能使用。

九二：見龍在田，利見大人。

直解：顯現之龍位在田地，利於見到大人（以提攜）。

以六爻卦天地人三才而論，初、二之爻位爲地，三、四之爻位爲人，五、上之爻位爲天。二之爻位得中爲地之正位，則有田地之象。

九二爻動變爲六二，下卦乾則變爲離，離爲目，因此有見之象（《說卦傳》：相見乎離）。此處之見，通現，出現，顯現。

以三爻卦（經卦）來說，下卦乾之二爻位爲人位。陽爲大，陰爲小，所以九二爲大人。上卦乾之九五，也爲三爻卦之人位，所以也稱大人。

九二得中，爻動變爲六二，下互卦變爲巽，巽爲近利市三倍（《說卦傳》，以下不一一注明），所以爻辭說利見。

九三：君子終日乾乾，夕惕若，厲無咎。

直解：君子終其一日健行不息，夕陽西下依然憂慮警惕，危厲，沒有咎害。

以六爻卦天地人三才而論，三爻和四爻爲人位，而三爻又是人的正位（三之爻位最接近地位），九三陽爻當位爲君子。在此處特別點明這是三才人之正位。所以乾卦其餘五爻均稱龍，惟有九三不稱龍而稱「君子」。

《彖傳》中說，「大明終始」，因此乾取象可以爲大明，爲日。

一日之終爲傍晚爲夕。九三在下卦乾之終位，所以爻辭說終日。

乾之卦德爲健行不息，上乾下乾，所以是乾乾。

九三爻動變下互卦變爲離。離伏坎，取伏象爲坎，坎爲加憂。若，爲語助詞。

所謂「三多凶，五多功」，九三不中，位置不當，處於多凶之爻位。而九三又是陽爻處於陽位，顯得過於剛猛，因此有厲。

九三君子終日奮鬥不息，所以能夠無咎。

九四：或躍在淵，無咎。

直解：或可騰躍之龍位在淵潭，沒有咎害。

或，有疑惑之意，也可以理解爲一種不確定性，或然性。所謂「二多譽。四多懼」。四爻之位爲多懼之位，有或之象。九四爻動變爲六四，上卦乾則變爲巽。巽爲進退，也是或躍之象。

九四爻動變下互卦乾則變爲兌，兌爲澤，澤水爲淵。

九四不中失位本應有咎害，但九四陽處陰位有內斂謹慎之象，以憂患意識處世，如此則可無咎。

九五：飛龍在天，利見大人。

直解：飛翔之龍位在天際，利於見到大人（相佐助）。

九五爻動則變爲六五，上卦乾則變爲離，離爲雉，鳥體飛。

九五以六爻卦之三才而論，九五、上九爲天之位，而九五得中爲天之正位。

「三多凶，五多功」，九五當位得中，正是建功立業之時，其事業成就輝煌如日中天。

上九：亢龍有悔。

直解：亢極之龍有所悔吝。

亢，為過高、過度、過分、亢奮之意。上九在六爻中位置最高，比之於人體是在頭部。

上九爻動變為上六，上卦乾則變為兌，兌為毀折。過度亢奮的陽氣在此將會有毀折之牽累。亢滿則被傾覆，這是窮極而變，向相反的方向轉化的趨勢。上九失位虛高，因此有所悔吝。

用九：見群龍無首，吉。

直解：（用九之數）出現群龍，沒有首領，吉祥。

用九、用六只有在乾坤兩卦中才出現，乾坤兩卦均為純陽純陰之卦。

為什麼用九？古筮法「過揲三十六策而為老陽」，用九是說六爻皆是為用九不用七的老陽。老陽將變，少陽不變。如果六爻都筮得老陽，需用此爻辭解釋。

用，也可以理解為：通，同，統。用九即通一都為九。

乾卦六爻均為龍，是「群龍」之象。

《說卦傳》中說，乾為首，坤為腹，上九亢極而變，因此有無首之象。

群龍無首，已無上九之亢，因此可以得吉。

《序卦》曰：有天地，然後萬物生焉。

有了天地，然後萬物產生。所以六十四卦以乾坤開始。

彖曰：大哉乾元，萬物資始，乃統天。雲行雨施，品物流形。大明終始，六位時成，時乘六龍以御天。乾道變化，各正性命，保合大和，乃利貞。首出庶物，萬國咸寧。

彖詞說：乾卦之元始是多麼偉大啊！天地間的萬物都是資受乾卦的純陽之氣而開始產生的，乾卦統繼著天道。（天道化生萬物，純陽初始的元氣變化，聚而為雲，凝而為雨），雲氣行布，雨露施加，萬物由此各分其類，各得其形。偉大的光明從始自終。六爻之位因時而成，猶如與時偕行乘馭了六條巨龍統御天道。乾陽之道漸變而化生，正定萬物各自其的性（秉性）和命（天命），保全聚合偉大的陰陽和合之氣，有利於貞固守正。（乾卦純陽之氣，是生出萬物的初始，是萬物的來源和開端，所以是）首先生出天下的萬物，萬物萬國因此都得安寧。

品、流，此處都作動詞使用。品，這裏意為分類眾物。

大和之「大」，音同「太」。大中之最大為太。

庶物，即為眾物，萬物。

象曰：天行健，君子以自強不息。

象辭說：乾卦象徵天道的運行健行不息，君子效法此一象徵，自我發奮圖強，永不停息。

象字本為象形字，指野獸中的大象，其甲骨文的字形突出了大象的頸鼻。大象是陸地之最大動物，特別引人注意，在未能見到大象而聽人描述之時極具豐富想像力，也許就是這樣被假借為擬形想像之象。周易繫辭中說：「象也者，像也」。是指以有形之象，擬形於無形或相似形之象，其用法類似今日所言之象徵、比喻。

　　象辭即是一卦中對其有形的卦象和爻象，以象徵比擬的方式來解釋卦象和爻象中所包含的意義的文辭。

　　潛龍勿用，陽在下也。見龍在田，德施普也。終日乾乾，反覆道也。或躍在淵，進無咎也。飛龍在天，大人造也。亢龍有悔，盈不可久也。用九，天德不可為首也。

　　象辭是對卦象和爻象的解釋，所以有解釋卦象的「大象傳」和解釋爻象的「小象傳」的分別。

　　前面「天行健，君子以自強不息」是大象傳。這一段是分別解釋乾卦各爻爻辭的小象傳。

　　直解：（初九）潛藏之龍不可作用，說明初位之陽爻位於六爻的最下面（尚不是有所作為之時）。（九二）顯現之龍位在田地，說明（九二之陽爻，脫離初位，居於下卦之中）龍德顯現普遍施布於萬物。（九三）乾道終日健行不息，說明（九三之陽爻）往反而回復到正道。（九四）或可騰躍之龍位在淵潭，說明前進不會有所咎害。（九五）九五之陽爻猶如龍已飛躍到了天上，說明大人（到達了尊貴中正的最佳位置）因此而大有作為。（上九）亢極之龍有所悔咎，說明盈滿是不可以長久的。（用九）乾卦用九之數，說明上天之德是不可以居首的。

　　文言曰：「元者，善之長也；亨者，嘉之會也；利者，義之和也；貞者，事之幹也。君子體仁足以長人；嘉會足以和禮；利物足以和義；貞固足以幹事。君子行此四德者，故曰：『乾，元亨利貞』。」

　　孔子說：言之不文，其行不遠。所以文言，是指文飾其言辭。

　　乾坤兩卦爲易之門戶，所以《十翼》在乾坤兩卦之後特別增加了《文言》的解釋文字，在乾坤兩卦彖詞、象辭之後，前一步深入闡述乾坤兩卦的內容，並涉及到一些解易的特點，以作爲理解此後的六十二卦易理的一個範例和指導。

　　文言首先解釋乾卦卦辭「元亨利貞」其中更爲深層次的含義。

　　直解：文言說：元始，就是眾善美德的尊長；亨通，就是嘉美之事的彙聚；有利，就是所宜義理的和合；貞正，就是做事立業的支幹。君子以仁義作爲本體，就足夠可以做人們的尊長；嘉美的聚合，足可以符合禮節。施利於物，足夠可以和合義理。貞固守正，足夠可以幹一番事業。君子實行這四種美德，所以說：「乾之道是：元始，亨通，有利，貞固」。

初九曰：「潛龍勿用。」何謂也？

子曰：「龍德而隱者也。不易乎世，不成乎名；遯世無悶，不見是而無悶；樂則行之，憂則違之；確乎其不可拔，潛龍也。」

　　此段解釋初九的爻辭。以設問的方式，一問一答。後五節仿此解釋初九到上九的爻辭。

　　直解：初九的爻辭「潛龍勿用」說的是什麼意思呢？

　　孔子說：「這是比喻那些具有像龍一樣高尙德行而遯隱在野的君子，他不會被世俗所改易，不會成就於虛名；遯隱於世間，而不會感到鬱悶，不被世間肯定稱許也不會感到鬱悶；合乎情理，使人快樂的就會去施行，不合情理，令人憂傷的事情就不去做；確定堅強，其內心的意志不可動搖，這就是爻辭中所說的潛龍」。

九二曰：「見龍在田，利見大人。」何謂也？

子曰：「龍德而正中者也。庸言之信，庸行之謹，閑邪存其誠，善世而不伐，德博而化。易曰：『見龍在田，利見大人』，君德也。」

直解：九二的爻辭「見龍在田，利見大人」說的是什麼意思呢？

孔子說：「這是比喻有龍一樣高尚的品德而立身中正的君子，他說的平素庸常的話都有信用，平素庸常的行為舉止都是謹慎而有節制，防止邪惡從外面而來，保持內心的真誠，施善於世間而不會自誇，德行廣博而能夠感化於天下，所以周易說：『見龍在田，利見大人。』這是人君應該具有的德行」。

閑，防閑，防止。伐，自誇，誇耀。

九三曰：「君子終日乾乾，夕惕若，厲無咎。」何謂也？

子曰：「君子進德修業。忠信，所以進德也。修辭立其誠，所以居業也。知至至之，可與言幾也。知終終之，可與存義也。是故，居上位而不驕，在下位而不憂。故乾乾，因其時而惕，雖危而無咎矣。」

直解：九三的爻辭「君子終日乾乾，夕惕若，厲無咎。」說的是什麼意思呢？

孔子說：「君子要增進美德，修營技業。盡忠守信，就可以增進美德。修飾言辭，樹立其真誠，就可以居蓄功業。知道應該達到的目標，而使之到達，就可以討論言說事情幾動之徵兆。知道應該在什麼地方終止，而就在那裏終止，就可以保全道義。所以，居處於上位而不會驕傲，居處於下位而不會憂慮。所以能夠勤勉建行，隨著時間的變化而保持清醒警惕，雖然有所危險但卻沒有咎害」。

九四：「或躍在淵，無咎。」何謂也？

子曰：「上下無常，非為邪也。進退無恒，非離群也。君子進德修業，欲及時也，故無咎。」

直解：九四「或躍在淵，無咎」說的是什麼意思呢？

孔子說：「這是說明向上升起或向下降落，沒有一定的常數，並不是為了不正之邪道。前進或後退，也不是恒定之事，並非是要離開人群。君子增進美德，修營技業，是想要抓住時機，所以沒有咎害」。

九五曰：「飛龍在天，利見大人。」何謂也？

子曰：「同聲相應，同氣相求；水流濕，火就燥；雲從龍，風從虎；聖人作而萬物睹；本乎天者親上，本乎地者親下，則各從其類也。」

直解：九五「飛龍在天，利見大人」說的是什麼意思呢？

孔子說：「這是比喻和同的聲音，相互回應，相同的氣息，相互求合；水向低濕處流，火向乾燥處燒，雲從龍而出，風從虎而生，聖人有所作為而萬物均能仰睹看見；其本源在天的親近於上，其本源在地的親近於下，那麼萬物都各自相從於它們的同類」。

上九曰：「亢龍有悔。」何謂也？

子曰：「貴而無位，高而無民，賢人在下而無輔，是以動而有悔也。」

直解：上九「亢龍有悔」 說的是什麼意思呢？

孔子說：「這是比喻尊貴而失位，高高在上，而沒有人民，賢人

居於下位而得不到他們的輔佐，所以一旦行動，就會有所後悔」。

潛龍勿用，下也。見龍在田，時舍也。終日乾乾，行事也。或躍在淵，自試也。飛龍在天，上治也。亢龍有悔，窮之災也。乾元用九，天下治也。

這一節再次解釋初九到上九六爻爻辭及用九辭的象徵意義。

《周易正義》說：「（王弼曰：）此一章全以人事明之也」。

直解：潛龍勿用，是指初九的爻位在下。見龍在田，是指時位已經開始舒展。終日乾乾，是指已經開始實行事業。或躍在淵，是指自己在躍躍欲試。飛龍在天，是指在上位而治理萬民。亢龍有悔是指窮極過度，召至災禍。乾卦元始之德用九之數，是指天下得到治理。

舍，假借爲舒。

潛龍勿用，陽氣潛藏。見龍在田，天下文明。終日乾乾，與時偕行。或躍在淵，乾道乃革。飛龍在天，乃位乎天德。亢龍有悔，與時偕極。乾元用九，乃見天則。

這一節再次解釋初九到上九六爻爻辭及用九辭的象徵意義。

《周易正義》說：「（王弼曰：）此一章全說天氣以明之也」。

直解：潛龍勿用，是指初九陽爻的陽氣潛伏隱藏。見龍在田，是指陽氣上升，天下萬物顯現出文采光明。終日乾乾，是指陽氣與時位諧同而健行不息。或躍在淵，是指乾道發生了變革（這是因為九四陽爻由內卦來到了外卦，因此暗含有變革的意味）。飛龍在天，是指九五居位於尊貴中正的天位，處位於天之美德。亢龍有悔，是指隨著時位的變化而到了過度終極的位置。乾元用九，是指這顯現

了上天的自然法則。

乾元者，始而亨者也。利貞者，性情也。乾始能以美利利天下，不言所利。大矣哉！大哉乾乎，剛健中正，純粹精也。六爻發揮，旁通情也。時乘六龍，以御天也。雲行雨施，天下平也。

這一節再次解釋乾之四德並禮讚乾卦之義。

《周易正義》孔穎達疏：「正義曰：「此一節是第五節，複明上初章及『乾』四德之義也。」。

直解：乾元，是指開始而亨通。利貞，是指（乾元的）本性和情理。乾元的初始能夠以嘉美惠利去施利於天下，但卻並不言說他所施的惠利。這是非常偉大啊！偉大的乾德，陽剛強健，得中守正，純素粹美而精一。乾卦六爻的發動揮變，普遍溝通曲盡（萬物的）情理。因時而乘馭乾卦六條巨龍般的六爻尤用以統御天道，行雲施雨，使得天下太平。

旁通，這裏旁意為普遍、廣泛；通，即為匯通、溝通。

君子以成德為行，日可見之行也。潛之為言也，隱而未見，行而未成，是以君子弗用也。

這一節開始到以下六節再次解釋初九到上九六爻爻辭的象徵意義。

《周易正義》孔穎達疏：「正義曰：此一節是《文言》第六節，更複明六爻之義」。

直解：君子以成就道德作為行動的目標，是每天都可以顯現出來的行為。初九爻辭所指的潛龍，意思是指隱藏而沒有顯現，行動

而還沒有成就，所以君子暫時不可施用。

君子學以聚之，問以辯之，寬以居之，仁以行之。易曰：「見龍在田，利見大人。」君德也。

直解：君子靠學習來聚集知識，靠發問來辨別疑難，以寬廣的胸懷居處適當的位置，以仁義之心來實施行事。《周易》中說：「見龍在田，利見大人。」這是指具有了人君的品德。

九三，重剛而不中，上不在天，下不在田。故乾乾，因其時而惕，雖危無咎矣。

直解：九三陽居陽位，是雙重的剛強，居位不中正，上不在天的高位，下不在田（地）的低位，所以努力發奮振作健行不息，順應時變，保持警惕，因此雖然有危險，但並沒有咎害。

九四，重剛而不中，上不在天，下不在田，中不在人，故或之。或之者，疑之也，故無咎。

直解：九四的陽剛重疊在下卦三爻陽剛之上，居位不在正中，上不在天的高位，下不在田（地）的低位，中間不在人的正位（六爻之卦分為三層，五和上為天，以五得位為正；初和二為地，以二得中為正；三和四為人，以三得位為正。乾卦九四陽剛居陰位，所以說不在人的正位），所以會感到困惑（或）。感到困惑，就是產生疑惑疑慮，（九四能夠心存警戒，疑惑疑慮），所以沒有咎害。

　　夫大人者，與天地合其德，與日月合其明，與四時合其序，與鬼神合其吉凶。先天而天弗違，後天而奉天時。天且弗違，而況於人乎？況於鬼神乎？

　　直解：九五爻辭所說的大人，他的道德和天地相合，他的明白洞察和日月相合，他施政行事的次序與春夏秋冬四時相合，他懲善為吉，罰惡為凶，與鬼神相合。他先於天道之動而動，上天也不違背他，後於天道之動而動，也能遵守奉行天時。上天也不違背他，何況於人呢？何況於鬼神呢？

　　亢之為言也，知進而不知退，知存而不知亡，知得而不知喪。其唯聖人乎？知進退存亡，而不失其正者，其為聖人乎？

　　直解：上九爻辭所說的亢，是指只知道前進而不知道後退，只知道生存而不知道衰亡，只知道獲得而不知道喪失。大概只有聖人才明白的吧？聖人知道前進後退，生存衰亡，行動而不離失正道，大概是聖人吧？

第2卦 坤

坤上坤下

坤：元，亨，利牝馬之貞。君子有攸往，先迷，後得主，利。 西南得朋，東北喪朋。安貞，吉。

直解：元始，亨通，利於母馬貞固守正。君子有所前往，在先則會迷失，在後則能得其所主，有利。西南方向得到朋類，東北方向喪失朋類。

牝，本義爲雌性的禽獸。乾爲陽馬，坤則爲牝馬。

乾坤兩卦純陰純陽爲易之門戶，爲萬物化作之初始，因此可以同時具有元始、亨通、有利、貞固之四種性質。

但坤卦之貞與乾卦之貞卻有所不同。

乾爲健，其以剛健正固爲貞，坤爲順，則以柔順貞靜爲貞。《周易》中卦爻辭出現的貞，都應該參考這樣的解釋以作分別。

坤爲地，善行地者莫若馬，所以卦辭以牝馬來象徵。《荀九家易》逸象解坤爲牝（坤爲陰，所以爲牝）。

乾爲君道，坤爲臣道。臣道則應尊卑先後有序，不可僭越。盲目莽撞爭先，則會迷失正道。

攸，同所。

陽爲主動，陰爲被動。陽爲先，陰爲後，臣道後而順之，則能夠以僕得主，以臣得君，則可有利。

後天八卦方位，西南方爲坤，西方爲兌，東南方爲巽，南方爲離，此四卦皆屬陰卦，與坤爲同類爲朋。東北方爲艮，東方爲震，北方爲坎，西北方爲乾，此四卦皆屬陽卦，與坤非同類，非爲其朋。

坤卦卦性爲順爲靜，不可妄動而患得患失，應安處貞靜而柔順守正得吉。

彖曰：至哉坤元，萬物資生，乃順承天。坤厚載物，德合無疆。含弘光大，品物咸亨。牝馬地類，行地無疆，柔順利貞。君子攸行，先迷失道，後順得常。西南得朋，乃與類行；東北喪朋，乃終有慶。安貞之吉，應地無疆。

彖詞說：坤卦之元始是多麼極致啊！萬物資受它而得以生長，於是坤地順承於天道。坤地有廣厚之德承載萬物，其德與天相合，無邊無際。坤元所含弘大，光澤萬物，萬物皆可通達。牝馬與地同類，行走於大地，順行不息，無邊無際，因其柔順之性，利於貞正。當君子有所前往之時，莽撞爭先則迷失其虛明柔順的正道；而敬慎在後，順行以次序，則可以得到坤順之常道。在西南能夠得到朋友，是因爲與同類同行。雖然在東北方會喪失朋友，但最終卻可以得到吉慶。坤卦安於貞正柔順之道而得到的吉祥，正是順應了坤爲地的柔順之德，而可以無邊無際地保持下去。

提示：《周易》本來的編排方式是《經》在前，《傳》在後，從鄭玄開始，將《傳》中的《彖傳》和《象傳》打散分開，附在《經》文每卦之後。後來通行本《周易》，自坤卦之後，《彖傳》和《大象傳》分開放在卦辭之後，《小象傳》分開放在爻辭之後，《文言》也分開，放在乾坤兩卦之後。惟有乾卦的體例，是先卦辭、爻辭，然後才是《彖傳》、《大象傳》、《小象傳》、《文言》，保有原來《周易》體例留爲示範。另外更有將《序卦》分開放在每一卦中，便於讀者理解。

本書也是爲讀者考慮採用這一形式，除採用通行本體例之外，還將《序卦》分開放在每一卦卦辭之後。

象曰：地勢坤，君子以厚德載物。

象辭說：地之柔順之性勢比於坤卦之德，君子效法此一象徵以廣大深厚之德，容載萬物。

初六：履霜，堅冰至。

直解：履踐霜凍，堅冰將會要臨至。

坤爲十二消息卦，時當十月，由九月之剝卦剝陽成陰而來。九月的節氣是寒露、霜降，坤卦之初九，爲十月之初，正是履霜而來。

初六爻動變下卦坤變爲震，震爲足，爲動，是踐履之象。

履踐霜凍之時，即可預知堅冰將會要臨至。隱含見微知著的象徵意義。

乾卦初九勿用爲愼始，坤卦初六履霜爲愼終，一爲慮其始，一爲防其終，防微杜漸，需及早謀劃。「作易者其有憂患乎？」易經的憂患意識，正是像這樣，無所不在。

象曰：履霜堅冰，陰始凝也。馴致其道，至堅冰也。

象辭說：履踐霜凍而知堅冰將至，是因爲陰氣剛剛開始凝結。順應這一自然變化的規律，堅冰很快就要來到。

馴，同順。

六二：直，方，大，不習無不利。

直解：平直、方正、弘大，不習飛沒有不利。

天圓地方，坤地有平直、方正、弘大之象。

習，一般解釋爲學習，熟悉、熟練。歷來的解釋都大致是：「不學習沒有不利」。但是聽起來確實是費解而不合常理。

習，《說文解字》解釋：「數飛也」。考慮到習字的本意，參考乾卦九二爻辭爲見龍在田，而不是飛龍在天。所以，此處爻辭之習，解釋爲習飛更爲合理。

六二爻動變下卦坤變爲坎，坎可以取象爲習（坎卦卦辭：「習坎」）。

六二最具有坤之美德，柔順地處在中正的陰位，不需要急於求成，試圖去一飛沖天，就這樣腳踏實地，沒有什麼不利。

象曰：六二之動，直以方也。不習無不利，地道光也。

象辭說：坤卦六二爻（感應於乾卦天道）的變動，有平直方正之德。不習飛沒有不利，是因爲大地柔順之道所含的光明。

六三：含章可貞；或從王事，無成有終。

直解：內含章美，可用貞固；或是從於君王做事，不居成居功，能有善終。

坤爲閉有包含之象。坤爲文，文理章彩之象。

六三不中失位，又處多凶之位，所以不可輕舉妄動，應貞正。

或，同乾卦九四之或。

六三爻動變上互卦變爲震，震爲帝（《說卦傳》曰：帝出乎震），是王之象。

坤在虞氏逸象中爲事（坤爲土。事指興建土木之事，所以虞翻以坤爲事）。

六三爻動變下卦變爲艮，艮有成始成終之象（《說卦傳》）。

六三失位不中多凶，不可爲事居成，妄求美譽，自可善終。

象曰：含章可貞，以時發也。或從王事，知光大也。

象辭說：「含章可貞」，是因爲六三的時機，應時而發。「或從王事」，是因爲它效法了地道光大的智慧。

六四：括囊；無咎，無譽。

直解：收括布囊，沒有咎害，沒有美譽。

括爲收束，囊爲布袋。坤爲布，爲吝嗇，有收束布袋隱藏不出之象。

六四陰爻處陰位，重陰收斂，象徵收斂心智，寡欲少求，謹慎後出。

括囊與所謂慢藏誨盜成一反對。括囊是要不以物示人，不顯功顯富，由此才可以沒有咎害，但也不需去追求讚譽。

象曰：括囊無咎，慎不害也。

象辭說：收括布囊沒有咎害，是因爲慎密、謹慎，因此不會受到危害。

六五：黃裳，元吉。

直解：黃色裳飾，始即大吉。

八卦對應五行屬性，坤爲土，土的生數爲五，其方位在中，其五行之色爲黃。坤爲布，以布製作衣飾，上身爲衣，下身爲裳。乾在上爲衣，坤在下爲裳。

六五得中，柔居尊位，秉賦坤之柔順之德，所以元吉。

元爲始，爲大，元吉可以理解爲始吉和大吉雙重意思。

象曰：黃裳元吉，文在中也。

象辭說：黃色裳飾始即大吉，是因爲文采在其中位。

上六：龍戰於野，其血玄黃。

直解：龍在野外交戰，受傷流出玄黃色之血。

坤爲地，爲眾。所以坤有爲「國」，爲「邑」，爲「邑人」等取象。邑外謂之郊，郊外謂之野，所以坤可取象爲野。

坤伏乾，乾爲遠，也可以取象爲郊爲野（所謂「天道遠，人道邇」。郊、野均是遠象）。

乾爲龍爲戰（《說卦傳》：戰乎乾）。後天八卦方位，乾爲西北，時當十月，與消息卦中坤之十月位置相重，所以乾坤陰陽在此爲戰。

龍戰受傷則爲血，血爲陰，以陰喻血。坤爲地，地中藏水，猶如人身體中藏血，所以坤也取象爲血。

天的顏色是玄色，地的顏色是黃色。龍戰之血爲天地相雜玄黃之色。

象曰：龍戰於野，其道窮也。

象辭說：龍在野外交戰，說明坤道已經到了窮極將變的時候。

用六：利永貞。

直解：（用六之數）利於永長貞正。

用九和用六均是從古筮法而來，用六是說六爻皆是爲用六不用

八的老陰。

乾卦之用九，是因爲乾卦六爻俱變，變爲坤，以乾入坤，坤爲乾之龜藏之地，所以無所爲，見群龍無首而爲大吉。

坤卦用六之數六爻皆動變爲乾卦，以坤承乾，乾爲坤之君主，坤爲安貞，變而爲乾，乾健而不息，有長永之象，所以則爲永貞。

象曰：用六永貞，以大終也。

象辭說：用六之數利於永貞，說明坤之柔順最後以乾陽之大而爲終歸。

文言曰：坤至柔而動也剛，至靜而德方，後得主而有常，含萬物而化光。坤道其順乎！承天而時行。

坤卦文言共分七節，分別對卦辭和六爻爻辭進行更爲深入的義理解釋，其解釋的體例方式類似於乾卦的文言。

《周易正義》孔穎達疏：「正義曰：此一節是第一節，明坤之德也。自『積善之家』以下是第二節也，分釋六爻之義」。

第一節解釋坤卦卦辭的深層次義詣。

直解：文言說：坤卦雖然至爲柔順，但也有變動之機，而顯出向至柔的對立面轉變的剛強。坤卦有至極安靜的性質，其德行端方而遍佈四方。坤卦在乾之後得到乾的主宰而具有坤的常道。坤卦含藏萬物，化生萬物而有光明顯出。坤道是如此的柔順，承應乾天而因時前行。

　　積善之家，必有餘慶；積不善之家，必有餘殃。臣弒其君，子弒其父，非一朝一夕之故，其所由來者漸矣！由辯之不早辯也。易曰：「履霜，堅冰至。」蓋言順也。

　　這一節解釋坤卦初六爻辭義理。

　　直解：累積善德的家庭，必有豐餘的福慶（延及於子孫）；累積不善的家庭，必有許多的災殃（延及於子孫）。臣子弒殺國君，兒子弒殺父親，也都是累積不善而致，並非一朝一夕突然之間發生的，其災禍發生的原因，有一個逐漸積累的過程。是由於國君和父親沒有及早辨別覺察。《周易》中說，「履霜，堅冰至」。大概說的就是這個順其因循而漸變的過程。

　　直其正也，方其義也。君子敬以直內，義以方外，敬義立而德不孤。「直，方，大，不習無不利」；則不疑其所行也。

　　這一節解釋坤卦六二爻辭義理。

　　直解：直乃是其心存正直，方乃是端方得宜。君子用恭敬使內心正直，以義使外在端方，恭敬和宜義得以確立，他的美德就不會孤立。「直、方、大，不習無不利」，他就不會疑慮自己的所行所為。

　　陰雖有美，含之以從王事，弗敢成也。地道也，妻道也，臣道也。地道無成而代有終也。

　　這一節解釋坤卦六三爻辭義理。

　　直解：陰柔雖然有美德，但應該含藏收斂，用以跟從君王做事，但不敢佔據其做成之功。坤卦代表的是為地之道，為妻之道，是為臣之道。為地之道不居所成之功，則是替代乾陽，繼續完成其化育的功業，而結終其事。

天地變化，草木蕃；天地閉，賢人隱。易曰：「括囊；無咎，無譽。」蓋言謹也。

這一節解釋坤卦六四爻辭義理。

直解：天地變生化育萬物，草木蕃茂旺盛；天地閉塞，賢人隱退。《周易》中說：「括囊，無咎，無譽」，大概說的就是謹慎自處的道理。

君子黃中通理，正位居體，美在其中，而暢於四支，發於事業，美之至也。

這一節解釋坤卦六五爻辭義理。

直解：君子的美質尤如中和的黃色，通達義理，時位得正，居中得體，美質蘊藏在其中，而暢流於四肢，發揮於事業，這是美質的至極啊。

陰疑於陽，必戰。為其嫌於無陽也，故稱龍焉。猶未離其類也，故稱血焉。夫玄黃者，天地之雜也，天玄而地黃。

這一節解釋坤卦上六爻辭義理。

直解：陰柔也疑似於陽剛，在向對立面轉化之時，必然會有激烈的變化猶如交戰一般。作易者害怕讀者疑惑於坤卦純陰沒有陽爻，所以在上六爻辭中特別指稱出龍象。雖然坤卦上六即將向陽剛的對立面轉變，但此時還沒有脫離其原來的陰柔類別的特性，所以爻辭中指稱血象。玄黃的顏色，是指天地混雜的顏色，天的顏色是玄色，而地的顏色是黃色。

疑本義為懷疑、猜妒、疑惑，這裏有疑似之意。嫌，疑也。

第3卦 屯　震下坎上

屯：元，亨，利，貞；勿用有攸往，利建侯。

震下坎上，下互卦坤（六二、六三、六四），上互卦艮（六三、
六四、九五）。解卦取象需要看上下互卦，此處特別指示出來。讀
者以此為例，其他卦不再對其上下互卦名稱一一指明。

直解：元始，亨通，有利，貞固；不可作為有所前往，利於建
立諸侯。

屯：難。亦有蓄積之意。

攸：所。

屯的本義是物之初生，又有囤聚之義。

從卦象看，下卦震為長男，為陰陽始交；上卦坎為中男，為陰
陽次交，有物之初生之象。

屯卦為物之初生，所以有元始之義；

物之初生雖然有屯難但卻必然能生長，所以有其亨通之道；

物終能長成得以利用，所以為有利；

度過屯難需要持久正固，所以有貞正之義。

物初生之屯難尚不能有所作為，所以勿用。

屯難終是可以發展生長，所以有所前往。

屯難之解應當積蓄力量，培植勢力，廣資輔助，所以利建侯。

震為帝取侯之象。

利建侯有兩層意思，如朱熹所說：卜立君者為利於擁戴君主，
自卜為君者為建立諸侯。

《序卦》曰：盈天地之間者，唯萬物，故受之以屯；屯者盈也，屯者物之始生也。

《序卦》說：蓄積滿盈在天地之中的，惟有萬物，所以乾坤兩卦之後接著是萬物初生屯聚之屯卦。屯就是滿盈，屯就是事物的初始產生。

彖曰：屯，剛柔始交而難生，動乎險中，大亨貞。雷雨之動滿盈，天造草昧，宜建侯而不寧。

彖詞說：屯卦，陽剛陰柔初始交接而生出屯難。（能夠）行動於危險之中（就可以出於險難），有大為亨通之道，但還是必須貞正持固。雷和雨的發動蓄積滿盈，（屯難之初猶如）天下之草創於冥昧之時，宜於擁戴君主建立諸侯，不可安寧無事。

象曰：雲雷，屯；君子以經綸。

象辭說：雲雷交集形成屯卦之象；君子效法此一象徵，經略治理天下大事。

經綸兩字本與製絲有關，這裏以比喻治理國家大事。雲雨蓄積冥昧昏暗之時，天下事如亂絲，需要經綸引理。

初九：盤桓；利居貞，利建侯。

直解：徘徊不前；有利於居持於貞正，利於建立諸侯。

盤桓：徘徊貌。

下卦震為動，初九上行遇互艮而止，又見上卦坎為險為加憂，欲動而內心猶豫。

初九得位在初，所以有利於居貞持正，積蓄力量。

象曰：雖盤桓，志行正也。以貴下賤，大得民也。

象辭說：雖然盤桓徘徊，但志向所行是端正的。以高貴下於低賤，可以大大得到民眾的擁護。

六二：屯如邅如，乘馬班如。匪寇婚媾，女子貞不字，十年乃字。

直解：屯處艱難雖行不進，乘馬盤旋。不是盜寇而是婚媾，女子貞靜居處未許嫁，十年之後才會許嫁。

邅如：雖行不進之貌。

班如：盤旋不進貌。

匪，非；婚媾，結婚；字，許嫁；

六二前行遇陰爻同性為敵，遇互艮而止，仍是雖行不進。下震為馬。

坎為盜。六二與九五陰陽正應，九五對於六二來說不是寇而是婚媾。

六二為陰，指女子。時處屯難，前有坎憂，婚媾一波三折，先是貞不字，但最終還是要字，只是需要有所等待，時間是十年。

下互卦坤，坤數十（坤為土，土的成數為十），十年之象。

象曰：六二之難，乘剛也。十年乃字，反常也。

象辭說：六二的艱難，是因為六二以陰柔乘凌初九的陽剛，女子十年之後才出嫁，是因為回返到了正常之道。

六三：即鹿無虞，惟入於林中，君子幾，不如舍，往吝。

直解：趨近麇鹿狩獵而沒有虞人帶路，只是進入林中，君子見此幾兆，不如捨去，前往有吝。

即，接近，靠近；虞，虞人，管理山林和田獵的官員。

惟，句首語氣詞。

幾，通機。幾者，事之先見者也。

下互卦艮爲山，爲果蓏，其於木也，爲堅多節，取山林之象。

下卦震爲驚走，又爲麇鹿（李鼎祚《周易集解》：「虞翻曰：震為麇鹿，又為驚走」）。

下互卦坤陰虛有虛空之象，所以空入林中。

艮爲山，仁者樂山，所以艮爲仁者、爲賢人、爲君子。

六三動而見止，故君子見幾而舍。

象曰：即鹿無虞，以從禽也。君子舍之，往吝窮也。

象辭說：接近麇鹿卻沒有虞人帶路，是指想要追從捕獲禽獸。君子知機而捨棄，因爲前往會有咎吝和窮困。

六四：乘馬班如，求婚媾；往吉，無不利。

直解：乘馬盤旋，欲求婚媾，前往有吉，沒有不利。

坎、艮、坤皆有馬象。如前不釋。

六四上承九五，以陰承陽，有陰陽相求的婚媾之吉象。

象曰：求而往，明也。

象辭說：尋求而前往，是有知人之明。

九五：屯其膏。小貞吉；大貞凶。

直解：屯蓄其膏雨，小處固守不變則吉，大處固守不變則凶。

上坎為雨，坎雨稱膏。李鼎祚《周易集解》：「虞翻曰：坎雨稱膏。《詩》云：陰雨膏之，是其義也」。

上互卦艮為止，膏雨被止蓄，有屯其膏之象。

屯卦利建侯，以初九為卦主。九五雖位尊下履重陰，但六四應初，六二、六三與初九同在下卦是同心同德。九五君位虛居實無一民。所以九五的膏雨止蓄不得施為。

貞，許多書上解釋為占卜，利貞被解釋為利於占卜。這很勉強，於理難通。難道還有不利於占卜？利於占卜要是所佔有凶怎麼辦？

乾卦的四德已經解釋明白，貞，是指貞固守正，有貞固不變的意思。

易道因時因地，不可固執，有時要變，有時不變，唯義所在。所以對貞字的理解，根據不同情況，略有側重不同。

比之於如水庫之蓄積雨水，貞固也應該有一個分寸，蓄水量小時不要妄動可以得吉，但是遇到暴雨洪水時蓄水量飽和還是固守不變，不採取洩洪分流措施，則會有凶。

象曰：屯其膏，施未光也。

象辭說：膏雨被止蓄，是指九五的光明沒有施展顯現。

上六：乘馬班如，泣血漣如。

直解：乘馬盤旋不進，流淚泣血漣洏。

乘馬班如解釋如前。

上六陰柔無應，處屯難之終，又乘凌九五陽剛，故多難不寧，流淚泣血。

坎爲水，爲血，坎之伏象爲離爲目，上互卦艮又爲手，此象取爲掩目流淚泣血很是生動。

象曰：泣血漣如，何可長也。

象辭說：流淚泣血漣洄，怎麼會長久呢。

第4卦 蒙　坎下艮上

蒙：亨。匪我求童蒙，童蒙求我。初筮告，再三瀆，瀆則不告。利貞。

直解：亨通。並非我有求於童蒙，而是童蒙有求於我。初次卜問志誠可以得到告知。此後再三卜筮褻瀆簡慢，褻瀆簡慢神明則會不予告知。利於貞靜固持正。

蒙：蒙稚，物初生幼小之貌。在人幼稚曰童，或曰童蒙。

筮：卜筮，占卜。

瀆：褻瀆，簡慢。

卦象中六爻四陰二陽，陰為小，陽為大，所以四陰皆為蒙稚的學生，二陽為大人，為啟蒙者，為啟蒙的老師。

六五為童蒙。六五得中，與九二正應，本色純樸。

九二為我，為蒙師。

欲解蒙昧，立志學習，需有發自真誠的素心。為學之道是學生自覺主動求學於老師，而不是老師去要求學生學習。如孔子說：「不憤不啟，不悱不發」。

還可以這樣來理解：初筮指初六，再三指六三和六四。初六柔弱居下志誠得告，六三和六四居三、四險位不中，又乘凌九二，有瀆慢之象，所以不告。

蒙稚之養、啟蒙之正不可急於求成，不可揠苗助長，利於貞固持正。

《序卦》曰：物生必蒙，故受之以蒙；蒙者蒙也，物之穉也。

直解：萬物初生必然蒙稚，所以屯卦之後接著是蒙稚的蒙卦。蒙就是蒙稚，是萬物初生的幼小蒙稚。

穉：同稚。

象曰：蒙，山下有險，險而止，蒙。蒙亨，以亨行時中也。匪我求童蒙，童蒙求我，志應也。初噬告，以剛中也。再三瀆，瀆則不告，瀆蒙也。蒙以養正，聖功也。

彖詞說：蒙卦，是山下面有坎險之象，因坎險而停止，如童蒙。蒙卦有亨通之道，是因為亨通因時實行而得中道。並非我有求於童蒙，而是童蒙有求於我，是因為童蒙的心志和老師相應（六五與九二相應）。初次卜問志誠可以得到告知，是因為（初六學生柔弱居於有）剛健得中（之德的九二老師之下，志誠得告）。此後再三卜筮褻瀆簡慢，褻瀆簡慢神明則會不予告知，這是因為（六三和六四）褻瀆了啟蒙之師（指九二）。蒙卦的作用是培養純正的品德，這是學為聖人的功夫。

象曰：山下出泉，蒙；君子以果行育德。

象辭說：山下面流出泉水，形成蒙卦之象；君子效法此一象徵，果決前行，培養美德。

初六：發蒙，利用刑人，用説桎梏，以往吝。

直解：啟發蒙稚，利於刑罰懲戒蒙昧之人，用以解脫蒙昧之人遭受桎梏加身的刑苦，而此時前往會有吝害。

說：同脫。

桎梏：刑具。在腳曰桎，在手曰梏。

初六有山下的泉水初始啓程出發之象。

初六以陰承九二蒙師之陽，得以發蒙。

下卦坎爲律（坎爲耳，耳聽五音之律，所以《荀九家易》說坎爲宮，爲律），轉有法律、刑法之象。

坎爲堅多心木。下互卦震爲足，上卦艮爲手，取象桎梏。

初六爻動變下卦坎變爲兌，兌爲毀折，桎梏毀壞脫落之象。

初六無應，前往無成算。

象曰：利用刑人，以正法也。

象辭說：利於使用刑罰懲戒蒙昧之人，是爲了端正刑法和法度。

九二：包蒙，吉；納婦，吉；子克家。

直解：包容蒙稚，吉祥；納娶婦人，吉祥；長子能夠治理其家。

克：治理。

包字的取象，一是從坤卦來，坤厚德載物。另一是從乾卦來，所謂天覆地載，天地皆有包裹含藏萬物之象。

九二發蒙之師，包容初六的蒙昧。

九二上應六五，陰陽相應相悅，有婚媾之象。

下互卦爲震，震爲長子爲主器主祭祀者（《周易‧序卦》：「主器者莫若長子」。古代國君的長子主宗廟祭器），上卦艮爲門闕有家庭之象，震爲長子以陽剛上濟六三、六四、六五之坤眾，有子治其家之象。

象曰：子克家，剛柔接也。

象辭說：長子能夠治理其家，是因為陽剛和陰柔相接。

六三：勿用取女，見金夫，不有躬，無攸利。

直解：不要娶這個女人，這個女人見到美男子，就沒有了自身的體統，無所有利。

躬：整個身體。

六三陰爻為女，六三上應上九，上卦艮為美少男為金夫（尚秉和《周易尚氏學》：「金夫者美稱」）。

六三乘凌九二，有驕橫之態。六三思慕上九金夫心切難耐，不管自己失位多凶，前往還有六四、六五重陰相阻，頭腦發熱，已到忘我忘身的狀態。這樣的熟女不是理想的結婚對象。

象曰：勿用取女，行不順也。

象辭說：不要娶這個女人，是因為此行不會順利。

六四：困蒙，吝。

直解：受困擾之蒙稚，有吝。

六四困陷於六三和六五的包圍，是全卦唯一一個不與陽爻比鄰的陰爻。困窘之象明明白白。

象曰：困蒙之吝，獨遠實也。

象辭說：受困擾之蒙稚的羞吝，是因為（六四）獨自遠離（九二和上九的）陽實。

六五：童蒙，吉。

直解：童真之蒙稚，吉祥。

六五純素之童蒙，柔中居尊，下應九二，純一未發，以聽教於人，爲可造之材。

象曰：童蒙之吉，順以巽也。

象辭說：童真蒙稚之吉祥，是因爲其柔順巽從。

上九：擊蒙；不利爲寇，利禦寇。

直解：擊打其蒙稚；其方式不利於如爲寇之暴烈過分，利於如禦寇之正當適度。

上卦艮爲手爲止，所以有擊打和防禦之象。下卦爲坎爲盜寇。

上九居高位而剛強有力，有利於擊蒙，使蒙昧者歸正。但上九有過激的趨勢，爲寇和禦寇有時候也只是一線之隔，正如戰爭也有正義和非正義不得已。

禦寇過分就是將正當防衛變質爲防衛過度，禦寇也就變成了爲寇。

象曰：利用禦寇，上下順也。

象辭說：利於如禦寇之正當適度，因爲上下皆能順應和諧。

第5卦 需

乾下坎上

需：有孚，光亨，貞吉。利涉大川。

直解：有所孚信，光明亨通，貞正爲吉，利於涉渡大川。

需：需養、須待。

孚：孚信，誠信。

上卦坎爲孚。上互卦離爲光明。

需養本身就有需待寧耐之義，自然貞正爲吉。

《周易》凡有利涉大川之語，皆與乾卦、巽卦、坎卦等有關。需卦雖然前有坎水爲大川，但下卦乾健行有力，利於涉水而過。

《序卦》曰：物穉不可不養也，故受之以需。

直解：蒙稚幼小之人或物不能夠沒有飲食的需養，所以蒙卦之後接著是需養的需卦。

彖曰：需，須也；險在前也。剛健而不陷，其義不困窮矣。需有孚，光亨，貞吉。位乎天位，以正中也。利涉大川，往有功也。

彖詞說：需，是須待之意；坎險在前面（應該耐心等待）。下卦乾剛健有力不會陷於坎險之中，這是因爲其中的道理是剛健有力不會困窮。需待有所孚信，光明亨通，貞正爲吉。九五處於天之正位，得中得正。利於涉渡大川，前往能夠成功。

象曰：雲上於天，需；君子以飲食宴樂。

象辭說：雲雨上集在天上，形成需的卦象；君子效法此一象徵，進行飲用食物設宴享樂（用以需養等待）。

初九：需於郊。利用恒，無咎。

直解：需待在遠郊，利於用以恒心，沒有咎害。

需卦上坎為險，對於兇險之地，當然是距離越遠越安全有利。所以需卦下三爻的吉凶正是與接近坎險的遠近來衡量的。

初九距離坎險最遠，故有荒郊之象。乾為郊為野。

初九前行遇九二、九三均為不順，當此位此時，需要忍耐和等待，養晦俟時，有守常不變的恒心，才能最後度過險難。

象曰：需於郊，不犯難行也。利用恒，無咎；未失常也。

象辭說：需待在遠郊，說明不要去犯險難而行。利於用以恒心，沒有咎害，說明此時還沒有喪失常道。

九二：需於沙。小有言，終吉。

直解：需待在沙際，小有口舌言語的是非，最終得吉。

九二與上卦坎險的距離又進了一步。

沙，是非常細碎的石子。下互卦兌伏艮，艮為小石。

下互卦兌為口舌，「有言」在於九二前行遇九三同性相斥的爭執，但九二和九三同在下卦乾中，所以是屬於人民內部矛盾，所以是「小有言」。

九二陽剛健行有力，居柔守中，寬裕自處，待時而動，故吉。

象曰：需於沙，衍在中也。雖小有言，以終吉也。

象辭說：需待在沙際，說明寬衍還在其中。雖然小有口舌言語的是非，但終能獲吉。

衍：本義是水流入海，轉義有寬裕、寬衍等義。

九三：需於泥，致寇至。

直解：需待在泥灘，招致盜寇臨至。

九三與上卦坎相鄰，坎險近在眉睫。坎為盜寇。

九二為沙尚是與水有所分隔，九三之時，沙已和水混淆為泥。

九三陽剛居陽位，有魯莽和不謹慎之象。

象曰：需於泥，災在外也。自我致寇，敬慎不敗也。

象辭說：需待在泥灘，說明坎險之災在外面（將至而未至）。自我招致盜寇臨至，只要能恭敬謹慎則可以免災不致敗亂。

六四：需於血，出自穴。

直解：需待在血災中，從險陷之洞穴脫出。

上卦坎為陷為溝瀆，有穴之象。坎又為血卦。

下卦乾三陽前行，已進入坎險之地，而有傷見血的險情。

但是六四柔處陰位，上行以陰承陽，有九五有力者接應，可以脫險。

象曰：需於血，順以聽也。

象辭說：需待在血災中，說明應該安時順處聽待天命。

九五：需於酒食，貞吉。

直解：需待在酒水食物中，貞正得吉。

上卦坎為水，上互卦離為火。水中有火為酒之象。下互卦兌為口是食之象。

需養莫過於酒食。九五中正而處尊位就像賢明的君王懂得民以食為天的道理，讓百姓休養生息。

象曰：酒食貞吉，以中正也。

象辭說：「酒食貞吉」，是因為得中得正。

上六：入於穴，有不速之客三人來，敬之終吉。

直解：陷入於洞穴，有不招而致的賓客三人前來，恭敬待之最終得吉。

速：邀請，招致。

上六居終位，需道已窮，自身又柔弱無力，所以陷入於上卦坎險穴。

下卦乾健行有力，三陽爻結伴前來涉川渡水，不召而致。

下卦乾在虞氏逸象中取象為敬。

上六得位而下應九三，以陰順陽，最終可以得吉。

象曰：不速之客來，敬之終吉。雖不當位，未大失也。

象辭說：不招而致的賓客前來，恭敬待之最終得吉。雖然不當位而來（下卦乾三陽爻不速而來到上位，變成了以陽居陰，是不當位），但並沒有大的過失。

第6卦 訟

乾上坎下

訟：有孚，窒惕，中吉。終凶。利見大人，不利涉大川。

直解：有所孚信，窒塞懼惕，持中得吉。最終有凶。利於見到大人，不利於涉渡大川。

訟：爭訟，打官司。

窒：塞也。

下卦坎爲孚，爭訟正是需要誠信，不爲詐僞。

坎爲險陷爲加憂，有窒塞懼惕之象。

九五在爭訟之時給人正信，所以是在中而吉。中又是指爭訟過程的中間，與終相對。

爭訟本非處世正道，即使是訟之有理，也不可迷執。

上卦乾太過剛健，強以爭訟求勝，所以終凶。

爭訟之時最有利的情況是司法清明，有正直的司法官主持正義。大人指九五，居處尊位，得中得正，猶如斷案的法官。

訟卦卦形，上實下虛，上面乾剛堅實沉重，上互卦巽木爲舟有不堪重載之象，遇風易於傾覆，所以卦辭特別指明不利涉大川。

《序卦》曰：需者飲食之道也。飲食必有訟，故受之以訟。

直解：需是飲食需養之道。飲食之事往往會發生爭執爭訟的糾紛，所以飲食之需卦之後接著是爭訟之訟卦。

　　彖曰：訟，上剛下險，險而健，訟。訟，有孚窒惕，中吉，剛來而得中也。終凶，訟不可成也。利見大人，尚中正也。不利涉大川，入於淵也。

　　彖詞說：訟卦，上卦乾剛直，下卦坎危險，危險而又強健，是為爭訟。訟卦，有所孚信窒塞懼惕，持中得吉，是因為陽剛前來而得到中位。最終有凶，是因為強以爭訟求勝最後不會有成。利於見到大人，是因為爭訟之時應該崇尚中正的原則。不利於涉渡大川，這是因為恃強逞險會進入深淵。

　　象曰：天與水違行，訟；君子以作事謀始。

　　象辭說：乾天（天性向上）與坎水（水性就下）相違而行，形成訟卦之象；君子效法此一象徵，辦理事情之時預防謀備在幾微的初始。

　　初六：不永所事，小有言，終吉。

　　直解：不能長永糾纏所訟之事，小有口舌言語是非，最終得吉。

　　初爻失位，陰柔力弱難勝。初六爻動變下卦坎變為兌，兌為口舌言語，初為小，所以小有言。

　　所謂禍福相依，初六爭訟不成，招致口舌是非，反能因禍得福，得其善終。

　　象曰：不永所事，訟不可長也。雖小有言，其辯明也。

　　象辭說：「不永所事」，是因為爭訟本有凶象不可長久進行。「雖小有言」，是指可以辯白分明得吉。

九二：不克訟，歸而逋，其邑人三百戶，無眚。

直解：不能克勝所訟之事，歸去逃逋，他鄉邑的人民有三百家戶，沒有災眚。

九二身處坎陷之中，與九五不應，敗訟之象。

逋，逃避。下卦坎爲隱伏，潛逃之象。

九二爻動變下卦坎變爲坤，坤爲眾，爲地，地上之眾人有民眾、邑國之義。所以坤可以爲邑國，爲邑人。

下卦坎「其於輿也，爲多眚」。眚，災禍。

九二敗訟，但能知變思歸，不一味持剛，潛避於偏遠小邑（僅三百戶），所以終能無眚。

下互卦離，先天八卦數爲三。

象曰：不克訟，歸逋竄也。自下訟上，患至掇也。

象辭說：不能克勝爭訟，敗訟只能歸去逃逋竄奔（這也是沒有辦法的事）。九二以下位與上位九五爭訟（以下犯上），禍患之至，咎由自取。

掇，拾取也。

六三：食舊德，貞厲，終吉。或從王事，無成。

直解：享食於舊時德業，固守變動會有危厲，最終得吉。或是會跟從君王做事，不可貪功居成。

乾坤兩卦爲易之門戶，爲易之解例。訟之利見大人，食舊德，皆從乾坤取例。九二敗訟思歸思變坎變爲坤，坤卦六三爻辭或從王事即是舊德。

乾爲舊。《說卦傳》乾爲老馬，所以乾爲老，轉義爲舊。

乾爲德（乾有元亨利貞四德）。

六三失中失位，唯食舊德（意思如俗話說吃老本），不知變動，一味固守，會有危厲。

但是六三有應，柔靜安貞，最終獲吉。

象曰：食舊德，從上吉也。

象辭說：享食舊時德業，是因爲以下位順從上位得吉。

九四：不克訟，複即命，渝安貞，吉。

直解：不能克勝所訟之事，回復趨就自己本份之命，改變態度安處貞正，因此得吉。

九四不中失位，前行又遇二陽爻之敵，因此有不克訟之象。

九四爻動變上卦乾變爲巽，下互卦離變爲震，震爲複（震卦卦形猶如一縮小的復卦）。巽爲命（巽爲風，令出如風，所以巽可取象爲命令）。

渝，改變之義。

象曰：複即命，渝安貞；不失也。

象辭說：回復趨就自己本份之命，改變態度安處貞正，說明沒有喪失正道。

九五：訟元吉。

直解：明斷訟事，始即大吉。

九五得中得正，處尊位如正大清明判訟斷獄之法官。

象曰：訟元吉，以中正也。

象辭說：訟事始即大吉，是因為九五得中得正。

上九：或錫之鞶帶，終朝三褫之。

直解：或會賞賜給他鞶帶，但終其一日又會三次剝奪之。

鞶，大夫以上官員才能佩戴的大帶。

錫，通賜，賞賜。

褫　，《說文解字》解釋：「褫，奪衣也」。引申為剝奪。

上互卦巽為進退有或之象。

坤為黃裳，上卦乾為衣為圜，上互卦巽為繩直，合之有鞶帶之象。

上九爻動變上卦乾變為兌為口，為賞賜之言；上互卦巽為命，為賞賜之命。

下互卦離為日，離日朝天，有朝之象。

下互卦離之先天八卦數為三，上九為乾之終。

下卦坎為盜，有褫奪之象。

上九訟而不已，勝之不武，以爭訟之道而得賞賜之鞶帶，得之無理，所以會得而復失，一朝之內，三得三失。

象曰：以訟受服，亦不足敬也。

象辭說：以爭訟之道而得賞賜鞶帶之命服，得之亦不足以敬。

第7卦 師　坤上坎下

師：貞，丈人吉，無咎。

直解：貞正，年長老成之人得吉，沒有咎害。

師，師眾，軍隊。率眾者亦爲師。

上卦坤爲眾物，下卦坎爲眾水，均是眾多之義。

師卦五陰爻象徵師眾，九二一陽爻象徵率領師眾者。下互卦震震爲長子，有丈人之象。丈人爲年長老成之人。

率師出征的將領丈人，應老成持重，貞正得吉。

兵爲兇器，出戰之吉，不可以恃，能以免咎，已是不易。

《序卦》曰：訟必有眾起，故受之以師；師者眾也。

直解：爭訟，必然是由於人多了因眾人而起。所以所以訟卦之後接著是眾起之師卦。師就是師眾。

彖曰：師，眾也；貞，正也。能以眾正，可以王矣。剛中而應，行險而順，以此毒天下，而民從之，吉又何咎矣。

彖詞說：師就是師眾，貞就是貞正。能夠率眾行師以正道，就可以爲王者。九二剛而得中與六二有應，前行雖有坎險但是能夠順應正道，這樣來安定天下，人民樂於順從，吉祥怎麼會有咎害呢。

毒，安也。

象曰：地中有水，師；君子以容民畜眾。

象辭說：地中藏有水，形成師卦之象；君子效法此一象徵，容藏人口，蓄養民眾。

初六：師出以律，否臧凶。

直解：師眾出行要遵守紀律法度。（如果不是這樣，即為）不善得凶。

否，不。臧，善。

下卦坎為律。用師之道，律令森嚴為首要之事。軍令如山，軍中無戲言。如果不是這樣，即為不善得凶。

初六陰柔失位，師出無律，不謹其始，因此有不善之凶。

象曰：師出以律，失律凶也。

象辭說：出師首先應該嚴肅律令，失去紀律則會凶險。

九二：在師，中吉，無咎，王三錫命。

直解：（將軍）統率師眾，持中得吉，沒有咎害，君王三次（多次）賜予（將軍）朝服職事。

錫，通賜。

九二為下卦之中，有威武剛強的帥師的將軍之象，上應六五，為六五虛明之君王所信任，所以為吉。九二失位本為有咎，因在中得吉而無咎。

下互卦震為笑為言（震卦卦辭：笑言啞啞），震伏巽為命，賜命之象。震後天八卦數為三。

象曰：在師中吉，承天寵也。王三錫命，懷萬邦也。

象辭說：統率師眾，持中得吉，是因爲將軍上承天子之寵幸。君王三次賜予將軍朝服職事，這是爲了安撫懷柔天下萬邦。

六三：師或輿屍，凶。

直解：出師或是會以車子裝載屍體，有凶。

六三爻動變下卦坎變爲巽，巽爲進退爲或。

下卦坎爲輿。上卦坤爲地，爲死（人死則入地，所以虞翻以坤爲死）爲屍。

六三陰柔失位不中無應，用師有凶象。

象曰：師或輿屍，大無功也。

象辭說：出師或是會以車子裝載屍體，是因爲（六三小人主事）大人無可建功。

六四：師左次，無咎。

直解：師眾撤退，沒有咎害。

次，本義爲行旅所居止之處所。古人謂行軍在一處停留三宿以上爲次。從初六到六四，師已是三宿，所以爲次。

陽爲右，陰爲左，乾先坤後，乾爲右，坤爲左。古人尚右，左次即爲撤退。

六四之師，得位，陷於重陰中，不利於戰。

象曰：左次無咎，未失常也。

象辭說：撤退沒有咎害，是因為沒有喪失知機指常道。

六五：田有禽，利執言，無咎。長子帥師，弟子輿屍，貞凶。

直解：田中有禽獸盜患莊稼，利於驅趕擒執並正言以責，沒有咎害。老成長子可以帥領師眾，年少弟子或會以車子裝載屍體，固守不變有凶。

上卦坤為地為田。

禽，《說文解字》解釋：「禽，鳥獸總名」。下卦坎為豕下互卦震為馬上卦坤為牛等，有禽象。

六五爻動變上互卦坤變為艮，艮為手，為執之象。下互卦震為言。下卦坎為盜。

田中有禽，是鳥獸盜患莊稼之象，隱喻國中有盜匪作亂。

長子指九二，下互卦震為長子。弟子指六三，下卦坎為中男，為弟子。

六五君王用師，以長子九二帥師則吉，以弟子六三輿屍則凶。六五如果不能醒悟，行為固守不變，將有兇險。

象曰：長子帥師，以中行也。弟子輿師，使不當也。

象詞說：老成長子可以帥領師眾，是因為六五君王用中道行事。年少弟子或會以車子裝載屍體，是因為使用人事不恰當。

上六：大君有命，開國承家，小人勿用。

直解：大君頒發命令，（論功行賞）分封諸侯之國，封賞大夫之家。小人不可使用。

上卦坤伏乾，乾爲大君。下互卦震爲言，震伏巽爲命。

六爻之位，二爲大夫，五爲天子，上爲宗廟。

當師之終，戰爭結束，大君於宗廟之位祭祀先祖，然後論功行賞之時，大則分封諸侯之國，小則封賞大夫采邑之家。小人有功，賞賜錢財則可，終要斥退勿用。

上卦坤爲邑國。

象曰：大君有命，以正功也。小人勿用，必亂邦也。

象辭說：大君頒發命令，（論功行賞）是要正定功勞的大小。小人不可使用，否則會使國家陷入混亂。

第8卦 比

坂上坤下

比：吉。原筮元永貞，無咎。不寧方來，後夫凶。

直解：吉祥。推原卜筮之情狀，元始之初就有恆永貞正之義，沒有咎害。不安寧者多方而來，後來者有凶。

比，親比。

從卦象看，上水下地，水性於大地最有親比之義。

從爻象看，九五一陽得中得正居於君位，其他五陰爻臣服於九五陽剛之君德，天下歸心故吉。

原，有本原，平原之意。轉義爲推究，推原。

從卦象解，下卦坤爲地爲方爲原（取其廣平之象），上卦坎爲筮（坎爲心憂，爲疑惑，所以爲筮）。

親比之義，需比之有道，需要恒永貞正，否則淪爲朋黨之私，所以卜筮之情狀，應該詳加推原。

上卦坎爲心憂，不寧之象。

上六在後，上六爲後夫。

當親比之時，天下歸化，四方來拜。所謂從善如流，嫉惡如仇，向善需爭先，後夫者有不服坐大之象，所以爲凶。

《序卦》曰：眾必有所比，故受之以比；比者比也。

直解：師眾人多了人們必然會有所親比，所以師卦之後接著是親比之比卦。比就是親比。

彖曰：比，吉也，比，輔也，下順從也。原筮元永貞，無咎，以剛中也。不寧方來，上下應也。後夫凶，其道窮也。

彖詞說：比有吉祥，比為輔佐，是因為初六到六四之下位的四陰爻以下位順從上位。推原卜筮之情狀，始則有恆永貞正之義而無咎，是因為九五陽剛得中。初到四這些不安寧者多方而來親比九五，是因為處下位的四陰爻與在上位的九五可以相應。後夫而有凶，是因為上六其道已窮盡。

象曰：地上有水，比；先王以建萬國，親諸侯。

象辭說：大地的上面有水流，形成比卦之象。古時王者效法此一象徵，建立萬國，親善諸侯。

初六：有孚比之，無咎。有孚盈缶，終來有它，吉。

直解：有所孚信與之親比，沒有咎害。有所孚信如滿盈之缶器，最終前來，有其他之吉。

初六失位有咎，但初六得比之先機，傾慕九五，比之以誠信，可以無咎。

下卦坤為土，缶為土器，所以坤成器為缶。上卦坎為水，水注入缶中滿盈。

初六本是無應，但親比呼應九五得吉，非本有之應，是有它之應。有它是一種意料之外。

象曰：比之初六，有它吉也。

象辭說：初六的親比，有其他的吉祥。

六二：比之自內，貞吉。

直解：來自內部與之親比，貞正得吉。

象曰：比之自內，不自失也。

象辭說：來自內部與之親比，不會迷失自我。

六三：比之匪人。

直解：親比非是其正當之人。

匪，通非。當比之時，六三失位不中無應，身處群陰之中，被六二、六四等包圍，正是所比非人之象。

象曰：比之匪人，不亦傷乎！

象辭說：親比非是其正當之人，不亦是徒勞感傷嗎！

六四：外比之，貞吉。

直解：外部與之親比，貞正得吉。

九五在六四之外，六四與九五相鄰，所謂近水樓臺先得月，可以和九五親近外比而得吉。

六四柔處陰位，有貞正之象。

象曰：外比於賢，以從上也。

象辭說：外部與賢人親比，是說六四順從其上的九五。

九五：顯比，王用三驅，失前禽。邑人不誡，吉。

直解：顯赫的親比，君王以三驅之圍田獵，任由前禽走失。隨獵的邑人不去警誡，吉祥。

三驅，謂古時王者田獵設網作圍時，須讓開一面，三面驅趕，以示上天好生之德。

九五獨在眾陰爻中，是顯赫之象。

上卦坎爲馬，上互卦艮爲手爲執，下卦坤爲大輿爲車，上卦坎伏離，離爲戈兵。此是架馬乘車手執戈兵田獵驅趕禽獸之象。

上互卦艮爲門，下卦坤爲戶（乾坤爲易之門戶），有門戶洞開，網開一面之象。

上卦坎伏離，離先天八卦數爲三。

上卦坎爲豕，下卦坤爲牛，上互卦艮爲犬，都是禽象。

前禽指初六。初六在三驅網開一面之最外面，有走失之象。

坤爲土爲邑爲眾。上卦坎爲心憂，有警誡懼惕之象。坎不見，取象邑人不誡。

前禽既失，聽之任之。君王有如此仁道，所以爲吉。

象曰：顯比之吉，位正中也。舍逆取順，失前禽也。邑人不誡，上使中也。

象辭說：顯比的吉祥，是因爲九五位置得中得正。逆奔而去的鳥獸則任其走失，順勢而來的鳥獸入網則取，所以失去前面禽獸。邑人不設警誡，這是因爲在上位的九五君王行使的是中道。

上六：比之無首，凶。

直解：親比不以君王爲首，有凶。

乾爲陽，陽爲首，《漢書・天文志》中解釋：「首，陽也」。當
比之時，上六陰虛，爲無首。

比卦九五之下四陰爻皆爲順民，惟有上六居終極之位凌駕九五
之上，有不服之象。

上六不以九五爲首，有違臣道，故得凶。

象曰：比之無首，無所終也。

象詞說：上六親比不以君王爲首，沒有可以終結歸宿之處。

第9卦　小畜　巽上乾下

小畜：亨。密雲不雨，自我西郊。

直解：亨通。雲層濃密卻不下雨，（雲層的方向）來自我方的西方郊野。

畜：有止蓄、積蓄、蓄養之義。

小畜：小的止蓄，即小止。

畜卦六四之一陰爻蓄止五陽爻，陽為大，陰為小，因此為小蓄。

小畜以小止大，為害尚小，自有亨通之道。

上互卦離日，煊照下互卦兌澤，澤水上蒸，成雲氣之象。

上卦巽為風，風吹雲散，不雨之象。

後天八卦方位兌為西方，乾為郊。

當小畜之時，局面未大，所以不可輕舉妄動，內雖剛健，外卻示以順從。

傳說文王演易於羑里，視岐周為西方，當山雨欲來風滿樓之時，眺望西方，滿懷難酬壯志，先作未雨綢繆之思想。

《序卦》曰：比必有所畜，故受之以小畜。

直解：眾人親比團結必然會有所蓄積，所以比卦之後接著是小有蓄積的小蓄卦。

彖曰：小畜，柔得位，而上下應之，曰小畜。健而巽，剛中而志行，乃亨。密雲不雨，尚往也。自我西郊，施未行也。

彖詞說：小畜卦，唯一之陰爻六四柔居陰位為得位，且下有初九與之正應，一陰為卦主止蓄五陽，為小畜。內卦乾健外卦巽順，九二、九五陽剛在中，志向能夠得以實行，所以能得亨。密雲不雨之象，是因為巽風上往風吹雲散。巽風吹自西郊，說明志向尚未得以實行。

象曰：風行天上，小畜；君子以懿文德。

象辭說：風飄行在天上，形成小畜的卦象；君子效法此一象徵，用以懿美文采之德，

初九：復自道，何其咎，吉。

直解：回復正塗順自天道，怎麼會有咎害？吉祥。

小畜因止蓄，而引出回復之義。

初九爻動變下卦乾變為巽，巽伏震，震為復（震有一陽來復之象）。

下卦乾為道（乾為天，《中庸》：「天命之謂性，率性之為道」）。

初九之行，前有九二、九三為敵，本有咎。但初九得位，且與六四有應，所以咎不為害。

象曰：復自道，其義吉也。

象辭說：回復自乾之健行天道，其本義為吉。

九二：牽復，吉。

直解：牽連之回復，吉祥。

上卦巽爲繩直，有以繩相牽之象。下卦三陽爻同體有牽連之象。

九二本失位無應，但得中，處陰位而能自守知復，所以吉祥。

象曰：牽復在中，亦不自失也。

象辭說：牽連之回復得中剛正，因此能不自失。

九三：輿説輻，夫妻反目。

直解：車輿脱落了車輪的輻條，夫妻反目成仇。

説，同脱。

輻，輻條，插入輪轂以支撐輪圈的細條。

下卦乾爲圓，爲車輪之象。上卦巽爲木，爲車輪輻條之象。下互卦兌爲毀折，脱落之象。

下卦乾爲男爲夫，上卦巽爲長女，合之有夫妻之象。

上互卦離爲目，上卦巽爲多白眼，合之爲反目不相對視之象。

象曰：夫妻反目，不能正室也。

象辭說：夫妻反目成仇，是因爲六四非九三的正室。

六四：有孚，血去惕出，無咎。

直解：有所孚信，血傷險情已去，懼惕之心消失，沒有咎害。

六四爲全卦之卦主，一陰讓五陽孚信。

坎爲血卦，爲心憂，爲惕。坎不見，血與惕之象已經消失。

168

象曰：有孚惕出，上合志也。

象辭說：有所孚信懼惕之心消失，是因爲六四向上與九五的意志相合。

九五：有孚攣如，富以其鄰。

直解：有所孚信，維繫牽連，富足及於其鄰居。

攣如，維繫牽連之貌。

九五得位得中處尊位爲剛正之君王，鄰居是六四。六四與九五陰陽有孚。

上卦巽爲繩直，牽連之象。巽爲利，富足之象。

象曰：有孚攣如，不獨富也。

象辭說：有所孚信維繫牽連，是指九五不獨自富足。

上九：既雨既處，尚德載；婦貞厲，月幾望；君子征凶。

直解：且雨且止，尚能積德而載歸；婦人固守不變有危厲，月亮幾近要到月圓；君子征行有凶。

既，此處可以理解爲作爲連詞的用法，如且、又、也等義。

處，止也。

雜卦說：「兌現而巽伏」巽爲伏。處有伏象，虞翻解巽爲處。

上九爻動變上卦巽變爲坎，坎爲多眚之輿。下卦乾爲德（乾有四德），輿雖多眚，但若能積德而載歸，一切尚有可爲之處。

上卦巽爲長女爲婦，古人認爲婦在外主事，非正道而不祥。

幾，近也。

舊曆十五月圓稱爲望，下互卦離爲目取象爲望。

上九爻動變巽變爲坎，坎不見，幾近滿月，還沒有滿月。

上九亢而失位，與下不應，雨且下且止，月將出未出，所謂前途是光明的，道路是曲折的。

象曰：既雨既處，德積載也。君子征凶，有所疑也。

象辭說：雨且下且止之時，君子不應激進而應修身積德而載歸。君子前行有凶，所以應該心中有所存疑（細緻考慮當下形勢）。

第10卦 履 | 乾上兌下

履：履虎尾，不咥人，亨。

直解：踐履於猛虎之尾，猛虎沒有咬人，亨通。

履，踐履。通假爲禮。

上卦乾爲父，下卦兌爲少女，乾爲男尊之長者，兌爲女卑之少者，此爲長幼有序，爲人倫之禮。

乾天處至高上位，兌澤處至卑下位，尊卑有序，亦是禮義。

乾健行有履行之象，兌祥悅可依禮致福，符合「禮可以履行」之義。

履卦卦辭分兩層意思取象。

首先是「履虎尾」的取象：

上卦乾爲虎。乾本爲君，所以也可爲王。虎爲獸中之王，所以乾爲虎。乾爲虎，九四爲虎之後，即爲「虎尾」。

下卦兌爲羊，羊躍進踐履於九四虎尾之後，有羊入虎口之象。

然後是「不咥人」的取象：

咥，咥噬，咬。

上卦乾爲人（乾爲陽，陽爲人，陰爲鬼），下卦兌爲口，有咥噬咬食之象。但人在口外，未被吞吃，前行尚爲亨通。

《序卦》曰：物畜然後有禮，故受之以履。

直解：事物有所積蓄豐裕之後自然會知禮識節，所以小畜卦之後接著是依禮而行的履卦。

　　彖曰：履，柔履剛也。說而應乎乾，是以履虎尾，不咥人，亨。剛中正，履帝位而不疚，光明也。

　　彖詞說：履卦是指六三之陰柔躡進踐履於上卦乾剛之後。六三柔悅上應乾之上九，所以踐履於猛虎之尾，不至被咬，尚有亨通。九五剛健中正，踐履君帝之位沒有疾病之害，是因為它的光明。

　　象曰：上天下澤，履；君子以辯上下，定民志。

　　象辭說：上卦乾為天，下卦兌為澤，形成履卦之象；君子效法此一象徵，用以明辨上下尊卑之人倫禮儀，安定人民的心志。

　　初九：素履，往無咎。

　　直解：素樸之踐履，前往沒有咎害。

　　素為白色。下卦兌為白色（兌五行屬性為金，為白色）。上互卦巽也為白色。

　　初九前行遇九二陽為敵，與六四不應，本應有咎。但初九得位剛健，素心不改，去盡繁華虛飾，以質樸的本色處世，前往能夠避免咎害。

　　象曰：素履之往，獨行願也。

　　象辭說：初九素樸踐履之前往，只能以心願獨行。

　　九二：履道坦坦，幽人貞吉。

　　直解：踐履之道寬而平坦，幽獨之人貞固得吉。

　　上卦乾為道。九二爻動變下卦兌變為震，震為大塗。

九二之爻位為陰，有陰幽之象。以三爻卦論，二為人位。

九二前行無阻，前途光明，但與上不應，所以還是不該急躁衝動，急功近利，以貞靜獲吉。

象曰：幽人貞吉，中不自亂也。

象辭說：幽獨之人貞固得吉，是因為九二得中不自亂方寸。

六三：眇能視，跛能履，履虎尾，咥人，凶。武人為於大君。

直解：目眇偏能視，足跛偏能履，踐履於猛虎之尾，猛虎咬人，有凶。武人充當妄行大君之事。

眇，一目小也。

下互卦離為目，上互卦巽為股，下卦兌為毀折。離目毀折則為眇，巽股毀折則為跛。

六三不中失位，在下卦兌口之中，以至被猛虎咬噬，當然為凶。

下互卦離為戈兵，六三以六爻卦論在人位，所以有「武人」之象。六三在離中陰爻，有武人身穿甲冑之象。

大君指九五天子之尊。

武人僭越其位，外強中乾，所視不明，所履跛行，妄圖行大君之事功，得大君之權位。

象曰：眇能視；不足以有明也。跛能履；不足以與行也。咥人之凶；位不當也。武人為於大君；志剛也。

象辭說：目眇能視，但看也看不清楚，視也不足彰明。足跛能履，但行也行走不利，履也不足順行。猛虎咬人之凶，是因為六三

不中失位，處位不當。武人充當大君，是因為不能安守其位，志欲
剛而德不夠。

九四：履虎尾，愬愬終吉。

直解：踐履於猛虎之尾，愬愬而懼，最終得吉。

愬，恐懼之貌。

九四為虎尾。

九四不中無應，緊鄰九五君王，但陽居陰位，有克制自守之
象，知道伴君如伴虎的道理，警懼得吉。

象曰：愬愬終吉，志行也。

象辭說：愬愬而懼最終得吉，九四之志是為可行。

九五：夬履，貞厲。

直解：決斷之踐履，貞固不變有厲。

夬，決斷。

九五因其剛健中正有大君之尊，所以有夬決的強力意志。

履卦為天澤履，夬卦為澤天夬，上下卦移位，九五暗合夬決之
卦義。

九五夬決有力，其行也正，但所謂「其理雖正，其事也危」。
九五與下不應，上行還有上九為同性之敵，所以九五若不知機用
柔，一味貞固不變，必然有厲。

象曰：夬履貞厲，位正當也。

象辭說：決斷之踐履貞固不變有厲，這是因為九五自恃得位正

當於理有正的原因。

上九：視履考祥，其旋元吉。

直解：回視踐履之路途，稽考其之祥瑞得失，發現其周旋轉折之軌跡（合符於禮儀），始即大吉。

下互卦離爲目爲視。

上九履道已成，自是元吉。

象曰：元吉在上，大有慶也。

象辭說：始即大吉在最上位，是因爲大大有所慶賀。

第 11 卦　泰　坤上乾下

泰：小往大來，吉亨。

直解：柔小外往剛大內來，吉祥亨通。

泰，通泰。

上卦坤柔順，下卦乾健行，乾陽健行由下而上遇柔順之陰，陰陽交感相合而通泰。

陰爲小，陽爲大。

來知德以泰、否二卦同體互爲綜卦解釋「小往大來」。否卦旋轉一百八十度就成了泰卦，否卦內卦的三陰爻，向上向外而往，就成了泰卦外卦的三陰爻。否卦外卦的三陽爻，向下向內而來，就成了泰卦內卦的三陽爻，所以是「小往大來」。

泰卦爲消息卦，時當正月，三陽開泰，所以前行亨通。

《序卦》曰：履而泰，然後安，故受之以泰；泰者通也。

直解：依禮而行，因此能夠舒泰，然後得到安定，所以履卦之後接著是舒泰安定之泰卦。泰就是通泰。

彖曰：泰，小往大來，吉亨。則是天地交，而萬物通也；上下交，而其志同也。內陽而外陰，內健而外順，內君子而外小人，君子道長，小人道消也。

彖詞說：通泰，柔小外往剛大內來，吉祥亨通。這就是天地之氣相交，萬物通氣感應相生。君臣上下交感，他們的志向是相同

的。泰卦內裏陽剛，外在陰柔，內裏乾健，外在坤順，內裏君子，外在小人。象徵君子的正道在生長，小人的旁道在消滅。

象曰：天地交泰，後以財成天地之道，輔相天地之宜，以左右民。

象辭說：天地陰陽二氣交感通泰，君王效法此理，裁制而達成天地之道，輔治成全天地之所宜當，用以扶持助養人民。

後，本義為君主，帝王，後世專指帝王的妻子。

初九：拔茅茹，以其匯，征吉。

直解：拔起茅草根茹牽連，及於其根匯，征行吉祥。

茹，草根牽連之貌。

匯，類也。聚匯，以類相聚。

上互卦震為蕃鮮，為春日之卦，草木之象。

下互卦兌為毀缺，拔茅之象。

初九在下，有根之象。初九、九二、九三以類聚匯，同根牽連之象。

初九得位有應，前行遇九二本同性為敵，但同類牽連，前行出征，可以得吉。

象曰：拔茅征吉，志在外也。

象辭說：拔起茅草征行吉祥，是因為初九志向在外。

九二：包荒，用馮河，不遐遺，朋亡，得尚於中行。

直解：包容荒穢，用以徒步渡過河水，不違背遺棄遐遠（之天

道），朋類亡失，因爲中行正道得到獎賞。

包：包容。取象於下卦乾天覆地載。

荒，蕪也。

初九拔茅連茹，是雜草淹地荒蕪之象。

九二得中，包容初九草創時期的雜亂荒蕪，不以其地位卑下而排斥拒絕，團結一切可以團結的力量。

馮河：徒步渡過河水。

九二爻動變下卦乾變離，下互卦兌變坎，坎爲水爲河。坎離組合又有水火既濟的渡河之象。

遐，遠也。遺，亡也。乾爲遠。不遐遺，意爲天道雖遐遠而不可以背離。

初九有拔茅連茹之同德朋誼，朋亡是戒語，告誡九二要行正道，不昵朋比。

尙，上也。假借爲尊崇，賞賜。

九二向上應六五，是中行。

象曰：包荒，得尙於中行，以光大也。

象辭說：包容荒穢，中行正道得到獎賞，是因爲其有光明正大之德。

九三：無平不陂，無往不復，艱貞無咎。勿恤其孚，於食有福。

直解：沒有平地不轉變爲斜坡，沒有前往不轉變爲回復，艱難自處，貞固守正，必可避免咎害。不必憂慮沒有孚信，在享食俸祿之事上有所福慶。

陂　，山坡，斜坡。此處爲傾斜，與平對爲反義。

乾天坤地本有坦平之象，但下互卦兌爲毀折，有傾斜爲陂之象；上互卦震，有往復行動之象。

九三不中，但前行遇六四有利，得位有應，若能在艱難中守正，必可避免咎害。

恤，憂也。泰卦乾坤陰陽往來，互有孚信。坎爲孚，此處不見坎，特別指出不必憂慮沒有孚信。

下互卦兌爲口，食之象；兌爲祥悅，有福之象。

象曰：無往不復，天地際也。

象辭說：沒有前往不會回復的道理，這是因爲泰卦象徵天極交接際會。

六四：翩翩，不富以其鄰，不戒以孚。

直解：翩翩輕盈飛舞，不富及於其鄰居，不必擔心警戒，有所孚信。

六四與下卦乾三陽最爲接近，陰陽交感最爲強烈，所以有翩翩之貌。取象震爲動爲鵠。

陽爲實，陰爲虛，六四陰虛有不富之象。六四之鄰，爲其同德之六五、上六。

泰卦陰陽陰陽往來互有孚信，所以六四不必擔心警戒（喪失其富足之實）。

象曰：翩翩不富，皆失實也。不戒以孚，中心願也。

象辭說：翩翩輕盈飛舞不富及於其鄰居，是指上卦三爻均爲陰

虛失實。陰陽之間有所孚信而不必擔心警戒，是因爲六四有心願行於中道。

六五：帝乙歸妹，以祉元吉。

直解：帝乙歸嫁其妹，因以得福，始即大吉。

上互卦震爲長子，震爲帝。震爲東方，天干五行配甲乙木，六五爲陰爻，所以配乙，取象爲帝乙。

下互卦兌爲少女，爲妹。上互卦震，下互卦兌，組合成雷澤歸妹之卦象。

祉，福祉。

象曰：以祉元吉，中以行願也。

象辭說：因以得福，始即大吉，是因爲九二、六五以中正之道實行心中的願望（得歸正位）。

上六：城複於隍，勿用師。自邑告命，貞吝。

直解：城牆傾覆於隍溝（而成平地），不要用兵興師。由自城中通告發佈命令，固守不變，會得羞吝。

隍，本義爲沒有水的護城壕。隍中挖土，修築而爲城牆。

坤爲土。上六爻動變成艮，艮爲門闕爲閽寺，有城之象。下互卦兌爲毀折，城覆，覆於隍而成平地。

上六爻動變爲上九，九三到上九組成一大離象，離爲戈兵，離不見，所以爻辭戒之勿用師。

邑，古代稱侯國爲邑，國都，京城，甚至城市，縣鎮也稱邑。邑此處可以理解爲城。

坤爲土爲邑，上互卦震爲言爲告，震伏巽爲命。

上六處終極之位，泰極否來，已經預示將有新的變革出現，天下失道，有傾城覆國之危機，用武力已經不能解決問題。當此之時，還不知變革，只會得到羞吝。

象曰：城復於隍，其命亂也。

象辭說：城牆傾覆於隍溝，說明天命已成亂象。

第12卦 否　乾上坤下

否：否之匪人，不利君子貞，大往小來。

直解：閉否不通的是匪人，不利於君子貞固不變，剛大外往柔小內來。

否，否閉。

下卦坤爲下降之陰氣，上卦乾爲上升之陽氣，陰陽之氣相背而行，不能交合而閉塞不通。

泰極否來之時，肆無忌憚當道之小人，即爲匪人。

當否之時，小人道長，君子道消，君子應該知機識時，進退均要順勢，不可迂執固守，方能在亂世中安身立命。

否卦卦辭之「大往小來」，對應泰卦卦辭之「小往大來」。乾在外爲大爲往，坤在內爲小爲來。

《序卦》曰：物不可以終通，故受之以否。

直解：物極必反，所以事物通泰的狀態是不可以永遠保持下去，所以在泰卦之後接著是通行受阻遭遇閉塞的否卦。

象曰：否之匪人，不利君子貞。大往小來，則是天地不交，而萬物不通也；上下不交，而天下無邦也。內陰而外陽，內柔而外剛，內小人而外君子。小人道長，君子道消也。

象詞說：閉否不通之的是匪人，不利於君子貞固不變。剛大外往柔小內來，如此就是天地二氣不能得到交感，萬物也不能通氣；

君臣上下不能得到交流，天下國將不國將有亂邦之象。內裏陰柔外在陽剛，內裏小人外在君子。小人的旁道增長，君子的正道消滅。

象曰：天地不交，否；君子以儉德辟難，不可榮以祿。

象辭說：天地二氣不相交感，是否閉；君子效法此一象徵，用以節儉之德避開危難，不可以貪圖榮華和祿位。

初六：拔茅茹，以其匯，貞吉，亨。

直解：拔起茅草根茹牽連，及於其根匯，貞正得吉，亨通。

否和泰陰陽互換，有旁通之義，所以初爻爻辭及取象與泰基本相同不釋。

初六前行本有不利，所以不必妄動。

象曰：拔茅貞吉，志在君也。

象辭說：初六拔茅連茹的貞吉，是因為其志向在向上相應於九五君位。

六二：包承。小人吉，大人否亨。

直解：包容相承。小人得吉，大人雖否而亨。

下卦坤為包。六二得位得中得正，有虛懷賢明包容之象。

當否之時，小人私結朋黨，群小為非，有其小人之吉。上卦乾三陽爻之大人，雖然有得否之義，但卻能遠離小人，不為小人所害，從而得亨。

象曰：大人否亨，不亂群也。

象辭說：大人雖否而亨，是因為小人君子不輕率胡亂為群。

六三：包羞。

直解：包容羞恥。

下互卦巽為臭為多白眼，有羞恥難看之象。

象曰：包羞，位不當也。

象辭說：包容羞恥，是因為六三不中失位位置不當。

九四：有命無咎，疇離祉。

直解：自有天命沒有咎害，眾人依附於福祉。

疇，通儔，本義為伴侶，為同類。

離，附麗，依附，附著。

上互卦巽為命，三陽爻為同類的疇侶。

九四失位不中，前行遇同性為敵不利，本該有咎，但三陽爻同類為疇，共同依附於九五之福祉，心志均有一起回歸天命正道之意，因此無咎。

乾為福，取象為祉。

象曰：有命無咎，志行也。

象辭說：有天命而得無咎，這是因為九四其剛健之志在於向上而行。

九五：休否，大人吉。其亡其亡，繫於苞桑。

直解：休止否閉，大人得吉。就要滅亡，就要滅亡，天命繫之於柔弱之叢桑。

九五為大人，中正得位而剛健，處九五之尊，因此其否到此可以休矣而得吉。

苞，草木茂盛，叢生之貌。苞桑為叢桑。

下卦坤為眾，上互卦巽為木，所以有叢桑之象。巽為繩直，有繫之象。

其亡其亡，猶如說命懸一線，命若遊絲。

上互卦巽為隕落，亡失之象。

九五之否雖然可以得以休止，但否之時義還沒有完全過去，確實是有此擔心和嗟歎。

象曰：大人之吉，位正當也。

象辭說：九五大人之吉，是因為所處位置正當。

上九：傾否，先否後喜。

直解：傾覆否閉，先是否閉，後有喜慶。

上九為否卦極端之位，窮極思變，否極泰來，閉塞之否終於在此被傾覆。

泰卦之終為城覆於隍，與之對稱，否卦則為傾否，均是物極則反之義。

上卦乾為先，所以先否。下卦坤為後，九六爻動變上卦乾變為兌，兌為悅，所以後喜。

象曰：否終則傾，何可長也。

象辭說：閉塞之終極當然會傾覆轉化。閉塞的狀態怎麼可能長久呢？

第13卦 同人　乾上離下

同人：同人於野，亨。利涉大川，利君子貞。

直解：與人和同在廣遠之原野，亨通，利於涉渡大川，利於君子貞正。

同人，和同於人。

下卦離爲火爲上升之氣，上卦乾爲天也爲上升之氣，二氣同心而行，有同人之義。

同人卦六二一中正虛心之陰爻，受到其他五陽爻的傾慕，五陽爻均欲「舍己從人，樂取於人以爲善」而與六二同志合道。

上卦乾爲天爲遠爲郊野。同人公天下之善而不爲私，與人和同於廣遠之原野，所以亨通。

上卦乾爲健行，下互卦巽爲木，有舟船渡河健行之象。

同人之道不可朋比結党，有利於君子貞固守正。

《序卦》曰：物不可以終否，故受之以同人。

直解：事物閉塞的狀態不會永遠不變，所以在否卦之後接著是出門同人，與人和同的同人卦。

彖曰：同人，柔得位得中，而應乎乾，曰同人。同人曰，同人於野，亨。利涉大川，乾行也。文明以健，中正而應，君子正也。唯君子爲能通天下之志。

彖詞說：和同於人，六二陰柔得位得中，上與乾卦相應，所以

叫做同人。同人卦說，與人和同在遠野，亨通。利於涉渡大川，是
因爲乾卦剛健前行。下卦離爲文明而上卦乾爲健行，這是九五與六
二得中得正相應，如同君子持守正道。唯有君子才能通達明白普天
下人的心志。

象曰：天與火，同人；君子以類族辨物。

象辭說：天與火有同心之德而形成同人的卦象；君子效法此一
象徵，採取方以類聚，物以群分的態度，明辨天地萬物。

初九：同人於門，無咎。

直解：與人和同在家門（之外），沒有咎害。

初九爻動變爲初六，下卦離變爲艮。艮爲門闕。艮不見，是出
門之象。

初九與九四不應，但初九得位，上行遇六二以陽遇陰免咎。

象曰：出門同人，又誰咎也。

象辭說：走出家門和同於人，又有誰會受到咎害？

六二：同人於宗，吝。

直解：與人和同在家族宗廟，有吝。

宗，宗祠。

同人卦爻辭出現：野、門、宗、莽、陵、墉、郊，均爲不同的
位置。野爲最遠之處，其他根據初到上爻的位置，由近而遠。

《說卦傳》說：「離爲乾卦」，所以乾爲離之同宗。

六二獨與同宗之九五相應，有所偏私，因此得吝。

象曰：同人於宗，吝道也。

象辭說：與人和同在家族宗廟，這是取吝之道。

九三：伏戎於莽，升其高陵，三歲不興。

直解：潛伏兵戎在草莽之中，登上高處山陵，三年不興起用兵。

戎，兵也。莽，指草叢。興，起也。

下互卦巽爲伏，下卦離爲戈兵。巽爲木有草莽之象。

巽爲風爲高有升之象。九三爻動變下互卦巽變爲艮。艮爲山。下卦離變爲震，《雜卦》說：「震起也」。震後天八卦數爲三。

九三時不到，位不至，剛猛之力無所用處，只能潛伏等待。

象曰：伏戎於莽，敵剛也。三歲不興，安行也。

象辭說：潛伏兵戎在草莽之中，是因爲前行遇九四陽剛同性爲敵。三年不興起用兵，是因爲九三安穩行進（不急躁）。

九四：乘其墉，弗克攻，吉。

直解：登乘上城牆，卻不攻克城池，吉祥。

墉，城垣也。

克，能也。以肩任物曰克，轉義爲戰勝、制服。

下卦離，中虛外實，其初九和九三有城牆之象。

九三爲城牆，九四乘而凌之，本是可以攻城拔寨，建立奇功，但九四以剛居柔，並不輕舉妄動得吉。

象曰：乘其墉，義弗克也；其吉，則困而反則也。

象辭說：登上城牆而不攻克，是因爲時義還不到可以攻克之

時。它的吉祥，是因爲它能夠困而思改回返正道原則。

九五：同人，先號咷而後笑。大師克相遇。

直解：和同於人，先是放聲大哭，而後歡樂喜笑，大師能夠會師相遇。

號咷，同號咷，放聲大哭。上卦乾爲先。下互卦巽爲號；九五爻動變上互卦乾變爲兌，兌爲悅。

九五與六二的相應並不是一帆風順，中間有九三九四阻隔，因此有先難後易，先悲後喜之象。

同人卦六爻陰陽轉變之後成師卦，乾伏坤，坤爲師眾。

從全卦來看，九三是三歲不興，九四是弗克攻，都是因爲時機不成熟。而到了九五，時間位置歸正就位，軍隊勝利會師，取得最後的勝利。

象曰：同人之先，以中直也。大師相遇，言相克也。

象辭說：同人之先嚎咷，是因爲九五中正剛直坦誠真實。大師會師相遇，是說到條件成熟的可能的時候。

上九：同人於郊，無悔。

直解：和同於人，在於郊外，沒有悔恨。

乾爲郊。上九有孤獨離群之象，本有亢極悔吝，但同人之道貴在不私。上九處於郊野之遠，不營私結黨，因此可以無悔。

象曰：同人於郊，志未得也。

象辭說：和同於人在於郊外，同人的志向未能得以實施。

第14卦 大有　離上乾下

大有：元亨。

直解：始即大吉。

大有，大獲所有，非常富有之意。

上卦離爲日爲光明，下卦乾爲天爲清明，豔陽高照，天下萬物均被光澤，通歸其所有。

上卦離爲南方，六五之爻以柔居尊，是虛心賢明的君王，統率另外五陽爻。太平盛世，自然是富足豐盈的大得所有。

下卦乾爲始（乾知大始）。離爲南方夏日之卦，乾元資始，大明亨嘉，所以元亨。

六五失位，所以不言利貞。

《序卦》曰：與人同者，物必歸焉，故受之以大有。

直解：善於與人和同的，萬物必然會歸聚於他，所以同人卦之後接著是大獲所有的大有卦。

彖曰：大有，柔得尊位，大中而上下應之，曰大有。其德剛健而文明，應乎天而時行，是以元亨。

彖詞說：大有，六五陰柔得處尊貴之位，九二陽剛大而得中上下相應，所以是大有。其內懷剛健之德，外用文明之禮，與天道相應，因時而行，因此可以得到元亨。

象曰：火在天上，大有；君子以遏惡揚善，順天休命。

象辭說：火在天的上面，形成大有的卦象；君子效法此一象徵，抑惡揚善，順天而行，安守於美命。

初九：無交害，匪咎；艱則無咎。

直解：無所交之危害，非為其自身的咎過；艱難自守則是會沒有咎害。

初九上行遇九二為敵，與六四不應，遠離六五，有無交之象。

初九得位不妄與人交，最終無咎。

象曰：大有初九，無交害也。

象辭說：大有卦之初九，因為其爻位在初之時，與上無交，所以有無所交之害。

九二：大車以載，有攸往，無咎。

直解：用大車裝載，有所前往，沒有咎害。

下卦乾為陽為大，乾為圓，車輪之象。

九二向前遇九三同性為敵，但九二剛中而與上六正應，所以能夠有所前往，沒有咎害。

象曰：大車以載，積中不敗也。

象辭說：用大車裝載，是因為九二陽剛蓄積中實而不會敗亂。

九三：公用亨於天子，小人弗克。

直解：王公以享祭物品進獻給天子，小人不能（以享祭物品

進獻）。

亨，此處通享。指祭獻，上供。

以爻位而論，三爲三公之位，五爲天子之位，「三與五同功而異位」，所以王公以享祭物品進獻給天子。

四爲陰爻之位。陰爲小，小人指九四。九四小人，成事不足敗事有餘，只知容色悅主，並無實際貢獻。

象曰：公用亨於天子，小人害也。

象辭說：三公以享祭物品進獻給天子，而小人卻在相阻其中爲害。

九四：匪其彭，無咎。

直解：以其彭大虛華爲非，沒有咎害。

彭，鼓聲也。大也。盛也。

九四爲小人，其彭大志向，虛華不實，並非其大。

九四陽爻變動上互卦兌變爲震，震爲鼓。震不見，匪其彭。

雖然如此，但九四陽處陰位有克制警慎之象，以其彭大虛華爲非，可以無咎。

象曰：匪其彭，無咎；明辨晰也。

象辭說：以其彭大虛華爲非，沒有咎害，是因爲九四明白分辨清晰。

六五：厥孚交如，威如；吉。

直解：其孚信有交感之貌，有威儀之貌；吉祥。

厥，其。

六五與眾陽爻陰陽有所孚信。

離日在上，光澤遍及，六五一陰爻與其他五爻相應，交如之象。

六五柔處尊位，有威儀之象。

六五得中，有九二有應，向上遇上九陰承陽有利，如此得吉。

象曰：厥孚交如，信以發志也。威如之吉，易而無備也。

象辭說：其孚信有交感之貌，是因爲六五孚信足以啓發上下五陽爻對它信任的心志。威儀之貌的吉祥，是說六五平易而無所防備（*有虛明無爲之義*）。

上九：自天佑之，吉無不利。

直解：有來自天命之佑助，吉祥，沒有不利。

乾爲右，坤爲左，陽爲右，陰爲左。所以上九取象爲右，通佑。「佑之」，上九佑助六五。

以六爻論，五、上爲天位。

上九爲宗廟、爲太上皇之位。自天之佑助，有來自宗廟祖宗的天命的佑助之意。

六五賢君，下有初九到九四剛健之群臣輔佑，上有上九自天（*天命*）之佑助，因此吉祥而沒有不利。

象曰：大有上吉，自天佑也。

象辭說：大有之卦在上得吉，是因爲有來自天命的佑助。

第15卦 謙 坤上艮下

謙：亨，君子有終。

直解：亨通，君子有所善終。

謙，謙虛。謙遜。

下卦艮爲山，上卦坤爲地，高大巍峨的山巒自我貶抑居於大地之下，正是謙遜之象。

謙虛是需要有資格的，只有內在有山一樣的力量和強大，謙虛才會有正當的意義。

下卦艮爲止，上卦坤爲順，內知自止而外示柔順，這正是謙謙君子的象徵。

《繫辭》曰：「作易者，其有憂患乎？」，謙卦六二、九三、六四組成下互卦坎，坎爲心憂，持謙道者自有憂患意識。

上互卦震爲雷，持謙道者必要時需以雷霆之威來守護謙遜的底線。

下卦艮爲君子，爲賢人。艮又爲成始成終，所以君子有終。

九三爲全卦卦主，下乘初六，六二，上行陽遇陰有利，因此爲亨通。

謙卦下三爻全吉，上三爻無不利，是《周易》六十四卦中唯一六爻全部是吉辭的卦。由此可見《周易》對謙道的推崇。

《序卦》曰：有大者不可以盈，故受之以謙。

直解：所有持大者不可以滿溢過盈，所以大有卦之後，接著是

恭順謹慎的謙卦。

象曰：謙，亨。天道下濟而光明，地道卑而上行。天道虧盈而益謙，地道變盈而流謙，鬼神害盈而福謙，人道惡盈而好謙。謙尊而光，卑而不可踰，君子之終也。

彖詞說：謙，亨通。天之道向下補益而光明。地之道卑微而向上前行。天之道以虧損其盈滿來增益謙道，地之道改變其盈滿而流歸於謙道，鬼神加害於滿盈而致福於謙道，人之道厭惡滿盈而喜好謙道。謙道尊貴而光明，雖處於卑下之位卻不可逾越，這是君子的善終。

象曰：地中有山，謙；君子以裒多益寡，稱物平施。

象辭說：大地之中有高山，形成謙卦之象；君子效法此一象徵，減損有餘之多，增益不足之寡，稱量物事，公平施為。

裒，減少。

初六：謙謙君子，用涉大川，吉。

直解：謙之又謙的君子，用以渡涉大川，吉祥。

初六在下，陰居陽位，位卑柔順，謙之又謙。

下互卦坎為水，上互卦震為木，震木為舟，用涉大川。

不言利而言用，是因為初六在下，可進可退。

象曰：謙謙君子，卑以自牧也。

象辭說：謙之又謙的君子，是說初六處於卑下之位而能自我約束管理。

六二：鳴謙，貞吉。

直解：鳴響之謙，貞正有吉。

謙卦在二位和上位兩次出現了鳴謙的爻辭。

上互卦震爲雷，爲鼓，爲鳴。

六二與上六兩爻，正好與上互卦震上下緊鄰，有上下互鳴之象。

六二得位，柔順中正，前行有利，貞靜得吉。

象曰：鳴謙貞吉，中心得也。

象辭說：六二鳴謙貞吉，是因爲中正之心意與謙道相得。

九三：勞謙，君子有終，吉。

直解：辛勞之謙，君子能有善終，吉祥。

勞，有辛勞、慰勞等義。下互卦坎爲勞，說卦云：「勞乎坎」。

九三得位，爲卦主，下乘初六，六二，上行遇三陰爻陽遇陰有利故吉。

象曰：勞謙君子，萬民服也。

象辭說：辛勞之謙的君子，萬民均爲仰服。

六四：無不利，撝謙。

直解：沒有不利，撝抑之謙。

撝，本義爲裂開，揮散。轉義爲謙讓，如：撝退、撝抑。

撝謙有揮手抑退之謙象。下卦艮爲手，爲止。上互卦震爲動爲起，動而知止，揮揚其謙。

六四柔處陰位，有抑退收斂之象。

象曰：無不利，撝謙；不違則也。

象辭說：沒有不利，撝抑之謙，是因為六四不違謙道的原則。

六五：不富，以其鄰，利用侵伐，無不利。

直解：不富裕，及於其鄰居。利於用以執行侵討攻伐之事，沒有不利。

陽為充實為富，陰為虛空為不富。上互卦震伏巽，巽為利，不見故為不富。

上卦坤三爻陰虛為鄰皆為不富。其不富的原因，是因為下互卦坎為盜寇。

但上卦坤與下互卦坎組成地水師卦，六五可以依賴師眾軍旅，保護其謙道。

卦中其他五爻都直接說謙，惟有六五不言謙，是因為六五居尊為主，應該有所作為。

象曰：利用侵伐，征不服也。

象辭說：利於用以執行侵討攻伐之事，是說六五應該征討不馴服的亂臣。

上六：鳴謙，利用行師，征邑國。

直解：鳴響之謙，利於用以出行之師眾，征討犯上作亂的邑國
鳴謙、行師解釋如前。
坤為土，為邑國。

上互卦震爲動爲征。

上六柔處陰位，得位，且與九三爲正應，所以沒有不利。

象曰：鳴謙，志未得也。可用行師，征邑國也。

象辭說：鳴響之謙，是說謙道之心志沒有得到。可以用出行之師眾，是說應該征討犯上作亂的邑國。

第16卦 豫　震上坤下

豫：利建侯行師。

直解：利於建立諸侯行進師眾。

豫，歡愉。

下卦坤爲地，上卦震爲雷，雷出地奮，大地回春，萬物復甦，草長鶯飛，天地間一片歡豫之象。

上卦震爲主器之長子，爲帝爲侯，有建侯之象。坤爲民爲眾，有師眾之象。坤又爲邑國，有建侯封地之象。

豫卦九四一陽爻，統帥其他五陰爻。九四爲諸侯之位，建侯之象。

《序卦》曰：有大而能謙，必豫，故受之以豫。

直解：所有持大而又能守持恭順謹慎的謙道，那麼必然就會從容歡豫。所以在謙卦之後接著便是豫卦。

彖曰：豫，剛應而志行，順以動，豫。豫，順以動，故天地如之，而況建侯行師乎？天地以順動，故日月不過，而四時不忒；聖人以順動，則刑罰清而民服。豫之時義大矣哉！

彖詞說：豫卦，九四陽剛與陰柔相應心志得以前行，下卦坤順從而行動，所以爲歡豫的卦象。豫卦，順從而行動，天地之道都是如此，那麼何況的建立諸侯行進師眾之事？天地順應大道而行動，所以日月不會過越，而且春夏秋多四時的運行也不會出現差錯。聖

人順從時勢而行動，那麼自然就會刑罰清明而天下萬民由此順服。豫卦的順勢隨宜的道理實在是宏大啊！

象曰：雷出地奮，豫。先王以作樂崇德，殷薦之上帝，以配祖考。

象辭說：驚雷出現而大地奮動，形成豫卦之象。先王效法此一象徵，製作音樂，崇尚道德，以盛大之音樂奉獻於上帝，使祖考得以配食。

殷，《說文解字》中解釋：「作樂之盛曰殷」。

薦，獻祭，享祭。

初六：鳴豫，凶。

直解：鳴響之豫樂，兇險。

上卦震為鳴。

初六失位，有不安份的小人之象，因為與九四有應而自鳴得意，所以得凶。

象曰：初六鳴豫，志窮凶也。

象辭說：初六鳴響之豫樂，其心志困窮而最終得凶。

六二：介於石，不終日，貞吉。

直解：操守堅貞如處在石頭之間不可改移，迅速遠離豫樂的誘惑不待一日之終，貞正得吉。

介，處。處於兩者之間曰介。介本義是鎧甲，所以甲殼動物也稱介。後轉義為分界為耿介等意。

下互卦艮爲黔喙之屬，有介甲之象。艮又爲石。

六二爻動變下互卦艮則變爲離，離爲日，離不見，所以不終日。

六二得中得正，豫卦唯有六二和六五兩爻不言豫。

六二與上無應，又困處群陰之中，被小人所包圍，並不貪圖歡愉之樂，介然如石，遠離享樂的誘惑得吉。

象曰：不終日，貞吉；以中正也。

象辭說：六二遠離豫樂不待一日之終而貞正得吉，是因爲其以中正之道自守。

六三：盱豫，悔。遲有悔。

直解：張目直視的貪豫，有悔。遲疑不決，又會出現新的悔吝。

盱，張目直視之貌。

六二爻動變下互卦艮變爲巽，巽爲多白眼。

六三不中，失位，無應，放縱其貪豫所以有悔。

六三已有悔吝，但還在遲疑不知悔改，那麼則又會出現新的悔吝。

六二不終日見機迅速，六三遲則有悔。

象曰：盱豫有悔，位不當也。

象辭說：張目直視的貪豫有悔，是因爲九三的位置不正當。

九四：由豫，大有得。勿疑。朋盍簪。

直解：從容和樂之豫樂，大有所得。不要懷疑，朋友和合如髮簪聚攏頭髮。

九四一陽爻統帥率五陰爻。眾陰爻之恬豫由九四而來，歸順於九四，大有所得之象。

九四處多懼之位，上互卦坎爲加憂。下互卦艮爲止，懷疑被停止。九四剛健有力，值得信任。

下卦坤爲眾，三陰爻牽連爲朋。

盍，合也，在此有合攏之義。

簪，爲聚攏頭髮的髮簪。

九四一陽爻橫貫於五陰爻，可以形象地看成一髮簪在頭部後面聚攏眾多頭髮。

象曰：由豫，大有得；志大行也。

象辭說：九四從容和樂之豫樂，是因爲一陽統五陰大有所得；其心志大爲通行。

六五：貞疾，恒不死。

直解：貞固難愈之疾病，恒常維持生機不會死去。

上互卦坎爲心病。

六五當豫之時，柔居尊位，力量不夠，又乘九四之剛，與下又無應，雖尊貴而無實權，其他的陰爻都歸順於九四之陽爻。

六五貞固不動，無所作爲，受制於九四強臣，心懷憂懼成病，因此有難愈的痼疾之象。但六五得中，並不貪圖享樂，知慎知懼，尚能夠命懸一線，保留生機。

象曰：六五貞疾，乘剛也。恒不死，中未亡也。

象辭說：六五貞固難癒之疾病，是因爲六五乘凌九四之陽

剛。六五恒常維持生機不會死去，是因爲六五中位之吉的徵兆還沒有消亡。

上六：冥豫，成有渝，無咎。

直解：昏冥之豫樂，最終完成有所改變，沒有咎害。

上六陰爻之位有幽暗之象。

渝，爲改變。取震之象。

下互卦艮爲成。

上六在昏暗幽冥之中依然貪念娛樂，而不知險惡，本應有咎，但上六窮極思變勢，最終變冥冥爲昭昭，則可無咎。

象曰：冥豫在上，何可長也。

象辭說：上六昏暗幽冥之歡愉在最上面的爻位，怎麼可能維持很長的時間呢？

第17卦 隨 　兌上震下

隨：元亨利貞，無咎。

直解：元始，亨通，有利，正固，沒有咎害。

隨，隨順。

隨卦內卦震爲動，外卦兌爲悅，內動以德感人，外悅因言致福，這是順以從之的隨順。

隨卦之上卦震爲東方春天之卦，下卦兌爲西方秋天之卦，所以彖詞曰元亨利貞。

隨卦內動而外悅，其隨順易於出現輕率有違正道之事，所以可能會有咎害。

但如能隨時而動，並不妄隨，可以無咎。

《序卦》曰：豫必有隨，故受之以隨。

直解：舒適歡愉的生活狀態必然是人們所樂於去追隨順從的，所以在豫卦之後接著便是隨順從人的隨卦。

彖曰：隨，剛來而下柔，動而說，隨。大亨貞，無咎，而天下隨時，隨時之義大矣哉！

彖詞說：隨從，陽剛前來居於陰柔之下，行動而喜悅，這是隨卦。大亨而能正固，因此能無咎，天下萬物均隨時而動，隨卦順時隨宜的道理真是太弘大了。

象曰：澤中有雷，隨；君子以嚮晦入宴息。

象辭說雷潛藏在澤中，形成隨卦之象；君子效法此一象徵，隨順之時，猶如黃昏向晚，入房安息。

嚮通向，向晦意同向晚。宴，爲安。

初九：官有渝，貞吉。出門交有功。

直解：官職有所改變，貞正得吉。出門交往會有建功。

下互卦艮爲官（艮爲闇寺，虞翻因而以艮爲官。）

下卦震爲動取渝之象。

初九得位，正固得吉。

初九前行遇六二，陰陽相交有利。六二多譽爲有功。

象曰：官有渝，從正吉也。出門交有功，不失也。

象辭說：官職有所改變，是說初九隨從六二之正得吉。出門交往會有建功，是因爲初九雖然隨順但未失其位（有自己的原則）。

六二：繫小子，失丈夫。

直解：維繫於小子，失去丈夫。

上互卦巽爲繩直，下互卦艮爲手，取繫之象。

下互卦艮爲少男爲小子。指九四。

下卦震爲長男爲丈夫。指初九。

六二隨順而上行，有與九四小子異性交應之意。

六二以陰柔乘初九丈夫之陽剛，於理不合。

象曰：繫小子，弗兼與也。

象辭說：維繫於小子，是說六二不得兼有相與（初與四）。

六三：繫丈夫，失小子。隨有求得，利居貞。

直解：維繫於丈夫，失去小子。隨從有所求之獲得，利於居處貞正。

六三牽繫於初九丈夫，也自然失去九四小子。

六三本意是上行跟隨九四，但九四不中失位，所以六三依然心中牽繫於初九。

下互卦艮為手，有求之象。上互卦巽為得利。

六三失位有利居貞。

象曰：繫丈夫，志捨下也。

象辭說：六三心中牽繫初九之丈夫，是說六三的心志是安然舍居於下位。

九四：隨有獲，貞凶。有孚在道，以明，何咎。

直解：隨順而有所獲得，貞固不變有凶。有所孚信，在於正道，因此而明辨，何咎之有？

下互卦巽為利有獲之象。九四失位如果不變自處有凶。

下卦震為大塗，為道路。下互卦艮有光明之象。

九四順從隨之正道而有誠信，所以無咎。

象曰：隨有獲，其義凶也。有孚在道，明功也。

象辭說：九四隨從雖然有所收穫，但其義卻為凶（所獲非以正道得來）。有所孚信，在於正道，是說九四可明辨而能建功。

九五：孚於嘉，吉。

直解：孚信於嘉美之德，吉祥。

九五得中得正且與下面六二有正應，是陰陽孚信之象，

上卦兌為悅，九五中正為尊，有吉祥嘉美之德。

象曰：孚於嘉，吉；位正中也。

象辭說：孚信於嘉美之德得吉，是因為九五的位置得中得正。

上六：拘繫之，乃從維之。王用亨於西山。

直解：拘縛牽繫，隨從維繫，君王用以享祭於西山。

上互卦巽為繩直，下互卦艮為手，拘繫從維之象。

拘繫、從維，是勉強維繫。

亨此處通享。享為享祭。下卦震為帝為主祭之長子。

下互卦艮為山，上卦兌為西方之卦。

上六處極端之終位，無所隨從，所以王歸於西山，用享祭祀，體察天意民情，待時而動。

西山，指岐山，是周朝帝業興盛之地。

象曰：拘繫之，上窮也。

象辭說：拘縛牽繫，是因為上六已到窮極之時。

第18卦 蠱　艮上巽下

蠱：元亨，利涉大川。先甲三日，後甲三日。

直解：元始亨通，利於涉渡大川。先於甲三日終結舊故，後於甲三日開始新事。

蠱，蠱敗；舊事，成事。

蠱本義爲事物因陳腐而敗壞，腐敗則生事，事因壞而起，所以「蠱者事也」。

蠱卦下卦巽爲順，上卦艮爲止，在下柔順而無主見，在上止息不動，均是因循守舊，委靡不振，日久腐敗生事之象。

事敗之後正是可以有所作爲，子承父業，除弊布新，又可以開創一片新的局面。所以蠱卦積極的方面，正可幹事成事。

上卦艮爲成始，因此卦辭說元亨。蠱卦不宜止息不動，所以卦辭不言利貞。

下互卦兌爲澤，下卦巽爲風木，所以利涉大川。

五行方位甲在東方，後天八卦方位艮在東北，艮在甲之先，所以「先甲」。

後天八卦方位巽在東南，巽在甲之後，所以「後甲」。

先天八卦方位東方爲離卦之位，從東方之離卦逆時針而數，經過東北之震、北方之坤，而到西北方之艮卦，其數爲三。艮爲日，所以甲在艮之先爲三日，「先甲三日」。

先天八卦方位東方甲乙木爲離卦之位，從東方之離卦順時針而數，經過東南之兌、南方之乾，而到西南方之巽卦，其數爲三，

「後甲三日」。

蠱卦幹事成事，爲造事之端，甲爲十天干之首，所以取象於甲。先後三日，象徵有始有終，甲前三日終結舊故，甲後三日新事開始。

《序卦》曰：以喜隨人者，必有事，故受之以蠱；蠱者事也。

直解：因爲欣慕安閒恬豫之喜樂而隨順從人，那麼上下一心必然可以成就一番事業，所以在隨卦之後接著就是除弊布新，成事立業的蠱卦。蠱就是成事。

彖曰：蠱，剛上而柔下，巽而止，蠱。蠱，元亨，而天下治也。利涉大川，往有事也。先甲三日，後甲三日，終則有始，天行也。

彖詞說：蠱敗，陽剛上下陰柔下行，巽順而得止息，這就是蠱卦。蠱卦元始亨通，可以讓天下得到大治。利於涉渡大川，因爲前往可以成就一番事業。先於甲三日終結舊故，後於甲三日開始新事，正是事物的發展在終結之後又會有新的開始。

象曰：山下有風，蠱；君子以振民育德。

象辭說：高山之下有風，形成蠱卦之象；君子效法此一象徵，應該鼓舞振作人民，培養人民的道德情操。

初六：幹父之蠱，有子，考無咎，厲終吉。

直解：匡正父輩事業的蠱敗，有此佳子，父考可以沒有咎害，

雖然有所危厲，最終卻可以獲得吉祥。

幹，此處意為糾正，匡正。

初六爻動變下卦巽變為乾，乾為父。上卦艮為少男，為子。

父考之事業積敗而蠱壞，初六才柔志剛，有匡正父輩事業蠱敗之象。

初六失位無應，本有危厲之兆，但因其志可嘉，承陽有利，無咎得吉。

象曰：幹父之蠱，意承考也。

象辭說：匡正父輩事業的蠱敗，是說他的心意是在於承擔其父考的事業。

九二：幹母之蠱，不可貞。

直解：匡正母親一輩事業的蠱敗，不可貞固不知機變。

九二之爻位是陰位，取母之象。

九二失位，試圖去匡正其母親一輩的錯誤，其意圖雖好，但方法不夠委婉，效果不理想。所以應該見機而作，符合中道。

象曰：幹母之蠱，得中道也。

象辭說：匡正母親一輩事業的蠱敗，是因為其符合於中道。

九三：幹父之蠱，小有悔，無大咎。

直解：匡正父輩事業的蠱敗，小有悔吝，沒有大的咎害。

九二陰位取母之象，九三陽位取父之象。

九三不中，三位多凶，但得位，前行遇六四陽遇陰有利。

象曰：幹父之蠱，終無咎也。

象辭說：匡正父輩事業的蠱敗，最終會沒有咎害。

六四：裕父之蠱，往見吝。

直解：寬免裕容父輩事業的蠱敗，前往出現羞吝。

六四在外卦，男主外，六四爻動變下互卦兌變為乾，所以取父之象。

上互卦震伏巽，巽有富裕、寬裕之象。

下互卦兌為現。

上互卦震動為往。六四柔弱不爭，前行不利。

象曰：裕父之蠱，往未得也。

象辭說：寬免裕容父輩事業的蠱敗，是因為六四前往不能有所得。

六五：幹父之蠱，用譽。

直解：匡正父輩事業的蠱敗，用此得到美譽。

五為君位，取父之象。

六五居於尊貴的君位，得中，與下有應。所以可以成事用譽。

象曰：幹父用譽；承以德也。

象辭說：匡正父輩事業的蠱敗得到美譽，是因為六五上承上九之陽德。

上九：不事王侯，高尚其事。

直解：不事從於王侯，高揚推尚自己所行之事。

上互卦震之九三爲王爲侯，上九在震卦之外，又與九三不應，有不事從王侯之象。

上九居六爻之中最高的位置，逍遙而置身事外，心志操守高潔。

象曰：不事王侯，志可則也。

象辭說：不事從王侯，其高尚之志可以作爲學習的準則。

第19卦 臨　坤上兌下

臨：元，亨，利，貞。至於八月有凶。

直解：元始，亨通，有利，正固。到了八月會有兇險。

臨，臨視。

臨卦爲十二消息卦，時當十二月，二陽漸長，陽氣漸長而大。

上卦坤爲地，下卦兌爲澤，澤處卑下之位，地自岸上視之，爲臨視之象。

臨卦與觀卦互覆，觀卦也爲消息卦，觀卦時當八月。接下去便是九月之剝卦，陽氣剝落之勢不可停止，所以八月有凶。

《序卦》曰：有事而後可大，故受之以臨；臨者大也。

直解：有事可成，所成必大，必居上位，在上視下，所以在除弊布新成事立業的蠱卦之後接著便是君臨視下的臨卦。臨就是陽氣浸長而大。

彖曰：臨，剛浸而長。說而順，剛中而應，大亨以正，天之道也。至於八月有凶，消不久也。

彖詞說：臨，陽剛浸進生長。和悅而柔順，陽剛在中位與陰柔相應，陽氣因大爲亨通得正，這是天之道。到了八月有兇險，是因爲陽氣消減而不可長久。

象曰：澤上有地，臨；君子以教思無窮，容保民無疆。

象辭說：澤水上有大地，形成臨卦之象；君子效法此一象徵，用以教育天下之人民，思考不可窮盡，包容保護人民，厚德載物廣闊無疆。

初九：咸臨，貞吉。

直解：感應之監臨，貞正得吉。

臨卦初九、九二皆曰咸臨，這是因爲臨卦只有初、二爲陽爻，其他均爲陰爻。

咸有二義：一爲感應，另一爲味道之鹹味。

初九、九二與六四、六五，陰陽相應，是感應之象。

下卦兌爲澤，爲剛鹵。澤水在五味中爲鹹。

象曰：咸臨貞吉，志行正也。

象辭說：感應之監臨貞正得吉，是因爲初九之心志前行得位爲正。

九二：咸臨，吉無不利。

直解：感應之監臨，吉祥沒有不利。

咸臨解釋如前。

九二得中有應，前行陽遇陰爲順爲利。

象曰：咸臨，吉無不利；未順命也。

象辭說：感應之監臨吉祥沒有不利，是因爲九二前行並不是爲

了順應九五之君命。

六三：甘臨，無攸利。既憂之，無咎。

直解：甘美之臨視，沒有所利。既然能夠憂慮對之，就沒有咎害。

甘，爲甘甜。上卦坤土在五味中屬甘味。

六三失位不中無應，下乘九二，前行同性爲敵不利。

六三柔居陽位，有收斂無爲之象。六三能以憂患意識自處，因此無咎。

象曰：甘臨，位不當也。既憂之，咎不長也。

象辭說：甘美之臨視沒有所利，是因爲六三的位置不適當。既然能夠以憂慮對之，那麼咎害就不會長久。

六四：至臨，無咎。

直解：誠摯之監臨，沒有咎害。

自高而下，曰至。至，到也。下互卦震爲動，有至之象。

至又假借爲誠摯。六四向下與初九誠心相應，至誠無欺，所以無咎。

象曰：至臨無咎，位當也。

象辭說：誠摯之監臨沒有咎害，是因爲六四位置正當。

六五：知臨，大君之宜，吉。

直解：智慧之監臨，是大君應有的所宜，吉祥。

知，通智。

六五柔處尊位得中為大君。六五爻動變上卦坤變為坎水。仁者樂山，智者樂水，所以六五為智者之臨，所以為吉。

象曰：大君之宜，行中之謂也。

象辭說：大君應有的所宜，說的是六五行以中道。

上六：敦臨，吉，無咎。

直解：敦厚之監臨，吉祥，沒有咎害。

敦，敦厚。

上卦坤為土，上互卦也為坤為土，坤卦厚德載物，敦厚為吉。

象曰：敦臨之吉，志在內也。

象辭說：敦厚監臨的吉祥，是因為上九其志向在於內卦初九、九二之二陽爻。

第 20 卦　觀　巽上坤下

觀：盥而不薦，有孚顒若。

直解：洗手而沒有向鬼神進獻祭品，有誠信仰觀恭敬的樣子。

觀，仰觀。

上卦巽爲風爲令，下卦坤爲眾爲民。風行地上，本來就有遍觀天下的觀光之象。令行如風，政通人和，大有可觀，大爲壯觀。

盥，本意爲洗手。

薦，意爲奉酒食，以祭祀鬼神。

顒，本意爲大頭，轉義爲肅敬威容。

下卦坤爲土器有祭器之象，坤爲牛有祭品之象。上互卦艮爲手，有洗手之象，也有以手奉獻祭品之象。

坤爲順，下卦坤與下互卦坤四陰爻仰視九五、上九二陽爻，有顒若順敬之象。

觀卦爲消息卦，陰陽往來自有孚信，誠心奉神因此不在於獻祭的形式。

《序卦》曰：物大然後可觀，故受之以觀。

直解：事物所成壯大，然後可以品鑒觀瞻，所以在臨卦之後接著是大有可觀的觀卦。

彖曰：大觀在上，順而巽，中正以觀天下。觀，盥而不薦，有孚顒若，下觀而化也。觀天之神道，而四時不忒，聖人以神道設教，而天下服矣。

彖詞說：宏大的景觀在上面，柔順而又巽從，九五中正得位觀視天下。觀卦，洗手而沒有向鬼神進獻祭品，有誠信仰觀恭敬的樣子，這是說在下仰觀之臣民，受到感化。仰觀上天之神妙之道，春夏秋冬四時有序應循不會出現差錯，聖人以神妙之道設不言之教，天下萬民都由此臣服。

象曰：風行地上，觀；先王以省方，觀民設教。

象辭說：風行走在地上，形成觀卦之象。先王效法此一象徵，巡察天下四方，觀察民情風俗，設置教化的相應措施。

初六：童觀，小人無咎，君子吝。

直解：童蒙的仰觀，小人沒有咎害，君子有羞吝。

上卦艮童子之象。初六在最下，初位為陽，也有童子之象。初六在下，位卑而賤，為小人。小人童蒙無知，不知者不為罪。君子所觀如果也如童蒙幼稚，當然就會有吝。

象曰：初六童觀，小人道也。

象辭說：初六童蒙的仰觀，是小人做事之道。

六二：窺觀，利女貞。

直解：窺視之仰觀，利於女子貞正。

艮爲門闕，六二有女子在門內窺觀之象。

六二不利妄動。

象曰：窺觀女貞，亦可醜也。

象辭說：窺視之仰觀利於女子貞正，亦是可以此爲醜的。

六三：觀我生，進退。

直解：觀視我之生民，知進知退。

下卦坤爲民眾。上卦巽爲進退。

象曰：觀我生，進退；未失道也。

象辭說：觀視我之生民，知進知退，是因爲六三未失去行動之正道。

六四：觀國之光，利用賓於王。

直解：觀視大國風光，利於以賓客薦之於君王。

下互卦坤爲邑國。上互卦艮爲光。

六四前行遇九五有利。九五爲君王，爲主人，六四爲臣爲賓。六四登堂入室，觀視大國風光，利於以賓薦主，展現才能。

象曰：觀國之光，尚賓也。

象辭說：觀視大國風光，是指六四之賓上進而臣服九五之王。

九五：觀我生，君子無咎。

直解：觀視我之生民，君子沒有咎害。

下互卦坤爲民眾，九五以天子之尊，觀察民情。上卦艮爲君子，爲賢人，九五得中得正，且與下卦六二正應，所以無咎。

象曰：觀我生，觀民也。

象辭說：觀視我之生民，即是觀察天下之人民。

上九：觀其生，君子無咎。

直解：觀視那些生民，君子沒有咎害。

上九爲宗廟，爲太上皇。上九在觀卦之終位，已是置身事外，所觀之生民，已經不是受他的統治。「觀其生」是要與「觀我生」做出區別。

艮爲君子。上九與六三陰陽相得有應，以旁觀者的姿態，冷靜觀察。所以無咎。

象曰：觀其生，志未平也。

象辭說：觀視那些生民，是因爲上九的心志不能與九五均平無二。

第21卦　噬嗑　離上震下

噬嗑：亨。利用獄。

直解：亨通，利於施用刑獄。

噬嗑，口中有物，噬而合之，噬合。

噬本義爲咬，嗑本義爲多言，轉借爲合。噬嗑簡單來說就是咬合。

噬嗑卦有頤卦之象。頤卦以初九上九兩陽爻包中間四個陰爻，而噬嗑卦與頤卦相比，只是頤卦的六四變爲九四陽爻的不同。所以從直觀生動的圖像上看，噬嗑卦是「口（*初九上九兩陽爻形成頤卦的口*）中有物（*九四陽爻爲物*）」。

噬嗑卦噬而合之，可以暢通其中不通的梗阻，有亨通之道。

上互卦坎爲律，有法律刑獄之象。

上卦離爲明，下卦震爲雷，爲威，明辨而有威力，有利斷獄之象。

用獄本身是不得已而爲之，所以不言元、也不言利貞，只是言亨。

《序卦》曰：可觀而後有所合，故受之以噬嗑；嗑者合也。

直解：觀卦以所成宏偉雄壯的偉業而壯觀可觀，政通人和，聲譽廣播，遠人來服，四方俱化，近者悅，遠者來，合會於此太平盛世，所以大有壯觀的觀卦之後接著是四方合會的噬嗑卦。嗑就是會合。

彖曰：頤中有物，曰噬嗑，噬嗑而亨。剛柔分，動而明，雷電合而章。柔得中而上行，雖不當位，利用獄也。

彖辭說：噬嗑卦的卦形如同頤卦之口中有物件（指九四），所以叫噬嗑，噬而合之所以亨通。陽剛和陰柔分判，行動而光明，雷（下卦震）電（上卦離）相合而成文采章理。陰柔得中位向上前行，雖然六五不當處正位，還是利於施用刑獄。

象曰：雷電噬嗑；先王以明罰勅法。

象辭說：下卦震爲雷，上卦離爲電，形成噬嗑卦之象，先王效法此一象徵，用以明示懲罰，修正法律（使世人知所畏懼而避免觸犯刑法）。

勅，同敕，這裏有整治、修正之意。

初九：屨校滅趾，無咎。

直解：木制之刑具施加在足上遮滅腳指，沒有咎害。

屨，本意爲鞋，此處用作動詞，指穿戴在腳上。

校，爲施加在腳上的木製刑具。

震爲木。震又爲足，此取屨校之象。初九在震足最下，有腳趾之象。

屨校之刑相對輕微，是用以懲戒較爲輕微的罪過，其用意是要勸人爲善，使其不至於犯下大錯，所以無咎。

初九、上九爲受刑之人，中間四爻則爲執掌刑法之人。

象曰：屨校滅趾，不行也。

象辭說：木製之刑具施加在足上遮滅腳指，是因爲初九不能前行。

六二：噬膚滅鼻，無咎。

直解：噬咬柔脆的膚肉，沒有咎害。

噬嗑卦爲頤中有物，因此二、三、四、五爻均以噬物取象。

膚，本意爲皮膚。此處意爲豬肉之柔脆者。朱熹解釋：「膚者，柔脆之物也」。

上互卦坎爲豕，取象爲膚。艮爲鼻，六二如艮鼻隱沒在膚肉之中。

六二柔順中正得位，所以無咎。

噬咬柔脆肥肉太過容易，六二用獄則易於用力過猛而深陷。

象曰：噬膚滅鼻，乘剛也。

象辭說：噬咬膚肉而深陷，是因爲六二乘凌初九之陽剛。

六三：噬臘肉，遇毒；小吝，無咎。

直解：噬咬臘肉，遇到肉之陳久肥厚者。小有吝處，沒有咎害。

臘肉，爲醃製後風乾或熏乾之肉。

六二爲膚，六三如膚下之肉。上卦離火，熏肉之象。

下卦震爲動，動而相遇。來知德認爲：「凡《易》中言遇者皆雷與火也」。上互卦坎爲毒（虞翻以坎爲毒。坎爲心病，爲耳痛，有疾病遇毒之象）。

毒，厚也。此處指陳久太肥厚味之肉。

六三陰柔失位處凶，噬咬臘肉遇到肉之陳久肥厚者，比之於治獄，猶如遇到累積多年的難斷案子，是有小吝。

但六三有應，且前行又遇九四有助，所以最後無咎。

象曰：遇毒，位不當也。

象辭說：遇到肉之陳久肥厚者，是因為六三位置不當。

九四：噬乾肺，得金矢，利艱貞，吉。

直解：噬咬乾肉中有骨者，得到金製箭矢，利於艱難守正，吉祥。

乾肉為肉脯，比臘肉的水分更少。乾肉中有骨者為乾肺。

上卦離為乾（幹）卦。九四陽爻在上下之陰爻之中，有肉中骨頭之象。

上互卦坎為弓，有矢之象。上卦離為戈兵，有金屬之象。

九四處多懼之位，失位不中，用刑法治獄甚有為不利的因素，骨頭難啃。

象曰：利艱貞吉，未光也。

象辭說：利於艱難守正得吉，是因為九四未能發揮其光明。

六五：噬乾肉，得黃金，貞厲，無咎。

直解：噬咬乾肉，得到黃金，固守不變，有所危厲，沒有咎害。

六五陰虛無骨在上卦離火中，故云乾肉。

離為黃離，為戈兵取金之象。

六五之斷獄用刑，利於六二之噬膚，難於九四之噬乾胏。六五不當位，固守不動，仍然有所危厲。但六五得中柔順慎敬，最終無咎。

象曰：貞厲無咎，得當也。

象辭說：固守不變有厲而能無咎，是因為六五不失其中，所得為當。

上九：何校滅耳，凶。

直解：頭部荷負木製刑具遮滅了耳朵，兇險。

離為槁木（為科上槁），是木製刑具之象。

何，擔也。

上九在上比之於人體為頭部。上卦離伏坎，坎為耳，坎不見，故曰滅耳。

上九是為懲戒大惡。上九極惡不改，凶莫大蔫。

象曰：何校滅耳，聰不明也。

象辭說：頭部荷負木製刑具遮滅了耳朵，是因為上九聽之不明。

第22卦 賁　艮上離下

賁：亨。小利有所往。

直解：亨通。小者利於有所前往。

賁，賁飾。文飾。

賁卦下卦離為日，上卦艮為石。日代表天文，石代表地文。天文地文上下輝映，是文飾之象。

《爾雅・釋魚》解釋：「龜之三足者名賁」。賁卦下卦離為龜，離之先天八卦數為三。

賁飾自有其亨通之道。上卦艮為少男，有小之象。

賁卦以陰陽之爻相錯為文飾，六爻中只有初九與六四相應。初九為小者。

《序卦》曰：物不可以苟合而已，故受之以賁；賁者飾也。

直解：事物不可以草率苟且遇合從事，而應該加以盛裝的修飾，大昌文明之德，所以噬嗑卦之後，接著是文飾斐然的賁卦。

彖曰：賁，亨，柔來而文剛，故亨。分剛上而文柔，故小利有攸往。天文也；文明以止，人文也。觀乎天文，以察時變；觀乎人文，以化成天下。

直解：賁飾，亨通，陰柔前來文飾陽剛，所以亨通。分割陽剛向上文飾陰柔，所以小者利於有所前往。這是天文之象。文明而止，這是人文之象。觀看天文，用以細察四時的變化，觀看人文，

用以教化育成天下（之人民）。

象曰：山下有火，賁；君子以明庶政，無敢折獄。

象辭說：高山下面有離火，形成賁卦之象；君子效法此一象徵，明察繁庶之政事，不敢輕易折案斷獄。

初九：賁其趾，舍車而徒。

直解：賁飾其足趾，捨去車子不乘坐，徒步而行。

上互卦震為足，初九在下，足趾之象。

下互卦坎為多眚之輿，捨車之象。

初九得位而與六四成正應，初九不願被六二陰柔所乘，故舍六二之坎車，而應六四之震足。

象曰：舍車而徒，義弗乘也。

象辭說：捨去車子徒步而行，因為從義理上來說是不應乘坐。

六二：賁其須。

直解：賁飾其鬍鬚。

九三到上九有縮小的頤卦之象。二在頤下，陰爻兩畫，形象如八字鬍。

象曰：賁其須，與上興也。

象辭說：賁飾其鬍鬚，是因為上承九三與之陰陽有感興。

九三：賁如，濡如，永貞吉。

直解：賁飾的樣子，濡濕滋潤的樣子，永遠貞正得吉。

下互卦坎水有濡如之象。

九三得位，而與上九無應，坎陷於群陰之中，不可輕舉妄動。

象曰：永貞之吉，終莫之陵也。

象辭說：永遠貞正得吉，是因為九三最終不陷於坎陷凌辱。

六四：賁如，皤如，白馬翰如，匪寇婚媾。

直解：賁飾的樣子，素白的樣子，白馬疾行如飛，並非為寇，而是婚媾。

皤，白色。上互卦震為舁足（白足），為的顙（白額），白馬之象。

翰，天雞，也叫錦雞或山雞。

下卦離為雉，翰之象。

下互卦坎為盜寇。六四與初九陰陽相應，並非為寇，是婚媾之象。

象曰：六四，當位疑也。匪寇婚媾，終無尤也。

象辭說：六四當位但心有疑懼。並非為寇而是婚媾，是指最終沒有過尤。

六五：賁於丘園，束帛戔戔，吝，終吉。

直解：賁飾在山丘園林，一束絲帛稀稀稀疏，有所咎害，最終有吉。

上卦艮為山，取象為丘。艮又為果蓏，取象為園。

六五爻動變上卦艮變為巽，巽為繩直，繩如絲線，舊解巽為帛。

戔戔，稀少之貌。六五陰虛不富，巽為隕落，戔戔之象。

六五賁飾簡陋，因此有吝。但賁飾之終極意義並不崇尚奢繁，所以終吉。

象曰：六五之吉，有喜也。

象辭說：六五的吉祥，是因為有可喜悅之象。

上九：白賁，無咎。

直解：素白之賁飾，沒有咎害。

上九處終極之位，賁飾過度，則會返樸歸真，最後以素白為賁飾，棄文還質無咎。

象曰：白賁無咎，上得志也。

象辭說：素白之賁飾，沒有咎害，是因為上九得償其棄文還質的心志。

第23卦 剝　艮上坤下

剝：不利有攸往。

直解：不利有所前往。

剝，剝落。

剝卦是十二消息卦，時在九月。一陽在上，五陰在下，陰氣漸盛，萬物凋零，碩果僅存的一陽勢必要被剝落。

剝，陰息陽消，小人道長，君子道滅。易爲君子謀，不爲小人謀，因此對占者而言，不利於前往。

《序卦》曰：致飾然後亨，則盡矣，故受之以剝；剝者剝也。

直解：賁卦文飾到了極致之時大爲亨通，但極飾反素而窮盡剝落，所以在文飾斐然的賁卦的之後，接著是文飾剝落的剝卦。

彖曰：剝，剝也，柔變剛也。不利有攸往，小人長也。順而止之，觀象也。君子尚消息盈虛，天行也。

彖詞說：剝，指剝落，陰柔改變了陽剛。不利有所前往，是因爲小人之道增長。順隨而停止，這是觀察剝卦之象可以知道的。君子崇尚消與息，盈與虛的陰陽變化的正道，這是遵守天道自然運行的規律。

象曰：山附地上，剝；上以厚下，安宅。

象辭說：山附著在土地之上，形成剝卦之象；君上效法此一象徵，厚待其下屬，包人容物，安寧其居宅之所。

初六：剝床以足，蔑，貞凶。

直解：剝落寢床，始剝從足，床足將滅，固守不變有凶。

剝卦上九一陽在上五陰在下，象形為一張床。上九為床面，五陰爻為床足。所以爻辭以床取象。

初爻在下，本有足象。

蔑，同滅。

剝卦由上而下，漸次滅去陽剛之氣。初六失位無應而固守不變有凶。

象曰：剝床以足，以滅下也。

象辭說：剝落寢床始剝從足，是因為初六將陽氣從下消滅。

六二：剝床以辨，蔑，貞凶。

直解：剝落寢床，剝到床身，床身將滅，固守不變有凶。

辨，指床之軀幹。床足之上，床身之下，分辨之處。

六二繼續由下而上剝落陽氣，無應，前行遇六三為敵有凶。

象曰：剝床以辨，未有與也。

象辭說：剝落寢床剝到床身，是因為六二與上下均不能相與。

六三：剝，無咎。

直解：剝落，沒有咎害。

六三雖然繼續剝落陽氣，獨與上九相應，因此無咎。

象曰：剝之無咎，失上下也。

象辭說：剝落無咎，是因為六三失應上下陰爻（獨應上九）。

六四：剝床以膚，凶。

直解：剝落寢床，剝到床面，有凶。

膚，在這裏指床面。六四爻動變上互卦坤變為坎。坎為膚。

床為人之居所，床面剝落，將危及其人之身，所以有凶。

象曰：剝床以膚，切近災也。

象辭說：剝落寢床剝，是因為六四非常接近災禍。

六五：貫魚以宮人寵，無不利。

直解：有序排列如貫串之魚的宮人受寵於君主，沒有不利。

貫魚，用繩子將魚貫穿排列。

六五爻動變上卦艮變為巽。虞翻八卦逸象解巽為魚（《論衡》：「魚，木精」，所以虞氏以巽木為魚）。巽又為繩直。

魚為陰物。剝卦下五爻皆為陰如貫魚。

上卦艮為宮室，取宮人之象。

六五及下五爻皆為陰貫連上承上九，有受寵於上九之象。

象曰：以宮人寵，終無尤也。

象辭說：六五以宮人得寵，是因爲最終沒有過尤。

上九：碩果不食，君子得輿，小人剝廬。

直解：碩大果實不食用，君子得到車輿，小人剝落廬舍。

上卦艮爲果蓏。陽爻爲碩大。

艮伏兌，兌爲口食，兌不見　，爲不食。

上九爻動變上卦艮變坤，坤爲大輿。

艮爲宮室房屋之象。五陰剝陽，象形如小人剝廬。

象曰：君子得輿，民所載也。小人剝廬，終不可用也。

象辭說：君子得到車輿，是因爲大輿可以承載眾民。小人剝落廬舍，小人最終不可爲君子所用。

第24卦 復　艮上離下

復：亨。出入無疾，朋來無咎。反覆其道，七日來復，利有攸往。

直解：亨通，外出內入沒有疾病，朋友前來沒有咎害。返回恢復的正道，七日又回復，利於有所前往。

復，回復。

復卦一陽來復，陽氣由下而上，亨通無阻。

下卦震動為出。震伏巽為入。

一陽來復是陽氣初生，有屯難疾病之象。但五陰爻牽連為朋由外來內應初九有利，故無疾無咎。

下卦震為大塗為道。

一陽來復，由下而上經過六次爻位的變化，第七次重新回復到初爻。

復卦陽息陰消，前往有利。

《序卦》曰：物不可以終盡，剝窮上反下，故受之以復。

直解：事物不可以永遠剝落窮盡，物極必反，剝卦窮盡於上之後，回反於下，所以剝卦之後，接著是一陽來復的復卦。

　　象曰：復，亨；剛反。動而以順行，是以出入無疾，朋來無咎。反覆其道，七日來復，天行也。利有攸往，剛長也。復其見天地之心乎？

　　彖詞說：復卦之亨通，是因為當陽剛回返，行動可以順利而行，所以是外出內入沒有疾病，朋友前來沒有咎害。返回恢復的正道，七日又回復，這是天道自然運行的規律。利於有所前往，是因為陽剛之氣漸次生長。復卦大概體現了天地運行之本心吧？

　　象曰：雷在地中，復；先王以至日閉關，商旅不行，後不省方。

　　象辭說：雷藏在地中，形成復卦之象。先王效法此一象徵，在冬至之日關閉關卡，商人旅客也不在此時行動，君王在這時也不外出巡察四方。

　　初九：不遠復，無祗悔，元吉。

　　直解：不遠的回復，沒有大的悔過，始即大吉。

　　祗，大也。

　　初九在初位，位置不遠。不遠之復，是能速復，純陽之初，所以元吉。

　　象曰：不遠之復，以修身也。

　　象辭說：不遠的回復，是告誡占者應修身立德。

六二：休復，吉。

直解：休整的回復，吉祥。

六二得中得位有貞靜自處的休息之象。

象曰：休復之吉，以下仁也。

象辭說：休整回復的吉祥，是因爲六二向下親近有仁德的初九。

六三：頻復，厲無咎。

直解：頻繁的回復，危厲但沒有咎害。

下卦震本身是一縮小之復卦之象，複之又複，所以爲頻繁之複。

六三處多凶之位，失位不中，與上不應，有危厲之象。但六三迷途知返，所以無咎。

象曰：頻復之厲，義無咎也。

象辭說：頻繁回復的危厲，在義理上來說是沒有咎害的。

六四：中行獨復。

直解：持中而行，獨自回復。

六四處於下面兩陰爻和上面兩陰爻之中，是唯一與初九相正應的一爻，位置獨特。

象曰：中行獨複，以從道也。

象辭說：持中而行獨自回復，是因爲六四順從初九之正道。

六五：敦復，無悔。

直解：敦厚的回復，沒有悔吝。

上卦坤爲厚。六五失位無應本應有悔。但六五得中處尊厚德載物，所以無悔。

象曰：敦復無悔，中以自考也。

象辭說：敦厚的回復沒有悔吝，是因爲六五得中能夠反省自考。

上六：迷復，凶，有災眚。用行師，終有大敗，以其國君，凶；至於十年，不克征。

直解：迷失的回復，有災害禍眚。興行師眾用兵，最終會有大的失敗，累及其國君，有凶。以至於十年的時間，都不能征行。

坤「其於地也爲黑」，所以《荀九家易》之逸象解坤爲「迷」。

上六處終位，復道本有窮盡迷失之虞，又與下無應，明顯有兇險和災眚。

上卦坤爲民眾有師之象。坤土有國之象。坤伏乾，乾爲君。

上六迷失複道而妄用行師，當然有兇險。坤土之成數爲十。取象爲十年。

象曰：迷復之凶，反君道也。

象辭說：迷失回復的兇險，因爲上六違反了國君之正道。

第25卦 無妄 乾上震下

無妄：元，亨，利，貞。其匪正有眚，不利有攸往。

直解：元始，亨通，有利。正固。不守正道就會有災眚，不利有所前往

無妄，不妄行，至誠而不妄作。

上卦乾天，下卦震雷，天雷滾滾，警示妄行之惡人。

上卦乾本有元亨貞利四德，下卦震又爲春日卦，所以元亨。

無妄必須持正。所以利貞。

無妄之六二、九五均得中得正，爲不亂之象，但如果不守正道，則會有亂象。

《序卦》曰：復則不妄矣，故受之以無妄。

直解：事物回復到正常的軌道，大道至誠不妄，所以在復卦之後，接著是不會出亂的無妄卦。

彖曰：無妄，剛自外來，而爲主於內。動而健，剛中而應，大亨以正，天之命也。其匪正有眚，不利有攸往。無妄之往，何之矣？天命不佑，行矣哉？

彖詞說：無妄卦，陽剛自外而來，爲主於內。行動又剛健，陽剛得中與陰柔有相應，大爲亨通用行正道，這是天之所命。但如果不守正道則會有災眚，而不利有所前往。不妄作的前往，要去何處？如果天命不會佑助，前行是可能的嗎？

象曰：天下雷行，物與無妄；先王以茂對時，育萬物。

象辭說：天下面有震雷運行，萬物皆由此不妄作，古時的君王效法此一象徵，勤勉努力，對應天時而行動，育成天下萬物。

初九：無妄，往吉。

直解：不妄作，前往得吉。

下卦震為足，為往。

初九得位，前行遇六二六三有利得吉。

象曰：無妄之往，得志也。

象辭說：不妄作的前往，是因為能夠得償初九的心志。

六二：不耕獲，不菑畬，則利有攸往。

直解：不進行耕種獲取之事，不進行開荒育田之事，那麼就利於有所前往舉。

菑，為第一年開墾之田，指初耕的田地。

畬，為耕作三年之田。

下卦震為稼。下互卦艮為手，收穫之象。

二位取象為田。參考乾卦九二見龍在田。

六二得中得位，沒有求功謀利之心，處無為之事，行不言之教，利於前往。

象曰：不耕獲，未富也。

象辭說：不進行耕種獲取之事，是因為六二未到致富的時位。

六三：無妄之災，或繫之牛，行人之得，邑人之災。

直解：沒有妄作妄行而得到的意外災禍，或是牽繫之於牛，行道之人順手牽去得到，這是邑人的災禍。

六三爻動下卦震變爲離。離爲牝牛（離卦卦辭：畜牝牛吉）。上互卦巽爲繩直，下互卦艮爲手。

下卦震爲行。六三爲人位。上互卦巽爲得利。

上卦乾伏坤，坤爲邑。六三本處多凶之位，又不中，失位，所以有無妄之災。

象曰：行人得牛，邑人災也。

象辭說：行道之人順手牽得其牛，這就是邑人的災禍。

九四：可貞，無咎。

直解：可以貞正自守，沒有咎害。

九四失位不中無應，前行遇九五同性爲敵不利，本應有咎，但處多懼之位，有減損鋒芒、警懼自省、收斂貞靜之象，不妄作則無咎。

象曰：可貞無咎，固有之也。

象辭說：可以貞正自守沒有咎害，是因爲九四本來就有貞靜不妄動之內涵。

九五：無妄之疾，勿藥有喜。

直解：不妄作而得到的意外疾病，不需要服藥就可痊癒自是有

所喜慶。

九五爻動變上互卦巽變爲坎，坎爲心之疾病。

坎又爲毒，爲毒藥。坎不見，所以勿藥。

下卦震爲笑。九五得中得位有應，應有此喜。

象曰：無妄之藥，不可試也。

象辭說：不妄作而得到的疾病不需要服藥，是說其藥以不可輕率嘗試。

上九：無妄，行有眚，無攸利。

直解：不妄作，前行有災眚，無有所利。

上九失位，處無妄之終位，窮極悔吝之象，其道已窮故凶。

象曰：無妄之行，窮之災也。

象辭說：不妄作的前行，是說上九其道已窮盡而成災禍。

第26卦 大畜

艮上乾下

大畜：利貞，不家食吉，利涉大川。

直解：利於貞固，不吃家中之食無有吉，利於涉渡大川。

大畜，大的止蓄。

大畜卦六五柔居尊位下比六四，二陰共同蓄養其他四陽爻，陰爲小，陽爲大，所蓄者大，因此是大畜。

大畜卦雖然是大有蓄止，但蓄極而能通，所以利涉大川。

上卦艮爲宮室，下卦乾爲金玉，是富有大蓄之象。

止蓄以靜爲宜，首言利貞。蓄積是一個積累的過程，並非一開始就有此大畜，所以不言元亨。

上卦艮爲門闕，取家之象。

大畜卦有變形的頤卦之象，下互卦兌又爲口，兌口在外，所以不家食。換言之是吃朝廷的俸祿。言下之意是賢人得其所養，不是被閒置在家故吉。

下卦乾爲健行，上互卦震木爲舟，利於涉渡下互卦兌澤之大川。

《序卦》曰：有無妄然後可畜，故受之以大畜。

直解：因不妄而得到不會出亂的無妄，則是可以順應大道，止蓄天德，所蓄豐富，蓄者爲大，所以在無妄卦之後，接著是大畜卦。

彖曰：大畜，剛健篤實輝光，日新其德，剛上而尙賢。能止健，大正也。不家食吉，養賢也。利涉大川，應乎天也。

彖詞說：大畜卦，下卦陽剛強健上卦敦篤厚實輝映光明，每日更新提高其道德，陽剛向上推尙賢人。能夠健行而知止，這是極大的正道。賢人不在家中自食爲吉，這是指賢人得其所養。利於涉渡大川，是因爲行動順應了天道。

象曰：天在山中，大畜；君子以多識前言往行，以畜其德。

象辭說：天蓄藏在高山之中，形成大畜的卦象；君子效法此一象徵，多記識先聖前賢的言語和事蹟，以畜積自身的德性。

初九：有厲利已。

直解：有所危厲，利於停止。

初九雖然得位有應，但前行遇同性爲敵不利。

初九處柔弱之位難有作爲，應該知止蓄之義，不能妄行。已，停止。

象曰：有厲利已，不犯災也。

象辭說：有所危厲利於停止，是因爲初九適時知止而不會去觸犯災禍。

九二：輿説輹。

直解：車輿脫落了車輪的輻條。

同小畜卦九三爻辭不釋。

九二失位，上行遇同性爲敵不利。

象曰：輿說輹，中無尤也。

象辭說：車輿脫落了輻條，但九二得中可以免有尤過。

九三：良馬逐，利艱貞。日閑輿衛，利有攸往。

直解：良馬相互追逐，利於艱難貞正。每日嫻習車輿防衛之事，利於有所前往。

乾爲馬，上互卦震也爲馬。是良馬相逐。

三爻本爲凶位爲艱。九三得位，利於知止守正。

閑，這裏借爲嫻熟，嫻習。乾爲圓爲車輪。

衛，車名。來知德解釋：「《考工記》：車有六等，……皆衛名」。

象曰：利有攸往，上合志也。

象辭說：九三利於有所前往，是因爲九三向上應和合六四、六五二陰爻的心志。

六四：童牛之牿，元吉。

直解：綁在小牛角上使其不能觸人的牿木，始即大吉。

大畜卦有大離之象，離爲牝牛。上卦艮爲少男爲童。

牿，轉借爲梏字，指綁在牛角上使其不能觸人的橫木。下互卦兌爲羊，六四在兌最上，有角象。上互卦震爲木。

六四得位有吉。

象曰：六四元吉，有喜也。

象辭說：六四始即大吉，是因為有喜慶之象。

六五：豶豕之牙，吉。

直解：去勢的公豬的牙，吉祥。

豶，指去勢閹割的公豬。公豬獠牙兇猛，閹割之後其獠牙不能長成，不會傷人。

大離之象伏坎，坎為豕。坎不見，有豶豕不能傷人之象。

六五得中有應前行有利，所以稱吉。

象曰：六五之吉，有慶也。

象辭說：「六五之吉」，是因為六五之位有吉慶之象。

上九：何天之衢，亨。

直解：承擔天道的通衢，亨通。

何，荷負，承擔。衢，四通八達的道路。

上卦艮為背（艮卦卦辭：「艮其背」），有以背負荷之象。艮又為天。上互卦震為大途為通衢。

上九當大畜卦之終位，止蓄已到極致，大蓄之道已成，可以應天承命，大有作為。

象曰：何天之衢，道大行也。

象辭說：承擔天道的通衢，是說上九所代表的天道大為通行。

第27卦 頤　艮上震下

頤：貞吉。觀頤，自求口實。

直解：貞正得吉。觀視頤養，自己謀求口中之食物。

頤，爲頤養。本義爲下巴。

頤卦卦形如人張開的嘴巴，露出上下兩排牙齒。

上卦艮爲止，下卦震爲動，動於下，止於上，咀物之象。

頤養之道，貴在守正，不可流於貪婪邪淫，所以貞吉。

頤卦有大離之象。離爲目，所以觀。

上下互卦爲坤，上卦爲艮，虞翻逸象中解坤爲自（**坤爲腹，所以坤可爲自身**），艮爲求（**以手求之**）。

自求口實意爲自食其力。

《序卦》曰：物畜然後可養，故受之以頤；頤者養也。

直解：事物大爲蓄積的富有和富足，正可以利養天下，所以在大畜卦之後，接著是頤養萬物的頤卦。頤就是頤養。

彖曰：頤貞吉，養正則吉也。觀頤，觀其所養也；自求口實，觀其自養也。天地養萬物，聖人養賢，以及萬民；頤之時大矣哉！

彖詞說：頤養貞正得吉，是因爲頤養以正道就能得吉。觀視頤養，是指初九與上九上下兩陽爻觀察中間所頤養的四陰爻。自求口中之食物，是指中間四陰爻觀察其其自養之道是否合於正道。天地

頤養萬物，聖人頤養賢臣，連同頤養萬民。頤卦因時而用的意義是如此宏大啊！

象曰：山下有雷，頤；君子以慎言語，節飲食。

象辭說：高山下面有震雷，形成頤卦之象；君子效法此一象徵，謹慎言語，節制飲食。

初九：舍爾靈龜，觀我朵頤，凶。

直解：舍去卜筮的靈驗之龜不用，而去觀看我（吃東西時）下巴之腮動，凶險。

上卦艮為止，止舍之象。頤卦有大離之象，離為龜。

離為目，為觀。朵，這裏是動的意思。下卦震為動為蕃鮮，隱含花朵之象。

我，指初九；爾，指六四。

靈龜比喻為智慧，朵頤比喻為欲望。

初九頤養之初，不知持守智慧之道，而專注於口實之欲，當然凶險。

象曰：觀我朵頤，亦不足貴也。

象辭說：觀看我的下巴之腮動，所以是不足為尊貴。

六二：顛頤，拂經，於丘頤，征凶。

爻辭直解就是：顛倒之頤養，違背正經常道之頤養，所求在遙遠之外的山丘之頤養，征行有凶。

拂，為違背、違反。

經，爲經常、正常。指常道。

顚，拂，征，都是從下卦震動不已取象。震卦與艮卦，卦形顚倒。

上卦艮爲山丘。指外卦上九之陽。

六二得位得中本來有吉，但六二不能自養，要受其初九、上九之養，爲違背常理之事。

六二上行遇同性爲敵有凶。

象曰：六二征凶，行失類也。

象辭說：六二出征有凶，是因爲前行失去同類之應。

六三：拂頤，貞凶，十年勿用，無攸利。

直解：違背正常之頤養，貞固不變有凶，十年不要作爲，無所有利。

六三處多凶之位，失位不中，雖有貞靜之象，但不知變通而有凶。

上互卦坤，坤之成數爲十。

六三前行失類無功，難成大用。

象曰：十年勿用，道大悖也。

象辭說：十年不要作爲，是因爲六三大大違背了頤養之正道。

六四：顚頤，吉，虎視眈眈，其欲逐逐，無咎。

直解：顚倒之頤養，吉祥，如猛虎瞪目視之又視，其追獲欲念逐之又逐，沒有咎害。

六四得位有應，能得初九陽剛之養，因此得吉。

上卦艮，《荀九家易》之逸象艮爲虎。指上九。

眈，眼睛注視之貌。取大離之象。

逐，追趕。下卦震爲動，追逐之象。

六四得位有懼，所以無咎。

象曰：顛頤之吉，上施光也。

象辭說：顛倒頤養的吉祥，是因爲六四得到了上九給他施加的光澤。

六五：拂經，居貞吉，不可涉大川。

直解：違背正經常道，居處貞正得吉，不可以渡涉大川。

震卦與艮卦互覆，六五與六二位置對應，爻象顛倒。

六五得中，居處其陰柔之貞靜，可以得到上九的幫助。

六五爻動變上卦艮變爲巽，巽木本有成舟渡河之象，但巽不見，又被艮止，仍是不宜涉險。

象曰：居貞之吉，順以從上也。

象辭說：六五居處貞正之吉，是因爲六五柔順隨從上九。

上九：由頤，厲吉，利涉大川。

直解：順由之頤養，雖有危厲，有吉，利於涉渡大川。

由，自也，從也。下面四陰爻爲上九頤養之由來。

上九居於終極之位，頤養之道已窮，因此危厲。

上九位高任重，頤養下面四陰爻，雖有危厲，但能承負。所以

還是能得吉。

四陰爻在下承應上九，陰陽孚信，感應得通，所以利涉大川。

象曰：由頤厲吉，大有慶也。

象辭說：順由之頤養雖有危厲還吉，是因為上九有大的喜慶。

第28卦 大過　兌上巽下

大過：棟橈，利有攸往，亨。

直解：屋脊之橫樑彎曲，利於有所前往，亨通。

大過，大動過甚。

大過卦中間四爻爲陽，九三、九四失中爲過，四陽爻爲大，陽氣聚積，居中過盛，是爲大過。

上兌爲澤，下巽爲木，是澤水淹沒滅樹木之象，所以大過卦漢易有棺槨卦和死卦的說法。

棟爲屋脊之橫樑。木頭彎曲稱橈。

下卦巽爲木，中間四陽爻堅實，有橫樑之象。

大過卦有大坎之象，坎爲矯輮。上下二陰爻不能勝任橫樑之用。綜合取象爲棟橈。

大過卦能過所以利往而亨。

《序卦曰》：不養則不可動，故受之以大過。

直解：事物不能充分頤養使生命能量充足則是不可得以行動，所以在頤卦之後，接著是大動過甚的大過卦。

象曰：大過，大者過也。棟橈，本末弱也。剛過而中，巽而說行，利有攸往，乃亨。大過之時大矣哉！

彖詞說：大過，是指大者過甚。棟橈，是指初六之本上六之末爲柔弱。陽剛過盛而居中，巽順而和悅前行，利於有所前往，所以

亨通。大過卦的因時而用的道理真是偉大啊！

象曰：澤滅木，大過；君子以獨立不懼，遯世無悶。

象辭說：澤水淹沒遮滅了樹木，形成大過之卦象；君子效法此一象徵，獨行特立而沒有畏懼，隱遁世間而並不感到煩悶。

初六：藉用白茅，無咎。

直解：用白色茅草作爲鋪墊（以示進獻給尊者物品的肅恭慎重態度），沒有咎害。

下卦巽爲白，爲木。

初六失位本有咎害，但有應，以陰承陽，所以無咎。

象曰：藉用白茅，柔在下也。

象辭說：用白色茅草作爲鋪墊，是因爲初六陰柔在下位。

九二：枯楊生稊，老夫得其女妻，無不利。

直解：枯萎的楊樹生出新枝，老夫得到少女爲妻，沒有不利。

稊，草木初生貌。

下卦巽在《荀九家易》之逸象中爲楊。上卦兌爲毀折爲秋日，枯木之象。

九二下有初六之陰相濟，下卦巽伏震，震爲反生，爲蕃鮮，所以九二老樹發新芽。

下互卦爲乾，乾爲人，爲老。

九二陽剛爲老夫，初六陰柔初成如少女，陰陽相濟有利。

象曰：老夫女妻，過以相與也。

象辭說： 老夫得到少女爲妻，是因爲九二雖然過甚但能與初六親近相與。

九三：棟橈，凶。

直解：屋脊之橫樑彎曲，兇險。

解釋如卦辭。九三在六爻中間位置，取棟之象。

九三本爲凶位，不中，陽氣過甚，所以有凶。

象曰：棟橈之凶，不可以有輔也。

象辭說：屋脊橫樑彎曲之兇險，是因爲九三不可以得到輔助。

九四：棟隆，吉；有它吝。

直解：屋脊橫樑隆起，吉祥；有另外意想不到的吝害。

下卦巽爲高。九四陽處陰位，陽氣有所抑制，所以能吉。

九四與初六相應，但其中有九二阻隔，有另外意想不到的吝。

象曰：棟隆之吉，不橈乎下也。

象辭說：九四棟隆之吉，是它不因爲下應初六而使其棟樑之木彎曲。

九五：枯楊生華，老婦得其士夫，無咎無譽。

直解：枯萎的楊樹生出花朵，老婦得到士夫爲婚配，沒有咎害，無有美譽。

枯楊，解釋如前。

華，這裏同花。九五爻動上卦兌變爲震，震爲專（花朵）。

上六在上爲老，爲老婦，九五在下年輕一些爲士夫。。

九五上行遇上六陰陽相得，所以老婦得其士夫。

九五中正得位，本應有功，但被上六乘凌，因此將功抵過。

象曰：枯楊生華，何可久也。老婦士夫，亦可醜也。

象辭說：枯楊生出花朵，怎麼可以長久呢？老婦士夫的婚姻，也是可以羞恥的。

上六：過涉滅頂，凶，無咎。

直解：過度的涉渡淹滅頭頂，兇險，沒有咎害。

上六爲終極位置，取象爲頂。

上卦兌爲澤水。

上六窮極思變，知機知變，所以凶而無咎。

象曰：過涉之凶，不可咎也。

象辭說：雖然上六有過度涉渡的兇險，但不可以加之以咎害。

第29卦 坎　坎上坎下

坎：習坎，有孚，維心亨，行有尚。

直解：重疊之坎陷，有所孚信，維繫於心而亨通，前行有所賞尚。

坎，坎陷。

坎卦三爻卦是一陽爻陷於二陰爻之中，坎陷之象。

大過卦有大坎之象，頤卦有大離之象，所以上經在頤、大過之後，以坎離二卦收尾。

習，本意為小鳥反覆學習飛翔，引申有重疊之意。

坎為孚，為心。

上互卦艮為手，下互卦震伏巽，巽為繩直，以手執繩維繫之象。下互卦震為行。

九二、九五上下陰陽感應遇合而亨通，有所賞尚。

《序卦》曰：物不可以終過，故受之以坎；坎者陷也。

直解：事物的前進發展充滿辯證的邏輯，所謂過猶不及，不可以永遠大有過越，終將會面臨陷落的危險，所以在大過卦之後，接著是險難來臨的坎卦。坎就是坎陷。

彖曰：習坎，重險也。水流而不盈，行險而不失其信。維心亨，乃以剛中也。行有尚，往有功也。天險不可升也，地險山川丘陵也，王公設險以守其國，坎之時用大矣哉！

彖詞說：習坎，是重疊之坎險。水流動而不滿盈，行走在坎險之中而不喪失其誠信。維繫的誠心亨通，是因爲九二、九五陽剛得中。前行能夠得到獎賞，前往有所建功。天生之險不可以上升渡過，地上之險是指山川丘陵。王公據其形勝，修築城池，設置險要，用以守衛自己的國土社稷。坎卦的時用之道理真是偉大啊！

象曰：水洊至，習坎；君子以常德行，習教事。

象辭說：水再次到來，形成重疊的習坎之象；君子效法此一象徵，恒常其德行，進行教習百姓之事。

洊，再，屢次。

初六：習坎，入於坎窞，凶。

直解：重疊之坎險，進入了坎險中之坑陷，兇險。

下坎上坎相重爲習。窞，陷中之陷，坑中之坑。

初六失位無應，入處重坎，難以脫身，因此爲凶。

象曰：習坎入坎，失道凶也。

象辭說：習坎進入坎險之中，因爲喪失正道而有兇險。

九二：坎有險，求小得。

直解：坎陷有危險，求得小利。

九二雖然得中可行，當坎險之時，有利也是小得。

象曰：求小得，未出中也。

象辭說：九二求得小利，是因爲還未從中位中走出坎險。

六三：來之坎坎，險且枕，入於坎窞，勿用。

直解：前來的坎中之坎，坎險暫且被枕阻，進入了坎險中之坑陷，不要作為。

內外卦均為坎，坎坎如乾卦九三乾乾。

枕，這裏有阻礙停止之意。上互卦艮為止。坎中之坎為窞。

六三雖然在下卦坎之終，但並沒有徹底脫離坎險，無可施為。

象曰：來之坎坎，終無功也。

象辭說：前來的坎中之坎，最終不會成功。

六四：樽酒，簋貳，用缶，納約自牖，終無咎。

直解：一樽之酒，兩簋之食，用瓦缶奏出簡單的音樂。將向神許願盟誓的契約從窗戶中納接進去，最終可以沒有咎害。

樽，古時盛酒的器具。

簋，是祭祀盛裝祭品用的竹器，下卦震為竹，取象為簋。

缶，盛酒水的瓦器，也可在祭祀時用作樂器。

九二到九五為大離象，離火坎水為酒。離中虛，取象為樽，缶。

貳，此處同二。

牖，為牆上之洞，窗戶。取象下互卦震為木，上互卦艮為門闕。

下互卦震為言，震為長子主祭祀，合之有祭祀之時以言盟約之象。

六四得位，承陽有利。祭祀神靈之物菲薄簡約，但其心意誠摯懇切。所以終無咎。

象曰：樽酒簋貳，剛柔際也。

象辭說：「樽酒簋貳」無咎，是因為六四是處在剛柔的分際。

九五：坎不盈，祗既平，無咎。

直解：坎水還沒有滿盈，但水面與水中的小洲已經持平，沒有咎害。

祗，敬也。這裏借為坻，水中小洲。

九五陽實有水中小洲之象。九五得中得正，即將出坎險登上小洲而得平安。

象曰：坎不盈，中未大也。

象辭說：坎水還沒有滿盈，是因為九五剛中之德還沒有光大。

上六：繫用徽纆，置於叢棘，三歲不得，凶。

直解：用繩索捆綁，放置囚禁於叢棘，三年都不能脫離，兇險。

繫，指用繩索捆綁。

徽纆指繩索。上六爻動變上卦坎變為巽，巽為繩直。《荀九家易》坎之逸象為叢棘。

坎伏離，離的先天八卦數為三。

上六陰柔無應居於極險之位，以陰乘陽，所以有凶。

象曰：上六失道，凶三歲也。

象辭說：上六失去正道，其凶有三歲之久。

第30卦 離　離上離下

離：利貞，亨。畜牝牛，吉。

直解：利於貞正，亨通。蓄養母牛，吉祥。

離，附麗。離本義是鳥名，即黃鸝。轉借爲麗字。

麗鹿成對，並駕。離卦的卦形兩陽爻包一陰爻，有雙鹿成對並駕之象。雙鹿並駕相互依附，傳而成附麗、附著之意。

離卦中虛得坤卦之體，因此利貞。

離卦六二、六五上下皆是陽爻，陰陽感應遇合，因此爲亨。

坤爲牛，離體坤，也爲牝牛。

三爻之離卦，本身像一縮小的頤卦，畜養之象。

畜養牝牛得吉，象徵蓄養柔順的美德得吉。

《序卦》曰：陷必有所麗，故受之以離；離者麗也。

直解：坎卦之陷落險難，需要對外有所附麗，才可順利脫險，所以坎卦之後，接著是離卦。離就是附麗。

《周易》上經以乾坤開始，坎離結束。

彖曰：離，麗也；日月麗乎天，百穀草木麗乎土。重明以麗乎正，乃化成天下。柔麗乎中正，故亨；是以畜牝牛吉也。

彖詞說：離卦，有附麗之象。日月附麗於上天，百穀草木附麗於土地。重疊之明附麗於正道，由此感化而成天下之萬事萬物。柔順的美德附麗於中正之道，所以能夠亨通。所以畜養牝牛得吉。

象曰：明兩作，離，大人以繼明照於四方。

象辭說：離卦上離下離爲明兩次而作，大人效法此一象徵，續繼以光明，照耀於天下四方。

初九：履錯然，敬之，無咎。

直解：踐履而行，文采交錯，恭敬待之，沒有咎害。

離卦體坤，坤卦初爻履霜堅冰，離卦初爻取履象意近。

錯然，這裏是恭敬謹慎之貌。

初九位卑力弱無應，以謹慎之道處之，所以無咎。

象曰：履錯之敬，以辟咎也。

象辭說：履行恭敬謹慎，正是爲了用以迴避咎害。

六二：黃離，元吉。

直解：黃色之附麗，始即大吉。

六二得坤母之體，坤土爲黃。古人以黃色爲吉。

象曰：黃離元吉，得中道也。

象辭說：黃色之附麗大吉，是因爲六二得到了中正之道。

九三：日昃之離，不鼓缶而歌，則大耋之嗟，凶。

直解：日過正午之附離，不去擊鼓敲缶唱歌，則會有年老衰邁的嗟歎，兇險。

日昃，是指日過正午，已斜向西。

離爲日，初九爲日升。六二則爲日麗中天，九三則爲日以過午。

缶，陶土製作的瓦器。離爲大腹，有缶之象。上互卦兌爲口，歌之象。

耋，年老。古代稱人壽八十曰耋。大耋，爲年老衰邁。

九三不中處多凶之位，日已過午，如人生壯年不再，應該樂天知命。

象曰：日昃之離，何可久也。

象辭說：日過正午之附離，怎麼可能長久呢？

九四：突如其來如，焚如，死如，棄如。

直解：突然來到的樣子，焚燒的樣子，死灰的樣子，放棄的樣子。

九四在上離卦之最下，不中不正，剛戾暴躁。九三舊火已滅，九四新火突然而來。

下互卦巽爲木，九四剛猛遇巽木，急需焚燒，燒盡爲灰，死灰棄之無用。

象曰：突如其來如，無所容也。

象辭說：突然來到的樣子，是說九四身處絕境之地無所容身。

六五：出涕沱若，戚嗟若，吉。

直解：流出涕淚，淚如雨下，悲戚嗟歎，吉祥。

沱，滂沱大雨之貌。離爲目，上互卦兌爲澤水。兌爲口，離伏坎爲心憂。

六二中正，爻辭元吉。六五失位，爻辭嗟歎。

下卦舊火已滅，上卦新火繼生。六五繼明而作，有新君繼位之象。

象曰：六五之吉，離王公也。

象辭說：六五的吉祥，是因為六五附麗於王公之尊位。

上九：王用出征，有嘉折首，獲匪其醜，無咎。

直解：君王動用師眾出發征討，嘉獎折敵魁首（之勇士），不必全部抓獲其跟從的丑類，沒有咎害。

離為戈兵，上卦離變為震為行。

上九比之於人體為首。上互卦兌為毀折。

醜，疇之假借字，為類。

君王出師是只抓首惡，不問協從，心懷仁義，自可無咎。

象曰：王用出征，以正邦也。

象辭說：君王動用師眾出發征討，是為了匡正安定邦國。

第七章

《周易》64卦詳解
：下經34卦

第31卦 咸 兌上艮下

咸：亨，利貞，取女吉。

直解：亨通，利於貞正，娶女吉祥。

咸，通假爲感，感應。

《周易》上經以乾坤開始，首言天地，論六合之天道。下經以咸恒開始，首言男女，講人倫之事理。

咸卦三陰爻三陽爻相應，有亨。陰陽所感應持正道，不可邪狹，所以利貞。

下卦艮爲少男，上互兌爲少女，少男仰求少女，少女喜悅相應，陰陽相感，得其婚姻之正故吉。

咸爲無心之感，兌爲無言之說（悅）。

《序卦》曰：有天地，然後有萬物；有萬物，然後有男女；有男女，然後有夫婦；有夫婦，然後有父子；有父子然後有君臣；有君臣，然後有上下；有上下，然後禮儀有所錯。

上經首言天地，乾坤已在其中。下經首言男女，咸卦的感應已蘊涵其中，所以也沒有直白咸卦之名。

直解：從宇宙的生成模式發揮到社會的倫理關係，先有天地然後才有萬物；先有萬物然後才有男人女人；有了男人女人，繼而出現夫婦的倫理關係；有了夫婦的倫理關係，然後有父子的倫理關係；有了父子的倫理關係，然後有君臣的倫理關係；有了君臣的倫理關係，然後有上下尊卑的秩序。有了上下尊卑的秩序，然後禮儀就有所措置。

彖曰：咸，感也。柔上而剛下，二氣感應以相與。止而說，男下女，是以亨利貞，取女吉也。天地感而萬物化生，聖人感人心而天下和平；觀其所感，而天地萬物之情可見矣！

彖詞說：咸，指感應。陰柔向上陽剛向下，陰陽二氣相交感應，而相互親和。知止而順悅，男子以禮下求女子，所以是亨通利於貞正，娶女吉祥。天地感應而萬物和合交通，變化生長，聖人感應人心，而使天下和諧太平，觀察咸卦這種陰陽感應的情況，天地萬物運行生長的情況，也由此可以被瞭解和顯現。

象曰：山上有澤，咸；君子以虛受人。

象辭說：高山之上有澤水，形成咸卦之卦象；君子效法此一象徵，以虛懷謙讓之道，接受包容眾人。

初六：咸其拇。

直解：感應在在腳的大拇指。

全卦六爻以人的身體取象，初六在最下面，取象為腳的大拇指。

初六是感應之初，感應尚淺尚輕，有感應之心，無感應之事，所以爻辭未言凶吉。

象曰：咸其拇，志在外也。

象辭說：感應在在腳的大拇指，是說感應的志向是在外面。

六二：咸其腓，凶，居吉。

直解：感應在小腿肚，凶險，居靜為吉。

腓，指小腿肚。六二漸行向上，感應已經到了腿肚。

六二得中與九五正應，爲九三、九四所忌。所以六二動凶靜吉。

象曰：雖凶，居吉，順不害也。

象辭說：雖然兇險，居靜爲吉，這是因爲柔順就不會被傷害。

九三：咸其股，執其隨，往吝。

直解：感應在大腿，隨執而動，前往有所吝吝。

股，爲大腿，在腳之上，腰之下。下互卦巽爲股。

下卦艮爲手，以手執之。大腿本身不能動，是跟隨腳步而動。

九三前行遇同性爲敵有吝。

象曰：咸其股，亦不處也。志在隨人，所執下也。

象辭說：感應在大腿，是因爲九三不願停止。九三心志在於跟隨人而動，其行事之道不免卑下。

九四：貞吉悔亡，憧憧往來，朋從爾思。

直解：貞正得吉，悔過消亡，心意徘徊往來不定，朋友聽從他的心思。

九四失位多懼，本有悔吝。只有貞正，才能得吉悔亡。

憧，意不定也。

咸卦感應的心意由淺入深，由上到下，漸次前往，但九四有向下相應初六之意。所以九四往返心意不定。

咸卦六爻以人身體部位取象，九四取象爲心，其感應在心。

上互卦乾三陽爻有相連爲朋感應初六之意。

象曰：貞吉悔亡，未感害也。憧憧往來，未光大也。

象辭說：貞正得吉悔過消亡，是因為沒有因感應而得到傷害。心意徘徊不定，是因為其心思還沒有做到光明正大。

九五：咸其脢，無悔。

直解：感應在背脊，無所悔吝。

脢，指背脊之肉。

咸卦六爻以人的身體部位取象，下卦艮卦，艮為背。

九五爻象本吉，但這裏僅說無悔，是因為九五的感應在背，有違背之象。

象曰：咸其脢，志末也。

象辭說：感應在背脊，是指九五的心志在於上六之末端之位。

上六：咸其輔頰舌。

直解：感應在面部與口舌。

輔，頰，指面部。上六在人體為頭部，上卦兌為口，取象為輔，頰，舌。

上六是感應最強烈之爻，所以溢於言表。但感應在言語，容易虛言悅人，失之正道。

象曰：咸其輔頰舌，滕口說也。

象辭說：感應在面部與口舌，是指以其滔滔不絕的言辭取悅於人。

第32卦 恒 震上巽下

恒：亨，無咎，利貞，利有攸往。

直解：亨通，沒有咎害，利於貞正，利於有所前往。

恒，恒久。

上卦震長男，下卦巽長女。咸卦喜結良緣之時是少男少女，恒卦是結婚成家之後，夫婦年齡漸長，是長男長女之象。男主外女主內，長女承長男，男動而女順，這是人倫恒久之象。

恒卦六爻三陽爻三陰爻均能相應，可以亨通利往。

恒卦陽上陰下，如天地否卦，暗含有咎。但恒卦因有人倫恒久正道可得無咎。

君子恒久與善，則是恒之正道。小人恒常與惡，則失去正道。所以利貞。

《序卦》曰：夫婦之道，不可以不久也，故受之以恒；恒者久也。

直解：夫婦之道有白頭到老終生相守之義，不可以不恒久，所以在咸卦之後，接著是恒久的恒卦。

彖曰：恒，久也。剛上而柔下，雷風相與，巽而動，剛柔皆應，恒。恒亨無咎，利貞；久於其道也，天地之道，恒久而不已也。利有攸往，終則有始也。日月得天，而能久照，四時變化，而能久成，聖人久於其道，而天下化成；觀其所恒，而天地萬物之情可見矣！

　　彖詞說：恒代表恒久。陽剛在上陰柔在下，雷和風相互親和，巽順而震動，陽剛陰柔均是相與感應，因此爲恒久之道。恒卦亨通沒有咎害利於貞正；是因爲恒久於其正道，天地的正道也是恒久而不停止。利於有所前往，是因爲其終極有其開始。日月的運行得到天道的自然規律，因此能夠於空中長久懸照，春夏秋冬四時的變化也是這樣能夠長久成就萬物的生長。聖人也是這樣，恒久其正道，因此能夠化生成就天下萬物眾民。觀察其恒久之道，天地萬物運行生長的自然規律、形狀，就可以被發現知曉。

象曰：雷風，恒；君子以立不易方。

　　象辭說：雷風相應，形成恒卦之象；君子效法此一象徵，用以建立不可變易更改的恒常法則、方法。

初六：浚恒，貞凶，無攸利。

　　直解：挖掘深求的恒久，貞固不變有所兇險，無所得利，

　　浚，本意爲疏通、挖深，如浚井、疏浚。

　　下卦巽爲入，初六到六五是大坎之象，組合而有水風井之象，有深入挖掘取水之象。

　　初六在下，求於九四之感應，初六、九四夫婦皆失位不正，其態度太過深切，其間又有二陽爻阻隔，不順。初六不知機變，固執深求，是爲兇險無利。

象曰：浚恒之凶，始求深也。

　　象辭說：浚恒之所以有兇險，是因爲初始而所求的感應過於深切。

九二：悔亡。

直解：悔吝消亡。

九二本不當位，而前行又遇重陽同性爲敵，本是有悔，但九二得中，能中正自守，因此悔亡。

象曰：九二悔亡，能久中也。

象辭說：九二悔吝消亡，是因爲九二能夠恒久保持中道。

九三：不恒其德，或承之羞，貞吝。

直解：不能恒久保持其陽剛之德，或會蒙受無端而來之羞辱，固守不變得到咎吝。

下互卦乾爲道爲德。下卦巽爲進退，爲羞。九三處多凶之位上行遇九四同性爲敵，而又不能恒守其陽剛之德，所以有吝。

象曰：不恒其德，無所容也。

象辭說：不能恒久保持其陽剛之德，是指九三處於九二、九四二陽爻之中無所容身。

九四：田無禽。

直解：田獵沒有獲得禽獸。

上卦震爲大塗，爲田野中的大路，有田之象。

下卦巽爲雞，是禽之象。九四失位，已從巽卦而出，所以無禽。暗示九四勞而無功，並無所得。

象曰：久非其位，安得禽也。

象辭說：九四失位失中長久不在正確位置，怎麼可能田獵獲得禽獸呢？

六五：恒其德，貞，婦人吉，夫子凶。

直解：恒守其德性，貞靜自處，婦人得吉，丈夫得凶。

婦人以貞靜恒守其德為吉祥，但這是妾婦之道。

對於丈夫來說，如果也像婦人這樣一味以順以靜為其恒常之德，就不符合其陽剛進取的丈夫之道，反而會有凶。

象曰：婦人貞吉，從一而終也。夫子制義，從婦凶也。

象辭說：婦人貞靜得吉，是因為婦人跟從一個男人而終其一生。男人應該採取應有的義理，如果跟從婦人之道，則會有凶。

上六：振恒，凶。

直解：振動奮舉的恒久，兇險。

上六終極之位出現窮變之象。上六想要振動、搖動恒道，妄動求功，所以有凶。

上卦震為動為起，有振之象。

象曰：振恒在上，大無功也。

象辭說：振恒在上六的上位，大而不當，無所建功。

第33卦 遯 乾上艮下

遯：亨，小利貞。

直解：亨通，小者利於貞正。

遯，同遁，遁退。

遁為消息卦。時當六月，陰息陽消。小人道長，君子道消。君子見機，正當遁退。

小，指初六、六二。

君子知機避險遁退得亨。卦辭戒之以小人，應該利於守正，不可以恃強加害於君子。

《序卦》曰：物不可以久居其所，故受之以遯；遯者退也。物不可以久居其所，故受之以遯；遯者退也。

事物的發展不可以永遠恒久居處於原有的所在，而應該順應時勢，因時而遁退，所以在恒卦之後，接著是遁卦。遁就是遁退。

象曰：遯亨，遯而亨也。剛當位而應，與時行也。小利貞，浸而長也。遯之時義大矣哉！

彖詞說：「遁亨」，是指遁退而得亨通。陽剛當位而與陰柔相應，能夠順隨時義而前行。小者利於貞正，是因為陰氣漸漸開始生長。遁卦的因時而用的義理真是非常宏大啊！

象曰：天下有山，遯；君子以遠小人，不惡而嚴。

象辭說：天的下面有高山，形成遯卦之象；君子效法此一象徵，遠避小人，不以痛惡之象現於表面，自有不可侵犯的凜然威嚴。

初六：遯尾，厲，勿用有攸往。

直解：遁退在尾部，危厲，不宜有所前往。

初六在下，後於其他五爻。尾爲後，初六取象爲尾。

初六柔弱失位，雖與九四有應，但前行遇六二同性爲敵有厲。

象曰：遯尾之厲，不往何災也。

象辭說：遁尾的危厲，是告誡人們只要不妄動往行，又會有什麼災禍呢？

六二：執之用黃牛之革，莫之勝説。

直解：用黃牛的皮革執持捆綁，不會逃脫。

下卦艮爲手，取象爲執。

上卦乾伏坤，坤爲牛。坤爲土，爲黃。下卦艮爲膚（一陽在外），取象爲革。

勝，指勝任。說，同脫。

六二得中得位，與九五正應，有不能脫落的貞固之象。

象曰：執用黃牛，固志也。

象辭說：用黃牛的皮革執持，是因爲六二固守其心志。

九三：繫遯，有疾厲，畜臣妾吉。

直解：維繫的遯退，有疾患和危厲，蓄養臣妾得吉。

下卦艮爲手，下互卦巽爲繩直。取象九三繫於六二。

九三爻動變下卦艮變爲坤，坤爲死（死乃入地之事，虞翻以坤爲死）有疾病之象。

下卦艮爲止，畜止之象。九三爻動變爲坤，坤爲臣，下卦艮伏兌，兌爲妾。初六、六二兩陰爻在下，是九三蓄養的臣妾。

九三有疾厲，但是九三九三蓄養臣妾，使小人不能爲害於自己，得吉。

象曰：繫遯之厲，有疾憊也。畜臣妾吉，不可大事也。

象辭說：維繫遯退的危厲，是因爲九三有疾患疲憊。蓄養臣妾得吉，是因爲九三此時不可以做大事。

九四：好遯，君子吉，小人否。

直解：依戀愛好的遯退，君子吉祥，小人否閉。

上卦爲乾爲善（善之長也），所以乾也可爲好。九四依戀愛好的是有應的初六。

依戀愛好之遯，如果對君子來說，君子能持以正道，那麼可以得吉。而對於小人來說，小人則會沉溺其中不能自拔，因此小人會得到不善之否。

象曰：君子好遯，小人否也。

象辭說：君子能正確對待其所好之遯，小人沉迷貪念所好而

得否。

九五：嘉遯，貞吉。

直解：嘉美讚賞的遯退，貞正得吉。

上卦乾爲好，也可爲嘉（嘉之會也）。指九五嘉賞於六二。六二有貞固之志，雖是小人，但並不凌迫君子。

象曰：嘉遯貞吉，以正志也。

象辭說：嘉美的遯退貞正得吉，是因爲九五以此正固其臣下的心志。

上九：肥遯，無不利。

直解：肥美之遯，沒有不利。

上卦乾有盈滿充實之象，所以虞翻以乾爲肥。

遯卦四陽爻，九三有所繫，九四有所好，九五有所嘉，均是在遯退之時還有所牽掛。

而惟有上九處遯卦之終，心無旁繫，遯世無悶。

象曰：肥遯，無不利；無所疑也。

象辭說：肥美之遯沒有不利，是因爲上九沒有所疑慮的事情。

第34卦　大壯

震上乾下

大壯：利貞。

直解：利於貞正。

大壯，大者壯盛。

大壯卦也是消息卦，時當二月，陽氣為大，漸浸而長，大壯之象。

大壯又隱含有停止的意思。雜卦說大壯則止。大壯卦之後是晉卦。晉為進，大壯為止，正是對立轉變的關係。大壯卦陽氣雖然大為壯盛，但還沒有到進升之時，還要養精蓄銳，集蓄力量。所以大壯卦辭不言元亨，卻單取利貞。

《序卦》曰：物不可終遯，故受之以大壯。

直解：事物的發展不可能小人永遠得勢，所以君子的隱遁並不會是最後的結局，所以在遯卦之後，接著是陽氣浸強的大壯卦。

彖曰：大壯，大者壯也。剛以動，故壯。大壯利貞；大者正也。正大而天地之情可見矣！

彖詞說：大壯，是指大者壯盛。剛健而又行動，所以是壯盛。大壯卦利於貞正；大，又可以解釋為剛正。從正大的意義上可以觀察出天地萬物生長變化的形狀。

象曰：雷在天上，大壯；君子以非禮弗履。

象辭說：雷在天上，形成大壯的卦象；君子效法此一象徵，不會去做違反禮儀之事。

初九：壯於趾，征凶，有孚。

直解：壯盛在腳趾，前行有兇險，有所孚信。

初爻在下，以人的身體取象為腳趾。

初爻位卑力微無應，有逞用剛強之嫌，前行遇三陽爻同性為敵有凶。

當大壯之時，陽氣壯盛的趨勢不可更改，這是有孚信的事。

象曰：壯於趾，其孚窮也。

象辭說：初九壯盛在腳趾，雖然有其孚信，但卻處在窮困的時位。

九二：貞吉。

直解：貞正得吉。

大壯的卦義雖然為壯盛，但著眼點卻在不妄行妄動之上。九二陽處陰位，有收斂抑制貞靜自守之象，得中有應為吉。

象曰：九二貞吉，以中也。

象辭說：「九二貞吉」，是因為九二能夠處在中正的爻位。

九三：小人用壯，君子用罔，貞厲。羝羊觸藩，羸其角。

直解：小人用壯盛之道（持強凌弱），君子用無爲之道，固守不變危厲。公羊抵觸藩芭，羊角卻被藩芭纏繞困住

罔，爲無。

羸，意爲瘦弱，轉義爲累，纏繞，困住之意。

九三陽爲君子，上六陰爲小人。

羝，羊，是指公羊。上互卦兌爲羊。

藩，爲藩芭。取上卦震爲竹之象。

九三處於九二、九四兩陽爻之間，有纏繞、困窘之象。

象曰：小人用壯，君子罔也。

象辭說：用壯是小人之事，君子無爲，不會用壯。

九四：貞吉悔亡，藩決不羸，壯於大輿之輹。

直解：貞靜得吉悔意消亡，藩芭破損所以羝羊之角不會被困住，壯盛於大車的車輪輹條。

九四無應處多懼之位，本有悔意，但居陰位貞靜得吉。

上互卦兌爲毀折，是藩芭缺損之象，所以羝羊之角不會被困住。

輹，通輻，指車輪的輹條。

九四爻動變上卦震變爲坤，坤爲大輿，震爲木，輹條之象。

象曰：藩決不羸，尚往也。

象辭說：「藩決不羸」，是指九四已無困處，上進前往可通暢無阻。

六五：喪羊於易，無悔。

直解：羊被丢失在疆場田畔，無有悔吝。

易，在這裏假借爲場。疆界田邊，皆爲場。

上卦震爲大塗，有道路兩側的疆場田畔之象。

上互卦兌爲羊，兌又爲毀折，所以有羊被丢失之象。

六五得中有應所以無悔。

象曰：喪羊於易，位不當也。

象辭說：「喪羊於易」，是指六五位置不當。

上六：羝羊觸藩，不能退，不能遂，無攸利，艱則吉。

直解：公羊抵觸籬芭，不能退卻，不能遂進，無有所利，知處艱難得吉。

遂，本意是可通達之道路，轉意爲行進。上六其道已窮，所以不能進。

上六與九三相應，六五在下阻隔，所以不能退。

上六認清了自己這一艱難的處境，不妄動妄爲得吉。

象曰：不能退，不能遂，不祥也。艱則吉，咎不長也。

象辭說：「不能退，不能遂」，這是因爲上六本身有不吉祥的徵象。「艱則吉」，是指六五知艱處柔，其咎害就不會長久。

第35卦 晉　離上坤下

晉：康侯用錫馬蕃庶，晝日三接。

直解：康美的諸侯得到賞賜的眾多馬匹，一日之內三次迎接。

晉，上進。晉升。

晉字本有日出之意，上卦離日下卦坤地，正像是太陽從地平線下進升。

坤為國為邑，有土有民，有封土建侯之象。

錫同賜。蕃庶是數量很多的意思。

坤為牝馬，上卦坎也為馬，坤又為眾，是馬有很多之象。

雜卦說「晉，晝也」。上卦離為日，先天八卦數為三，所以取象晝日三接。

《序卦》曰：物不可以終壯，故受之以晉；晉者進也。

直解：事物的發展不可能永遠壯盛下去，所以在大壯卦之後接著就是晉卦。晉就是上進。

彖曰：晉，進也。明出地上，順而麗乎大明，柔進而上行。是以康侯用錫馬蕃庶，晝日三接也。

彖詞說：晉，是指上進。光明出現在大地之上，和順而附麗於太陽大明的光輝，陰柔前進向上而行。所以康侯受到許多賞賜的馬匹，一日之間，三次接受獎賞。

象曰：明出地上，晉；君子以自昭明德。

象辭說：光明出現在大地之上，這是晉卦之象，君子效法此一象徵，用以自我昭示本身光明的美德。

初六：晉如，摧如，貞吉。罔孚，裕無咎。

直解：晉升的樣子，高大的樣子，貞正得吉。沒有孚信，以寬裕的態度處置可以沒有咎害。

下互卦艮為山，取崔如高大摧巍之象。

初六正應九四，志向高潔，以柔居剛，有貞正之象，所以得吉。

上互卦坎為孚。初六與九四之間有六二、六三阻隔其陰陽相應的孚信。初六不以從容寬裕的態度處置避咎。

象曰：晉如，摧如；獨行正也。裕無咎；未受命也。

象辭說：「晉如，摧如」，是指初六獨自前行，與九四相應以正道。「裕無咎」，是指初六還沒有受以天命不被信任。

六二：晉如，愁如，貞吉。受茲介福，於其王母。

直解：晉升的樣子，憂愁的樣子，貞正得吉。從王母那裏得到此一大福。

上互卦坎為心憂。六二得中得正，貞正得吉。

介，在這裏解釋為大。介福，就是大福。下卦坤伏乾，乾為大為福。

受，取象於下互卦艮為手。茲，通此。

王母指六五。六五有天子之位，九五為天子，六五則為王母。

象曰：受之介福，以中正也。

象辭說：得到此一大福，是因為六二有中正之德。

六三：眾允，悔亡。

直解：眾人都有所信任，悔咎消亡。

李鼎祚《周易集解》：「虞翻曰：坤為眾。允，信也。土，故眾允」。

初六罔孚，是沒有被信任。六二愁如，也是擔心其不被信任。六三則得此信任，因此悔亡。

象曰：眾允之志，上行也。

象辭說：六三被眾人信任的心志，是向上而前行。

九四：晉如鼫鼠，貞厲。

直解：晉升的樣子如同碩鼠，貞固不變危厲。

鼫，鼠，這裏意為碩鼠、大鼠。下互卦艮為鼠。

九四居於三陰爻之上，竊據於六五之君位之下，在上無可遁形於六五大明之智慧，在下又為三陰爻群小之所猜忌，前進之狀如鼫鼠。

象曰：鼫鼠貞厲，位不當也。

象辭說：碩鼠貞固不變危厲，是因為九四的位置不正當。

六五：悔亡，失得勿恤，往吉無不利。

直解：悔吝消亡，得和失不用憂慮，前往得吉沒有不利。

六五失位本有憂慮，但因有君王大明的智慧，不用患得患失。

象曰：失得勿恤，往有慶也。

象辭說：得和失不用憂慮，是因爲六五前往有所喜慶。

上九：晉其角，維用伐邑，厲吉無咎，貞吝。

直解：晉升其頭上之角，用以討伐邑國，危厲但有吉沒有咎害，貞固不變有吝。

上卦離爲牝牛，角在頭上。

下卦坤爲邑，上卦離爲戈兵。攻伐邑國之象。維，這裏用作語氣助詞。

上九失位妄動戈兵，因此有所危厲，但因其孔武有力，討伐下卦三陰爻邑國之叛亂得吉。

上九處在終極亢位，已進無可進，不可以固守不變其晉升之道。

象曰：維用伐邑，道未光也。

象辭說：用以討伐邑國，是因爲上九的道德還沒有得到光大。

第36卦　明夷　　坤上離下

明夷：利艱貞。

直解：利於艱難貞正。

明夷：光明受傷。

夷，夷平，夷傷。

上卦坤為地，下卦離為日為明。光明被遮掩在地下，有光明受到傷害之象，所以為明夷。

晉卦明君在上，群賢並進。明夷卦暗君在上，群賢不現，這是世道艱難，天下失道之象。

下坎為坎陷，有艱難之象。上卦坤有安靜貞定之象。

君子當其時，當其位，當其世，韜光養晦，自守其德，自晦其明，有利於艱難守正。

《序卦》曰：進必有所傷，故受之以明夷；夷者傷也。

直解：晉卦前而不已，則可能走到事情的反面，受到傷害，所以晉卦之後接著便是明夷卦。夷就是受傷。

彖曰：明入地中，明夷。內文明而外柔順，以蒙大難，文王以之。利艱貞，晦其明也，內難而能正其志，箕子以之。

彖詞說：光明潛入大地之中，是光明受傷。內懷文明的美德，而外施以柔順之道，以這樣的方法度過大的危難，周文王就是這樣做的。有利於艱難守正，是指晦藏收斂起自己外泄的光明，遭受內

部的災難，而能夠堅定鎮守其志向，商朝的箕子就是這樣做的。

周文王曾被商紂王囚在羑里長達七年之久，他正是用此明夷之道，內明外順，而渡過此大難。

商朝的箕子本是商紂王的叔父，他看到紂王昏亂無道，不聽進諫，殺虐忠良，任用小人，這是家族內部的災難。箕子自晦其明，佯狂避世，被商紂王囚禁下獄。到了周武王革命之後，推翻了商紂王的暴政，箕子方才得到自由，逃往朝鮮。周武王後來以朝鮮封之，所以後來朝鮮、韓國均視其為箕子的傳承。

象曰：明入地中，明夷；君子以涖眾，用晦而明。

象辭說：光明進入大地之中，這是明夷的卦象；君子效法此一象徵，涖臨萬眾，以晦暗的姿態，而明察一切。

初九：明夷於飛，垂其翼。君子於行，三日不食，有攸往，主人有言。

直解：光明受傷在飛翔之時，鳥兒垂下其翅膀。君子在行路之中，三天都沒有吃食物，有所前往，主人有所抱怨的言語。

下卦離為雉，飛鳥之象。坤土厚重，有飛而不堪重負之象。

上互卦震為動為行。離為日，先天八卦數為三。

震本身為笑為言，所以震也有口食之象。初九在上互卦震口之外，所以不食。

明夷卦為小人當道，主人，指主事之小人。

初九與六四有應，前往所適之主人本來是與其位置相對等的六四，但上互卦為震，震行不止，所以初九還會繼續上行，最後遇到上六。所以上六才是真正的主人，主事之小人。

來知德解明夷卦六爻各有所指：

初爻指伯夷，義不食周粟。

二爻指文王，外柔順而內文明。

三爻指武王，除殘去暴，大得人心。

四爻指微子。

五爻指箕子。

上爻指元兇大惡商紂王，大暴君。

上六為元兇大惡，所以是主事之小人。

象曰：君子於行，義不食也。

象辭說：君子退避出行，其道義是當此亂世，不應該受食俸祿。

六二：明夷，夷於左股，用拯馬壯，吉。

直解：光明受傷，受傷在左邊的腿股，用健壯之馬來進行拯助，吉祥。

陽為右，陰為左。

上互卦震伏巽，巽為股。巽不見，受傷在股。

明夷卦六爻是以人的身體來取象。初、二爻為股，三、四爻為腹，五、上爻為首。

下互卦坎為馬，上互卦震也為馬。

初九受傷還只是垂其翼，六二受傷，要嚴重許多，傷到了左股。但六二中正，前行得到陽爻的拯助得吉。

象曰：六二之吉，順而則也。

象辭說：六二之吉祥，是因為它柔順而有中正文明的法則。

九三：明夷於南狩，得其大首，不可疾貞。

直解：光明受傷在南方狩獵之時，得取元兇大首，不可以操之過急，應守貞正。

離為南方，為戈兵，又為網，上互卦震為馬，合之取象南狩。

大首，意為元兇，為首惡。指上六。

九三力量剛強，伸張正義，南向征伐，除其首惡。

但九三過剛，要行此大事，不可以操之過急。

象曰：南狩之志，乃大得也。

象辭說：九三的南向征伐之志向，其所得的成就是非常巨大的。

六四：入於左腹，獲明夷之心，於出門庭。

直解：進入左邊腹地，獲知傷害光明者的心意，於此出走門庭之外。

來知德解明夷卦六四爻指微子。

微子是商紂王的兄長，與商紂王之間有血緣關係，本是其左右腹心之臣。

周武王姬發滅了殷紂王以後，封紂之子武庚於朝歌，以奉湯祀。周武王死後，周成王姬通年幼登基，由叔父周公姬旦攝行政

事。武庚與管、蔡、霍三叔作難，周公領兵出周朝國都鎬京，東征平亂，便封殷紂的庶兄微子於宋。孔子的祖上便是微子。

上卦坤為腹。陽為右，陰為左。上互卦震伏巽為入。

明夷，可以理解為指商紂王這個傷害光明的暗君，指上六，這個主事之小人。

下互卦坎為心。

六四之微子已經明白了商紂王殘虐無道的心意，知其不可輔佐，因此隱退遁出。

象曰：入於左腹，獲心意也。

象辭說：「入於左腹」，是指六四已獲悉了明夷之暗君無道惡毒的心意。

六五：箕子之明夷，利貞。

直解：箕子處當光明受傷之道，利於貞正。

上卦坤為黑。六五處坤中，是最為幽暗昏黑的地方，也是最為接近上六暴虐無道的昏君，所以六五的處境兇險異常。

但是六五得中，有以柔居中之德，晦其明，正其志，守正貞固，靜待時變。

一般來說，五爻之位為君位，但此爻辭明確其為箕子，只為了以此讓人明而辨之，暗示上九才是昏暗的暴君。

象曰：箕子之貞，明不可息也。

象辭說：箕子的貞固守正，其光明可以晦藏但是不可停息。

上六：不明晦，初登於天，後入於地。

直解：不明而晦暗，起初登臨天上，後來跌入地中。

上六光明受傷，日入於地，不明而晦。

明夷卦由晉卦而來，晉日在地上，初登於天，明夷卦日入地中，後入於地。

上六為明夷之主，指商紂王昏暗暴君。

從義理上說，上六之昏君，最初尊為天子，但後來昏暗無道由天入地，被趕出歷史舞臺，其命運也是有天壤之別。

象曰：初登於天，照四國也。後入於地，失則也。

象辭說：起初登臨天上，是指君王如太陽一般照耀天下四方國土。最後落入地中，是因為昏暗的君主離失了正確的法則。

第37卦 家人 巽上離下

家人：利女貞。

直解：利於女人貞正。

家人，一家之人。

上卦巽爲風，下卦離爲火。木與火的關係，猶如木爲火之家，火以木爲家。

一戶人家最溫馨之處，便是以木生火，屋子上面飄著隨風嬝嬝上升的炊煙，所以上風下火，取象爲家人之卦。

從家人卦的爻象來看，九五爲父，六二爲母，九五、六二都是得中得正而相互有感應。九五之父主於外，六二之母主於內，正是符合家人的正道。

一個家庭中女性最爲重要，所以卦辭說利於女人貞正。女人貞正，家道得正而可中興。

《序卦》曰：傷於外者，必反其家，故受之以家人。

直解：一個人在外面受到傷害，那麼一定會反回到家裏，讓家庭的溫暖治療和撫慰他的創傷。所以明夷卦之後，接下來便是家人卦。

彖曰：家人，女正位乎內，男正位乎外，男女正，天地之大義也。家人有嚴君焉，父母之謂也。父父，子子，兄兄，弟弟，夫夫，婦婦，而家道正；正家而天下定矣。

彖詞說：家人卦，六二代表母親爲女性正位於內部。九五代表

父親爲男性，正位於外部。男女各正其位，是天地之間的大義。家庭裏有嚴正的尊長，那說的便是父母。父親要做好父親應該做的事，兒子應該做好兒子應該做的事，兄長要做好兄長應該做的事，弟弟應該做好弟弟應該做的事，丈夫應該做好丈夫應該做的事，妻子應該做好妻子應該做的事，如此理順了家庭各個成員之間的關係，家裏的事情就自然會走上正道。家道正了，整個國家天下就自然得以安定。

象曰：風自火出，家人；君子以言有物，而行有恆。

象辭說：風從火中生出，這是家人卦之象；君子效法此一象徵，應該做到言語中應該有實際的內容，行動應該有恆常的準則。

初九：閑有家，悔亡。

直解：防閑其家，悔吝消亡。

閑，閑防。

初九爻動變爲六九，下卦離變爲艮，艮止，有防閑之象。

象曰：閑有家，志未變也。

象辭說：防閑於家庭，是指初九雖在初位，但其嚴正的心志沒有改變。

六二：無攸遂，在中饋，貞吉。

直解：無所專成，在於家中飲食之事，貞正得吉。

遂，這裏是成，完成，成功之意。

無所專成，換句話說即是不自己作主，不專事。

中饋，指家中飲食之事。

下互卦爲坎，下卦離爲火，有酒食烹飪之象。

六二是家庭中主內的女主人，一家之母。六二柔順得中得正得位，又與九五有應。六二嚴守婦道之正，沒有由自己作主辦理的事情，只是從事於家中飲食之事，六二貞正，由此可以得吉。

象曰：六二之吉，順以巽也。

象辭說：「六二之吉」，是因爲六二柔順而卑巽。

九三：家人嗃嗃，悔厲，吉；婦子嘻嘻，終吝。

直解：一家之主對家人以嗃嗃嚴厲之聲相向，（可能會有失於祥和的親情，因此有）悔吝危厲，（但終因所持爲正道）得吉；婦女兒童嘻嘻哈哈（笑樂無節），最終得到羞吝。

嗃嗃，是嚴厲而大聲的呼叫。

嘻嘻，與嗃嗃相對，爲驕逸笑樂的聲音。

九三處凶位，不中，有剛猛之嫌，所以有嗃嗃嚴厲之象。九三治家過嚴，以義勝情，雖然悔厲，卻最後得吉。

如果九三治家不嚴，以情勝義，與婦女兒童嘻嘻笑樂，不加節制，最後卻會有所悔吝。

象曰：家人嗃嗃，未失也；婦子嘻嘻，失家節也。

象辭說：「家人嗃嗃」，是沒有失離治家的原則；「婦子嘻嘻」，是指離失了治家的節度。

六四：富家，大吉。

直解：富裕家庭，大爲吉祥。

巽爲近利市三倍，爲富家之象。

初九防閑其家，消除悔吝。六二克守婦道，內主中饋。九三嚴於治家，六四巽順成富，以此爲大吉。

象曰：富家大吉，順在位也。

象辭說：六四「富家大吉」，是因此六四巽順而又得位。

九五：王假有家，勿恤，吉。

直解：君王來到了這個家庭，不用憂慮，吉祥。

假，到。

九五得中得正，又與六二有應。九五又是天子之位，有君王來到其家之象。

象曰：王假有家，交相愛也。

象辭說：君王來到這個家庭，這是說尊卑之間都應該相互敬愛。

上九：有孚威如，終吉。

直解：有所孚信威嚴的樣子，最終得吉。

上九處六爻終極之位，位置最爲尊貴，所以上九有威嚴的陽剛之態。

上九治家，家道已成，既有誠信，又有威儀，所以終可得吉。

象曰：威如之吉，反身之謂也。

象辭說：威嚴的吉祥，是因爲其能夠修身反求諸己。

第38卦　睽　離上兌下

睽：小事吉。

直解：小事吉祥。

睽，睽違。

《說文解字》解釋：「睽，目不相聽也」。不相聽即是不相呼應，就是二目不能集中視線看向同一方向。

離為目，睽卦上卦離與下互卦離，重疊而不能對稱，象形為二目不同視，睽違之象。

上卦離火，火性炎上。下卦澤水，水性向下。上下卦心意不同，分道而行，睽違之象。

上卦離為中女，下卦兌為少女，少女、中女同居，各懷心思，各思其婚嫁，睽違之象。

當睽違之時，大事無可取，唯有小事可得吉祥。

《序卦》曰：家道窮必乖，故受之以睽；睽者乖也。

直解：正所謂花無百日紅，人無千日好，家道終有窮乖之時，家道中落和衰敗，必然是因為乖違產生爭執而起，所以家人卦之後接下來便是睽卦。睽就是乖違。

象曰：睽，火動而上，澤動而下；二女同居，其志不同行；說而麗乎明，柔進而上行，得中而應乎剛；是以小事吉。天地睽，而其事同也；男女睽，而其志通也；萬物睽，而其事類也；睽之時用大矣哉！

彖詞說：睽卦，火動向上，澤水向下，二女同居，其心志不同道而行。喜悅而附麗於離明，陰柔前進向上而行，六五得中與九二陽剛相應。所以小事有吉。天地睽違背離，但它化育萬事萬物的功用卻是相同的。男女睽違背離，但他們內在相互吸引的心志卻是相通的。萬物之間存在睽違背離，但其事物變化相承的規律卻是相同一致的。睽卦的因時而用的時義和功用真是宏大啊！

象曰：上火下澤，睽；君子以同而異。

象辭說：上火下澤組成了睽的卦象，君子效法此一象徵，在求同中存異。

初九：悔亡，喪馬勿逐，自複；見惡人，無咎。

直解：悔吝消亡，喪失的馬匹不要追逐，會自己回復而來；遇見惡人，沒有咎害。

上互卦坎為馬，下互卦兌為毀折，取象為馬匹喪失。

初九爻動變下卦兌變為坎，馬之象則出現，喪馬則已回復而來。

睽卦本身以目取象，目為見，故全卦中多次出現「見」字。

上互卦坎為盜，盜有惡人之象。

初九居睽卦之初，睽違之意尚不過分，得位無悔，靜待其變，惡人不能對他加害，所以無咎。

象曰：見惡人，以辟咎也。

象辭說：見到惡人沒有咎害，是因為初九得位自守，不與之爭執，可以免避咎害。

辟，同避。

九二：遇主於巷，無咎。

直解：在小巷中遇到了君主，沒有咎害。

下卦兌伏艮，艮爲徑路，有小巷之象。

九二爲臣，六五爲君主，君主相遇本應在廟堂之上，但時當乖違睽離之際，所遇非時，所遇非地，遇主於巷，有突兀而不合禮儀。

但九二得中剛正，又與六五有應，雖乖違，但可異中求同，所以無咎。

象曰：遇主於巷，未失道也。

象辭說：「遇主於巷」，雖然有不合禮儀的地方，但沒有離失君臣相處的正道。

六三：見輿曳，其牛掣，其人天且劓，無初有終。

直解：看見車子被拖著走，拉車的牛被牽制，這個受刑之人被剃光了頭髮，割去了鼻子，雖初始不利，但有其善終。

下卦兌伏艮，艮爲手，爲以手拖曳，以手牽掣之象。

上互卦坎「其於輿也，爲多眚」。下互卦離爲牛。

天，是指古代割去頭髮的髡刑。

劓，是指古代割去鼻子的劓刑。

六三爻動變下互卦離變爲乾，乾爲天。

下卦兌伏艮，艮爲鼻。下互卦離本身又爲戈兵，兌伏艮爲手，有以手執戈兵，執行天且劓刑法之象。

六三失位不中，處多凶之位，所以其前行非常艱難，九二在其後拖延牽引車子，九四在前掣挽其牛。

但六三與上九正應，雖開局不利，但最後卻可以得其歸宿。

象曰：見輿曳，位不當也。無初有終，遇剛也。

象辭說：「見輿曳」，是因為六三位置不當。「無初有終」，是因為六三上行能與上九陽剛相遇。

九四：睽孤，遇元夫，交孚，厲無咎。

直解：睽違孤處，遇到大丈夫，相交孚信，危厲但沒有咎害。

九四無應，獨處眾陰爻之中，所以稱孤。

元者始也，大也，夫者人也。初九陽為大有初始之象，遇元夫，是指九四遇到初九。

上互卦坎為孚。

九四失位無應，但九四與上下陰爻陰陽交感而有孚信，所以無咎。

象曰：交孚無咎，志行也。

象辭說：「交孚無咎」，是因為九四其心志可以得到前行。

六五：悔亡，厥宗噬膚，往何咎。

直解：悔咎消亡，這個宗主咬噬肥脆的膚肉，前往有什麼咎害呢？

六五失位有悔，但六五有柔中之德，與下九二正應，所以悔過可以消亡。

宗，這裏為宗主。六五得中居正，故為宗主。

膚，這裏意為易於咬噬的肥脆的豕肉。取象於上互卦坎（坎為豕）。

上卦離為火。從九二到上九，有噬嗑卦之象。噬嗑卦六二爻辭

噬膚滅鼻與此處厥宗噬膚相近。

六五與九二相應，向上遇上九以陰承陽，其陰陽親和，感應遇合，有如咬噬柔軟的膚肉一樣容易。

象曰：厥宗噬膚，往有慶也。

象辭說：「厥宗噬膚」，是因為六五前往有喜慶。

上九：睽孤，見豕負塗，載鬼一車，先張之弧，後説之弧，匪寇婚媾，往遇雨則吉。

直解：睽違孤處，看見背負泥水污垢的豬，一輛車子載滿鬼怪，先是張開弧弓，然後脫落，前來的不是盜寇，而是婚媾迎親的隊伍，前往遇見下雨就會得到吉祥。

上九雖然與六三有應，但遇睽違之時，偏聽偏視，孤傲不群。

塗，這裏指泥水。上互卦坎為豕，下卦兌為沼澤，泥水之象。

睽卦目不同視，因此所見失常：一見為豬，二見為鬼，又見手持弓箭的張弧之寇。最後才恍然匪寇婚媾。

坎後天八卦方位為北方，北方為鬼方，見既濟卦，所以坎為鬼。坎又為車。

坎為盜為寇。上九與六三有應，是婚媾之象。

坎又為雨。上九遇六三坎雨，最終相應得吉，此前種種乖離疑懼之事，至此冰釋消亡。

象曰：遇雨之吉，群疑亡也。

象辭說：「遇雨之吉」，是因為所有的疑慮到此都消亡了。

第39卦 蹇 坎上艮下

蹇：利西南，不利東北；利見大人，貞吉。

直解：利於西南，不利於東北；利於見到大人，貞正得吉。

蹇，蹇難。本義爲跛足難行。

蹇卦上卦坎與下互卦坎雙重坎險，下卦艮爲止，見險而止，正是難行之象。

後天八卦方位，坎艮在東北組成水山蹇。離坤在西南組成火地晉。西南晉升有利，東北蹇難不利。

九五陽爲大人。蹇難利見大人幫助。

蹇難和屯難有所不同，屯卦是初生之難，需要有開創經營。蹇難是險阻之難，不可妄動妄行，因此卦辭說貞正得吉。

《序卦》曰：乖必有難，故受之以蹇；蹇者難也。

睽爲乖違，乖違必然有艱難不順生出，所以睽違乖離之睽卦之後便是艱難不順的蹇卦。蹇，就是指難行。

彖曰：蹇，難也，險在前也。見險而能止，知矣哉！蹇利西南，往得中也；不利東北，其道窮也。利見大人，往有功也。當位貞吉，以正邦也。蹇之時用大矣哉！

彖詞說：蹇，是艱難之意。坎險在其前方，見到了坎險而能夠知道停止，這是明智的智慧！蹇卦利於西南，是因爲前往得到中道。不利於西北，因爲前進的道路已經窮盡。利於見到大人，是因

爲前往會有建功。位置正當貞正得吉，是因爲可以以己身之正去匡
正邦國。蹇卦的因時而用的意義是真是宏大啊！

象曰：山上有水，蹇；君子以反身修德。

象辭說：高山上有水，形成蹇卦之象，君子效法此一象徵，反
省自身修練自己的道德。

初六：往蹇，來譽。

直解：前往的蹇難，回來得到讚譽。

蹇卦前有險阻，足不能進，重坎在前，進退不定，或往或來，
因此爻辭多有往來之詞，後不詳釋。

初六陰居陽位有不妄動之象。退而靜待可以得到見機的讚譽。

象曰：往蹇來譽，宜待也。

象辭說：「往蹇來譽」，是因爲初六宜於等待時機。

六二：王臣蹇蹇，匪躬之故。

直解：君王的臣子艱難難行，不是自己本身的原因。

九五爲君王，六二爲王臣。

六二勤於王事，但前見重坎而止，所以有步履艱難。

躬，身也。艮爲背爲身。

六二難行，但只是勤勞做事，不計利害成敗和個人得失。

象曰：王臣蹇蹇，終無尤也。

象辭說：君王的臣子艱難難行，但最終不會有什麼過失。

九三：往蹇來反。

直解：前往的蹇難，回來複返。

六二承九三之陽，九三可以複返回來與六二應合。

象曰：往蹇來反，內喜之也。

象辭說：「往蹇來反」，是因爲九三欣喜傾慕於在內的六二。

六四：往蹇來連。

直解：前往的蹇難，回來相連。

六四陰柔無力，不可能前往建功，因此有向下與九三之陽爻相聯絡的心意。

象曰：往蹇來連，位當實也。

象辭說：「往蹇來連」，是指與六四陰陽來相連的九三，位置正當，陽剛爲實。

九五：大蹇朋來。

直解：大的蹇難有朋友到來相助。

九五坎險已到極致，故稱大蹇。

九五有陽剛中正之德，處大君之位，自有朋友相助。

象曰：大蹇朋來，以中節也。

象辭說：「大蹇朋來」，是因爲九五以剛健中正自得，節制其所屬的部下。

上六：往蹇來碩，吉；利見大人。

直解：前往的蹇難，回來可建碩大之功，吉祥；利於見到大人。

上六處蹇卦終極之位，雖然行將脫險，但仍在坎險之中，所以還是稱往蹇。

來碩指九三、九五陽剛前往而來，向上支援上六。

象曰：往蹇來碩，志在內也。利見大人，以從貴也。

象辭說：「往蹇來碩」，是指上六的心志在於與內卦九三相感應。「利見大人」，是指上六以其陰柔順從於九五陽剛之尊貴。

第40卦 解　震上坎下

解：利西南，無所往，其來複吉。有攸往，夙吉。

直解：利於西南，無所前往，回來歸複得吉。如果有所前往，時間儘早而可得吉。

解，緩解。

上卦震為動，下卦坎為險，險在內而動在外，動已經出於坎險，是蹇難緩解之象。

解卦、蹇卦，都宜於靜養，以待時變，不急於前往。而西南是坤母陰柔之地，安貞吉，對解卦、蹇卦都是有利。

蹇卦卦辭說不利於東北，但在解卦，蹇難已解，所以回來歸複東北，也會得吉。

夙，早也。

雖然是說解卦利於西南方向，但如果要往西南方向去，時間越早越吉祥。這是因為，蹇卦利於西南，解卦要解除蹇卦的險阻，那當然是越早去西南越好，越早去越有利於解除蹇難。

《序卦》曰：物不可以終難，故受之以解；解者緩也。

事物的發展都是物極必反，蹇難不可能長久存在下去。蹇難終會緩解，所以蹇卦之後便是解卦。解，就是緩解。

象曰：解，險以動，動而免乎險，解。解利西南，往得眾也。其來複吉，乃得中也。有攸往夙吉，往有功也。天地解，

而雷雨作，雷雨作，而百果草木皆甲坼，解之時大矣哉！

象詞說：解卦，出坎險而行動，因爲行動而免於坎險，所以稱爲緩解之卦。解卦利於西南，是指前往能夠得到民衆的幫助。歸來回復得吉，是因爲能夠得到中道。有所前往儘早而吉，是因爲前往能有建功。天地陰陽之氣淤積之後緩解、解散，由此而雷雨大作，雷雨大作而百果草木萌芽生長，所以解卦因時而用的時義是非常宏大啊。

甲，這裏指萌芽之意。

坼，指開裂，有種子破裂外殼生長發芽之意。

象曰：雷雨作，解；君子以赦過宥罪。

象辭說：雷雨大作，而形成解卦之象；君子效法此一象徵，赦免過錯，寬恕罪行。

初六：無咎。

直解：沒有咎害。

初六雖然失位，但柔居陽位，符合蹇難緩解之初用柔靜養之義。

象曰：剛柔之際，義無咎也。

象辭說：初六處在剛柔的分際，其義理但求沒有咎害而已。

九二：田獲三狐，得黃矢，貞吉。

直解：田獵捕獲三隻狐狸，得到黃色的弓矢，貞正得吉。

九二有田之象，如乾卦九二見龍在田。

　　下卦坎，《荀九家易》之逸象爲狐（取坎的狐疑之象）。下互卦離，先天八卦數爲三。

　　離爲黃色，坎爲弓輪，取象黃矢。

　　九二爲大臣，被六五虛明之君主所信任，九二退小人而近君子，去狐媚而得中直，守持正道而得吉。

象曰：九二貞吉，得中道也。

　　象辭說：「九二貞吉」，是因爲九二得得到了中正之道。

六三：負且乘，致寇至，貞吝。

　　直解：背負東西而又乘坐車馬，招致盜寇到來，貞固不變有羞吝。

　　乘，乘車，也可讀爲乘，指車輛。

　　六三爻動變下卦坎變爲巽，上互卦離變爲乾。巽爲利，乾爲金爲玉，爲財物。

　　下卦坎爲輿爲馬。坎又爲盜爲寇。

　　正所謂慢藏誨盜，小人出行，背負財物，又乘坐豪車，招搖過市，以此招來強盜。

　　六三是陰柔小人，失位多凶，卻自視甚高，固執不變，由此得吝。

象曰：負且乘，亦可醜也，自我致戎，又誰咎也。

　　象辭說：背負東西而又乘坐車馬，也是可以羞恥的醜事。自己招致強盜前來搶劫，又能夠怪罪於誰呢？

九四：解而拇，朋至斯孚。

直解：緩解在你的腳的大拇指，朋友到來得到孚信。

上卦震爲足，取象爲拇。

而，即爾，你。指九四。

九四爻動變上卦震變爲坤，坤卦陰爻牽連爲朋。上互卦坎爲孚。

九四失位本不利於行，但可得到朋友的幫助。

象曰：解而拇，未當位也。

象辭說：「解而拇」，是因爲九四陽處陰位，位置不正當。

六五：君子維有解，吉；有孚於小人。

直解：君子蹇難能有緩解，吉祥；有所孚信於小人。

維，這裏用著語助詞。

六五柔處尊位有虛中之德，與九二正應，是親君子，遠小人之象。六五因爲有所孚信（坎爲孚），小人自然信服而後退。

象曰：君子有解，小人退也。

象辭說：「君子有解」，是因爲小人信服而自然後退。

上六：公用射隼於高墉之上，獲之，無不利。

直解：王公在高牆之上射殺兇惡的隼鳥，射獲了牠，沒有不利。

下卦坎爲弓矢。

　　上卦震爲鵠，取象爲飛鳥之隼。隼，爲性情殘暴的兇惡之鳥，這裏比喻犯上作亂之小人。

　　墉，爲城牆。

　　離中虛，有城牆之象。上卦震伏巽，巽爲高。巽爲利爲得，有獲之象。

　　射隼於高墉，有清君側驅逐小人之意。

　　解卦初六，宜於靜養待陣。而解卦的最終，卻是決不姑息養奸。

象曰：公用射隼，以解悖也。

　　象辭說：「公用射隼」，是用以解除悖逆不正的現象。

第41卦 損　艮上兌下

損：有孚，元吉，無咎，可貞，利有攸往。曷之用？二簋可用享。

直解：有所孚信，始即大吉，沒有咎害，可用貞正，利於有所前往。有什麼用處？二簋盛裝的祭品可以用來祭祀神靈。

損，減損。

減損與增益相對。一方之損失，則是另一方的增益，另一方的增益，則是這一方的損失。所以對損卦的解釋，是以損下益上為要義。

大地上以山為最高，而澤則為最卑。損卦有澤以自損，以增山之高的含義。比之於古代國家政事，有如在下位的諸侯，減損其國的財富，進貢增益在上的天子，所以減損而無咎。

上互卦坤純陰，有坤元之象。下互卦震為春日之卦，春夏元亨。

言元吉不言元亨，是因為損卦上卦艮為止。

艮為上卦的八個卦中，除了山風蠱可幹事而亨，山水蒙啓蒙有亨之外，山火賁亨小，其餘五卦：山天大畜、山澤損、山雷頤、艮為山、山地剝，均不言亨。

可貞與利貞有所微妙差別。可貞的言外之意，是視情況而定，可以守，也可以行。所以卦辭接下去說利於有所前往。

曷，是疑問副詞，何不之意。

簋，為祭祀用盛物的竹編之器。取象下互卦震為竹。

用二簋盛裝祭品，意指祭品並不豐盛。

三為數之極。所以古時一般用三來表示多，二則表示不多。

祭祀神靈的用心，不在於繁文褥節，不在於祭品的豐富，而在於內心的真誠。

《序卦》曰：緩必有所失，故受之以損；

直解：緩解舒緩因掉以輕心必然會出現意外的損失，所以在解卦之後便是損卦。

彖曰：損，損下益上，其道上行。損而有孚，元吉，無咎，可貞，利有攸往。曷之用？二簋可用享；二簋應有時。損剛益柔有時，損益盈虛，與時偕行。

彖詞說：損卦之意是損下益上，其損卦之道，是由下向上而行。損卦減損而有孚信，因此能夠元吉，沒有咎害，可以守正，利於有所前往。有什麼用處？二簋盛裝的祭品可以用來祭祀神靈；二簋盛裝讓祭祀能夠即時感應。損陽剛之實，增陰柔之虛，也應該應時而為，減損和增益，盈之或虛之，都需要配合時間和諧同行。

象曰：山下有澤，損；君子以懲忿窒欲。

象辭說：高山下面有沼澤，形成損的卦象；君子效法此一象徵，應該懲戒內心不平的憤恨之心，抑制其貪念物質享受的欲望。

初九：已事遄往，無咎，酌損之。

直解：祭祀之事迅速前往，沒有咎害，酌情而減損之。

已，這裏應該為巳，巳古通祀。

下互卦震爲主器之長子，祭祀之象。

遄，速也。

祭祀之事在有誠敬之心，祭品菲薄，也無不可，不必鋪張浪費。

象曰：已事遄往，尚合志也。

象辭說：祭祀的事情應該迅速前往，因爲初九向上而行，與九四有正應心志相和。

尚，此處通上。

九二：利貞，征凶，弗損益之。

直解：利於貞正，出征有凶，不要減損而要增益之（**其陽剛之德**）。

九二失位宜於貞正，不妄動妄行，靜待時。

象曰：九二利貞，中以爲志也。

象辭說：「九二利貞」，是因爲九二以堅守中道爲其心志。

六三：三人行，則損一人；一人行，則得其友。

直解：三人同行，則會損去一人；一人前行，則會得到朋友。

六三爻動下卦兌變爲乾，乾爲人，乾卦三爻，爲三人。兌爲毀折，損去一人。

損卦損下益上，損去六三，益之上九。一人行之一人，指上九。

上九一人獨行在上，與下眾陰爻遇合相得爲友。

象曰：一人行，三則疑也。

象辭說：一人前行心志專一，三人同行各懷心事則會猜疑。

六四：損其疾，使遄有喜，無咎。

直解：減損其疾病，使其迅速去做祭祀之事會有喜慶，沒有咎害。

六四爻動變上互卦坤變爲坎，坎爲心病，疾病之象。

六四與初九正應，初九爲迅速前往的祭祀之事，六四得到初九的幫助，有喜無咎。

象曰：損其疾，亦可喜也。

象辭說：減損其疾病，也這是可喜的事情。

六五：或益之十朋之龜，弗克違，元吉。

直解：或者會增益贈與價值值十朋的大龜，不能夠違絕此事，始即大吉。

古人稱雙貝爲朋。朋，本指貨幣單位。或說十貝爲一朋。

九二到上九是大離之象，離爲龜，有貝象。

坤爲土，土的成數爲十。

六五得中用柔，上承上九，下應九二，有君王受益於天下之象。

象曰：六五元吉，自上佑也。

象辭說：六五之所以能得到元吉，是因爲它得到了來自上九的

保佑。

上九：弗損益之，無咎，貞吉，利有攸往，得臣無家。

直解：不用減損而要增益，沒有咎害，貞正得吉，利於有所前往，得到賢臣忘卻私家。

上九終極之地，暗含由減損到增益轉變之理，利於前行。雖然如此，還是應該貞正得吉。

六三爲大夫之位，爲臣。上九與六三有應爲得臣。

上九爻動變上卦艮變爲坤，坤有家邑之象，坤不見，故稱無家。

上九得到六三這樣的賢臣，公而忘私，以天下爲家。

象曰：弗損益之，大得志也。

象辭說：「弗損益之」，是因爲上九大大地得到和完滿了他的心志。

第42卦 益　巽上震下

益：利有攸往，利涉大川。

直解：利於有所前往，利於涉渡大川。

益，增益。

上卦巽為風為命為令，下卦震為雷為動為鳴，政令在上如風行頒佈，在下如雷鳴之回應。這是雷厲風行，上行下效，行政命令能夠得到高效率執行的政通人和的社會。這樣的社會，財富一定會不斷得到增益。

損卦為損下益上，益卦則是損上益下。

益卦初九與六四有應，上行遇三陰爻，利於有所前往。

初九到九五形成大離之象。離伏坎，坎為大川。上卦巽木可以刳木為舟，所以卦辭說：利涉大川。

《序卦》曰：損而不已，必益，故受之以益。

直解：當減損而不能停止之時，減損必然走向反面成了增益。所以在損卦之後，接下去就是增益的益卦。

彖曰：益，損上益下，民説無疆，自上下下，其道大光。利有攸往，中正有慶。利涉大川，木道乃行。益動而巽，日進無疆。天施地生，其益無方。凡益之道，與時偕行。

彖詞說：益卦有損上益下之意，比之國事則是損君益民，人民因此歡悅無邊無際，自上面下到下面，其增益之道大為光明。利於

有所前往，得中得正而有喜慶。利於涉渡大川，風木之正道可以通行。益卦有震動而巽入之象，如太陽的前進上升無邊無際。上天施之以陽光風雨，大地生長萬物草木，天地的增益之道廣闊無邊。凡是增益之道，都應該與時間的變化和諧同行。

象曰：風雷，益；君子以見善則遷，有過則改。

象辭說：風和雷，形成益卦之象；君子效法此一象徵，見到善事就遷往接近，有所過錯就勇於更改。

初九：利用為大作，元吉，無咎。

直解：利於進行大為耕作之事，始即大吉，沒有咎害。

下卦震為稼，象耕作之事。

初九得位有應，下卦震有初出之象始吉無咎。

初九前行陽遇陰有利，益道初成，積極進取。

象曰：元吉無咎，下不厚事也。

象辭說：開始則吉沒有咎害，是因為初九在下本不可任之以大事。

六二：或益之十朋之龜，弗克違，永貞吉。王用享於帝，吉。

直解：或者會增益價值十朋的大龜，不能夠違絕此事，永遠貞正得吉。君王用祭品來祭祀配享天帝，吉祥。

損卦與益卦互覆，所以用了損卦六五的爻辭。解釋同前。

六二得中得位，與九五有應，爻象安定。

下卦震為帝，為長子主祭祀。

象曰：或益之，自外來也。

象辭說：「或益之」，是指其增益來自於外部。

六三：益之用凶事，無咎。有孚中行，告公用圭。

直解：增益以凶險之事，沒有咎害，有所孚信得中而行，用玉圭作為信物將有關情況告訴給王公。

六三失位處凶，下互卦坤在虞氏逸象中為事。

六三有應無咎。

下互卦坤上承九五，三陰爻有孚信於得中而行的九五。

震為言，因此取象為以言相告。

圭，是玉制的禮器。坤伏乾，乾為玉。六三爻位為三公。九五為天子。

象曰：益用凶事，固有之也。

象辭說：「益用凶事」，是指六三爻象本身就有此凶象。

六四：中行，告公從。利用為依遷國。

直解：中道而行，將有關情況告訴給王公使其聽命順從。利於依靠天子遷國建都。

九五中道而行，六四將有關情況（損上益下之道）告訴給六三。三陰爻同聞此道，聽命順從。

六三為三公，六四為諸侯，九五為天子，下互卦坤為諸侯之國。

六四得位有應，有利於依靠九五的天子，遷國建都。

象曰：告公從，以益志也。

象辭說：「告公從」，是指六四以增益之道爲其心志。

九五：有孚惠心，勿問元吉。有孚惠我德。

直解：有所孚信於損上益下的恩惠之心，不需求問就已始即大吉。有所孚信順從我的品德。

九五陽剛中正得位有應，又有下互卦坤三陰爻承接，陰陽相得孚信。

惠，這裏是順從之意。坤爲順。

九五爻象大好所以元吉。

象曰：有孚惠心，勿問之矣。惠我德，大得志也。

象辭說：正因爲「有孚惠心」，所以就不用對之有所疑問。「惠我得」，是指九五大得其損上益下益民的心志。

上九：莫益之，或擊之，立心勿恆，凶。

直解：不能增益了，或是還會受到打擊，其心志的建立不能恆長，兇險。

上九處終極之位，益道已窮盡。上卦巽爲進退難處之象。

上互卦艮爲手，有以手打擊之象。

上九爻動變上卦巽變爲坎，坎爲心。風雷益卦象上下置換則是雷風恆，所以這裏說：勿恆。

象曰：莫益之，偏辭也。或擊之，自外來也。

象辭說：「莫益之」，只是偏於一面之詞。「或擊之」，是因爲其災禍的來源來自於外。

第43卦 夬　兌上乾下

　　夬：揚於王庭，孚號有厲，告自邑，不利即戎，利有攸往。

　　直解：君王（九五）在王庭上（對上六小人的罪行）進行公佈宣揚，孚信的呼號警示大家將有危厲之事，將這樣的消息告訴了自己的邑國，不利於進行兵戎之事，但是利於有所前往。

　　夬，決斷。

　　夬卦也是消息卦，時當陽春三月，即將達到陽氣的全盛之時。由下而上五陽爻協力果決而來，勢不可擋，將要決出最後一陰爻。五陽決一陰，是決斷之象。

　　揚，宣揚。號，呼號。告，宣告。取象上卦兌為口。

　　乾為君為王，乾為門戶。取象王庭。

　　五陽爻同性同體彼此有孚信，上六一陰爻與下面五陽爻也有陰陽感應的孚信。

　　乾伏坤，坤為國為邑。

　　兌為西方肅殺之卦，有兵戎戰爭之象。

　　兵者不詳之器，不可輕易用之。這就是不利兵戎，但利於前往之理。

　　《序卦》曰：益而不已，必決，故受之以夬；夬者決也。

　　直解：當益卦增益不已之時，累積必會滿盈而潰決，所以益卦之後，接著便是決斷前行的夬卦。夬就是決斷。

彖曰：夬，決也，剛決柔也。健而說，決而和。揚於王庭，柔乘五剛也。孚號有厲，其危乃光也。告自邑，不利即戎，所尚乃窮也。利有攸往，剛長乃終也。

彖詞說：夬卦是決斷的意思，五陽爻之剛決去一陰爻之柔。健行而喜悅，決斷而和順。九五之君在王庭上進行公佈宣揚，指出上六小人的罪行是一陰爻乘凌在五陽爻的陽剛。九五孚信的呼號警示大家將有危厲，是指眾人所面臨的危機是可以渡過的光大之道。九五告訴自己的邑國不利動以兵戎，因為上六之小人之道已經窮盡。利於有所前往，是因為陽剛生長，上六之陰爻自然會被終結。

象曰：澤上於天，夬；君子以施祿及下，居德則忌。

象辭說：澤處在天之上，形成夬卦之象；君子效法此一象徵，將財祿施布於其下屬，不可自居其上位之德，而被人所忌恨。

初九：壯於前趾，往不勝為咎。

直解：壯盛在足的前趾，前往不會得到勝利，並以此為羞咎。夬卦之象與大壯卦形似，均是陽氣為壯，初九和九三都言壯。以人體取象，初為趾。

初九無應，前行上遇四陽爻同性為敵不利。

象曰：不勝而往，咎也。

象辭說：不會取得勝利一定要前往，這就是咎害的由來。

九二：惕號，莫夜有戎，勿恤。

直解：警惕的呼號，暮夜裏有兵戎之事，不用憂恤。

乾日處上卦兌澤之下，日光被遮掩，取象莫夜。

莫。此處同暮。

九二失位但有剛中之德，因此能出警惕的呼號，告訴大家應有戒備。九二思慮周全，因此不用憂慮。

象曰：有戎勿恤，得中道也。

象辭說：「有戎勿恤」，是因為九二得到了中正之道。

九三：壯於頄 ，有凶。君子夬夬，獨行遇雨，若濡有慍，無咎。

直解：壯盛在面部的顴骨，有所凶險。君子決絕果斷，獨自前行遇雨，濡濕了衣服有些慍怒不快，沒有咎害。

頄，指面部的顴骨。

九三爻動變下互卦乾變為離，九三處在離目兌口之間，取象為顴骨。

九三爻動變下卦變兌之後，上兌下兌。兌卦本身象形一縮小的夬卦。上兌下兌，形如上夬下夬，夬夬。

九三處五陽爻之中，又獨於上六有應，獨行之象。

上兌卦澤水有雨之象。

象曰：君子夬夬，終無咎也。

象辭說：君子前行果斷堅決，因此最後可以沒有咎害。

九四：臀無膚，其行次且。牽羊悔亡，聞言不信。

直解：臀部沒有皮膚，行動艱難不進。能夠如牽繫的羊群一般團結悔吝就會消亡，聽聞言語卻不相信。

離中虛，兩陽爻如臀形，中陰爻如穀道。取象為臀。

上卦兌伏艮，艮為膚，兌為毀折，所以臀無膚。

次且，是且進且退之貌，行動艱難。

兌伏艮，兌為羊，艮為手，牽羊之象。牽羊象徵九四與上下陽爻同心同德，牽連而上，因此悔過可以消亡。

上卦兌為口，言語之象。九四處多懼之位，不信之象。

象曰：其行次且，位不當也。聞言不信，聰不明也。

象辭說：「其行次且」，是指九四位置不正當。「聞言不信」，指聽之不明。

九五：莧陸夬夬，中行無咎。

直解：細角山羊決絕果斷，持中道而行沒有咎害。

莧陸，為細角山羊。取象上卦兌。

九五首當其衝，為夬決小人最為堅定有力者。

象曰：中行無咎，中未光也。

象辭說：「中行無咎」，是指九五雖然得中，但被上六之陰爻所乘臨，其光明被遮蔽。

上六：無號，終有凶。

直解：沒有呼號，最終有兇險。

上六居終，全卦終將變爲純陽之乾卦。乾卦成而無兌口，取象無號。

象曰：無號之凶，終不可長也。

象辭說：上六「無號之凶」，是因爲上六的小人之道不可長久。

第44卦 姤 　乾上巽下

姤：女壯，勿用取女。

直解：女人壯盛，不要娶這個女人為妻。

姤，相遇。

姤為十二消息卦，時當五月，陰息陽消，陰氣前行和增長的趨勢不可抑制。陰氣壯盛所以女壯。

姤卦一女遇五男，古人看來這是不合婦道，這個女人沒有婦德，所以卦辭戒之勿用取女。

《序卦》曰：決必有所遇，故受之以姤；姤者遇也。

直解：決斷前行的夬卦前行有利，必定會有喜事相遇，所以在夬卦之後接著是姤卦。姤就是不期相遇。

彖曰：姤，遇也，柔遇剛也。勿用取女，不可與長也。天地相遇，品物咸章也。剛遇中正，天下大行也。姤之時義大矣哉！

彖詞說：姤，是指相遇，陰柔前行遇合陽剛。不要娶這個女人，是因為這個女人與男人的遇合之道不可長久維持。天與地陰陽二氣遇合，各種物類都能茂盛生長。與陰氣遇合的陽剛，具有中正的美德，其正道可以在天下大為通行。姤卦因時而用的時義真是宏大啊！

象曰：天下有風，姤；後以施命誥四方。

象辭說：天下面有風，形成姤卦之象。君王效法此一象徵，發佈教令，昭告四方之民。

初六：繫於金柅，貞吉，有攸往，見凶，羸豕孚蹢躅。

直解：維繫在剎車的金柅之上，貞正得吉，有所前往，出現兇險，羸弱的小豬知道前面有會應驗的兇險而猶豫徘徊不肯向前。

金柅，是指繫在車下的橫木，用作剎車。

乾為金，巽為木為繩直，乾為車輪，取象繫於金柅。象徵知止貞正。

初六上行遇眾陽爻，異性有助，但初六柔處陽位，

初六前行一女與眾男相遇合，不合婦道，前往有凶。不妄行才能得吉。

羸豕，為瘦豬、小豬。初六陰爻取豕（喜居陰濕之地）之象。

初六一陽爻與上五爻陰陽有陰陽孚信。

蹢躅，是猶豫、徘徊、將行未行之貌。或作踟躕。取象下卦巽為進退。

初六表面女壯，內在羸弱，將面臨的困境是可應驗的（有孚）。

象曰：繫於金柅，柔道牽也。

象辭說：「繫於金柅」，是指初六陰柔之道牽繫於上面眾陽爻。

九二：包有魚，無咎，不利賓。

直解：將魚包裹起來，沒有咎害，不利於用來招待賓客。

姤卦眾陽爻都與初六有陰陽遇合包裹纏綿之意，所以二、四、五都取象爲包。

下卦巽爲木。虞翻解巽爲魚。

九二剛中無咎。

九二近於初六，近水樓臺先得月，佔據主人之位。與初六正應的九四在外是賓客。

下卦巽爲臭，包魚變質發臭，因此不利用來招待賓客。

象曰：包有魚，義不及賓也。

象辭說：「包有魚」，是指義理上已經輪不到九四之賓。

九三：臀無膚，其行次且，厲，無大咎。

直解：臀部沒有皮膚，行動艱難不進，危厲，沒有大的咎害。

夬卦與姤卦互覆，所以這裏與夬卦九四爻辭相同。解釋如前。

象曰：其行次且，行未牽也。

象辭說：「其行次且」而無咎，是因爲九三沒有和初六發生牽連關係。

九四：包無魚，起凶。

直解：包裹沒有魚，興起爭執有所兇險。

初九之魚，不能及於九四之賓。

象曰：無魚之凶，遠民也。

象辭說：「無魚之凶」，是因爲九四距離初六之民太遠。

九五：以杞包瓜，含章，有隕自天。

直解：以杞柳做盛器用來盛裝瓜果，內含章美，自天而隕落。

杞，指杞柳。取象下卦巽爲木。上卦乾爲木果，瓜之象。乾伏坤，坤爲文，文章之象。

乾爲天，巽爲隕落。

象曰：九五含章，中正也。有隕自天，志不捨命也。

象辭說：「九五含章」，是因爲九五有中正陽剛之德。「有隕自天」，是指九五的心志不違背其正道的天命。

上九：姤其角，吝，無咎。

直解：遇合在頭上之角，羞吝，沒有咎害。

六爻以身體取象，上爻有頭部角象。

以角相遇，象徵其遇合有所抵觸。上九遠離初六可以無咎。

象曰：姤其角，上窮吝也。

象辭說：「姤其角」，是指上九其道已是窮盡而有羞吝。

第 45 卦 萃　兌上坤下

萃：亨。王假有廟，利見大人，亨，利貞。用大牲吉，利有攸往。

直解：亨通。君王來到了祭祀的宗廟，利於見到大人，亨通而利於貞正。用豐厚的大牲進行祭祀得吉，利於有所前往。

萃，萃聚。本義為草木茂盛之貌。

上卦兌為悅，下卦坤為順，六二賢臣、九五明君居中得正位，臣道柔順忠誠，君德和悅撫下，政通人和，英才薈萃，感應亨通。

假，至。

下互卦艮為門闕，為閽寺，廟宇之象。

利見大人取象同乾卦之九五。

上卦兌為西方秋日之卦，故利貞。

大牲，是指祭祀用的大的牲畜。古代天子祭祀，社稷用牛、羊、豕三者犧牲，稱之為太勞。下卦坤為牛，上卦兌為羊，萃卦有大坎之象，坎為豕。

上互卦巽順入利往。

《序卦》曰：物相遇而後聚，故受之以萃；萃者聚也。

直解：萬物交感相遇然後萃聚繁榮，所以在姤卦之後接著是萃聚之萃卦。萃就是萃聚。

彖曰：萃，聚也；順以說，剛中而應，故聚也。王假有廟，致孝享也。利見大人亨，聚以正也。用大牲吉，利有攸往，順天命也。觀其所聚，而天地萬物之情可見矣。

彖詞說：萃是萃聚的意思；柔順而喜悅，九五陽剛居中而與六二正應，所以是萃聚。君王來到廟宇，是來致獻孝敬的祭品。利於見到大人亨通，是指以正道而來聚集。用大牲祭祀得吉，利於有所前往，是指這是順應天命之事。觀察萃聚之道，天地萬物的性情形狀都可以看見。

象曰：澤上於地，萃；君子以除戎器，戒不虞。

象辭說：沼澤在土地之上，形成萃卦之象；君子效法此一象徵，修理整治兵戎武器，以戒備意外不測。

除，本意為除去，這裏轉意為治理修整之意。

初六：有孚不終，乃亂乃萃；若號，一握為笑，勿恤，往無咎。

直解：有所孚信，不能善終，出現迷亂的薈聚；並且呼號，一經握手之後轉為歡笑，不必憂慮，前往沒有咎害。

初六與九四有應，陰陽有孚。上互卦巽為不果，下互卦艮為成始成終。

上互卦巽為號。

下互卦艮為手，握手之象。上卦兌為悅，喜笑之象。

初六經歷六二、六三同性為敵的阻礙，向上與九四會合，轉憂為喜。

象曰：乃亂乃萃，其志亂也。

象辭說：「乃亂乃萃」，是因爲初六的心志有所混亂疑懼。

六二：引吉，無咎，孚乃利用禴。

直解：牽引之吉，沒有咎害，有孚信利於用誠敬進行禴祭。

下卦坤三陰爻相連，下互卦艮爲手，牽引之象。

孚指陰陽相孚（上遇九四）。

禴，指祭祀。周禮以夏日祭祀先王爲禴祭，其祭祀主要以音樂爲主，所以樂祭的祭品較爲菲薄。下卦坤爲虛爲吝嗇，祭品菲薄之象。

象曰：引吉無咎，中未變也。

象辭說：「引吉無咎」，是指六二執中守正之心沒有改變。

六三：萃如，嗟如，無攸利，往無咎，小吝。

直解：萃聚的樣子，嗟歎的樣子，無所利，前往沒有咎害，小有羞吝。

萃卦大坎之象爲心憂。六三多凶失位，與上無應，嗟歎之象。

六三前行遇九四，陰承陽有利，但綜合不利因素爲多，最終爻辭占斷小有羞吝。

象曰：往無咎，上巽也。

象辭說：「往無咎」，是指六三上行有巽順之意。

九四：大吉，無咎。

直解：大爲吉祥，沒有咎害。

九四深得萃聚之道，其下又有三陰爻承接，所以大吉。

但九四不中失位，上行同性爲敵不利，綜合而言僅能無咎。

象曰：大吉無咎，位不當也。

象辭說：九四大爲吉祥而僅能無咎，是因爲九四位置不正當。

九五：萃有位，無咎。匪孚，元永貞，悔亡。

直解：萃聚有尊貴的位置，沒有咎害。沒有孚信，初始就應永遠貞正，悔咎消亡。

九五居天子尊位，所以無咎。

九五本來與六二有孚，但之間有九四阻隔，下三陰爻均孚信於九四，把九五晾在了一邊。所以匪孚。

九五剛中，體乾元善德。所以爻辭稱元永貞。

象曰：萃有位，志未光也。

象辭說：「萃有位」，是指九五其心志未能發揚光大。

上六：齎咨涕洟，無咎。

直解：悲憤歎息，哭出眼淚鼻涕，沒有咎害。

齎咨，嗟歎之辭。取象上卦兌爲口。

涕洟，哭泣之象。取象上互卦巽爲號。

上六失位萃道已窮，既乘凌九五，又與六四無應，因此悲戚哀歎。

萃卦六爻皆言無咎。來知德解釋說，萃卦暗含上天有好生之德之意。

象曰：齎咨涕洟，未安上也。

象辭說：「齎咨涕洟」，是因為沒有使上六得到安定。

第46卦 升 坤上巽下

升：元亨，用見大人，勿恤，南征吉。

直解：元始亨通，宜於見到大人，不用憂恤，向南出征爲吉

升，上升。

上卦坤爲地，下卦巽爲木，木生於中，日漸而長，進益不止，終成參天之高大，這是上升之象。

上升由下而上，含有初始即亨通之義。之所以不說利貞，是因爲升之時義是宜於動而上升。

大人指九二，取象同於乾卦之九二。不曰利，六五、九二皆不得位，所以不言利而稱用。

升卦有大坎之象，坎爲憂恤。

上互卦震爲動取出征之象。上卦坤爲西南方位，下卦巽東南方位，所以向南得吉。

《序卦》曰：聚而上者，謂之升，故受之以升。

直解：因萬物繁榮相生的萃聚，集腋成裘，積沙成塔，聚少成多，漸漸而形成上升的高大之勢。萃聚而向上就叫做升，所以在萃卦之後，接著是升卦。

彖曰：柔以時升，巽而順，剛中而應，是以大亨。用見大人勿恤，有慶也。南征吉，志行也。

彖詞說：陰柔之氣應時而上升，巽柔而和順，九二陽剛在中與

六五有應，因此而大爲亨通。宜於見到大人不要憂恤，是因爲有所喜慶之事。南征得吉，是因爲九二由下到上，與六五相應，其心志得以通行。

象曰：地中生木，升；君子以順德，積小以高大。

象辭說：土地中生長出樹木，形成升的卦象；君子效法此一象徵，順應事物發展的內在規律，從小處累積，終成高大。

初六：允升，大吉。

直解：應允而上升，大爲吉祥。

允，允爲信。上卦坤土爲信。

象曰：允升大吉，上合志也。

象辭說：「允升大吉」，是因爲初六與在上的九二陰陽感應心志相合。

九二：孚乃利用禴，無咎。

直解：有孚信利於用誠敬進行禴祭，沒有咎害。

升卦與萃卦互爲覆卦，所以此處同萃卦六二爻辭。解釋如前。

象曰：九二之孚，有喜也。

象辭說：九二有孚信，上升前行有所喜慶（輔助六五建功）。

九三：升虛邑。

直解：上升到空虛的邑國。

上卦坤爲虛，爲邑國。九三上升如入無人之境，非常順利。

象曰：升虛邑，無所疑也。

象辭說：「升虛邑」，是指九三上升無所疑懼。

六四：王用亨於岐山，吉無咎。

直解：君王在岐山進行享祭，吉祥沒有咎害。

四爲諸侯之位，爲王。

亨，這裏同享，指祭祀。上互卦震爲長子主享祭。

岐山在西，是西周的發祥之地。取象下互卦兌爲西方之卦，兌伏艮爲山。

象曰：王用亨於岐山，順事也。

象辭說：「王用亨於岐山」，是因爲六四能順事而行。

六五：貞吉，升階。

直解：貞正得吉，升上臺階。

六五失位，因此爻辭戒之以貞吉。

下卦巽爲風、爲入、爲高，上卦坤三陰重疊相連，有坤土臺階之象。

象曰：貞吉升階，大得志也。

象辭說：「貞吉升階」，是指六五能夠大得其心志。

上六：冥升，利於不息之貞。

直解：在冥昏中上升，有利與不停息的貞正。

上卦坤爲黑，在八卦逸象中爲冥。下卦巽爲利。上互卦震動不已，不息之象。

上六升道窮盡，所謂日暮途窮，所以此時不可妄動，不能盲目上升，而利於靜待時變。

象曰：冥升在上，消不富也。

象辭說：冥昏之升在於上位，是指上六將要消損而不會富有。

第47卦 困

兑上坎下

困：亨，貞，大人吉，無咎，有言不信。

直解：亨通，貞正，大人吉祥，沒有咎害，有所言語不被相信。

困，困窮。

下卦坎為月，上卦兌為毀缺，下互卦離為日，上卦巽為進退，下卦坎又為坎險，所以此象為日月之明被遮掩，有如君子處亂世為小人所不容，處於困窮之地。

上卦兌為西方秋日之卦，下卦坎為北方冬日之卦，因此卦辭說貞，處困之時要貞固守正。君子固窮，困也可以無咎和亨通。

不稱利貞，是因為當困卦之時不可言利，以脫困為吉。

九二、九五剛中為大人，大人為脫困之依靠，所以吉。

上卦兌為口為言。下卦坎為耳痛，有不聽之象。

當困卦之時，小人當道，君子不如以緘默處之，這才是處困之正道。

《序卦》曰：升而不已，必困，故受之以困。

直解：因萬物繁榮相生的萃聚而形成的上升通達之境遇，同樣也會盛極而衰。上升而不知停止，必然會蒙受窮困，所以在「升」卦之後，接著是窮困的「困」卦。

彖曰：困，剛掩也。險以說，困而不失其所，亨；其唯君子乎？貞大人吉，以剛中也。有言不信，尚口乃窮也。

彖詞說：困卦，是陽剛被陰柔所遮掩。遇險而以愉悅之態處之，窮困而不會喪失其立身的根本，所以亨通。這樣做大概是有德的君子才能夠做到吧？貞固大人得吉，是因為九二、九五有剛中之德，君子之言不被聽信，是說崇尚言語之虛華乃是其困窮之原由。

象曰：澤無水，困；君子以致命遂志。

象辭說：水從澤中漏出，澤中無水，形成困卦之象；君子效法此一象徵，用以完成自己的使命，實現自己的志願。

初六：臀困於株木，入於幽谷，三歲不覿。

直解：臀部受困在株木叢中，進入了幽暗的山谷，三年不見。

下互卦離為臀（見夬卦）。上互卦巽為木。

上互卦巽為入。下互卦坎為坎陷，幽谷之象。

覿，為見。離先天八卦數為三。

初六本有應於九四，但九二在前，有隔絕相見九四之意。

象曰：入於幽谷，幽不明也。

象辭說：「入於幽谷」，是因為初六幽暗不明。

九二：困於酒食，朱紱方來，利用亨祀，征凶，無咎。

直解：受困於酒水飲食，祭祀時穿的紅色的禮服剛剛到來，利於進行祭祀活動，出征有凶，沒有咎害。

下卦坎水，下互卦離火取象酒水飲食。

紱，本義是繫印章或佩玉用的絲帶。朱紱，指祭祀時穿紅色的禮服。

上互卦巽爲繩直，取象絲帶。下互卦離爲火爲朱赤色。

朱紱方來，意爲窮困之君子剛剛得到提拔，得到祭祀時穿的朱紱。

困於酒食一句言窮，朱紱方來一句言達。

六三陰爻遮掩困陷九二陽爻前行有凶。

象曰：困於酒食，中有慶也。

象辭說：受困於酒水飲食（而最終無咎），是因爲九二居中，有此喜慶。

六三：困於石，據於蒺藜，入於其宮，不見其妻，凶。

直解：受困於岩石之中，支撐憑據在蒺藜之上，進入了自己的宮室，沒有見到自己的妻子，有所兇險。

上卦兌伏艮，艮爲石。

艮又爲手，支撐憑據之象。

蒺藜，一年生草本植物，有刺。《荀九家易》之逸象坎爲蒺藜。

上互卦巽爲入。上卦兌伏艮，艮有宮室之象。

六三與上無應，下互卦離爲目爲見，上卦兌爲毀折，不見之象。

象曰：據於蒺藜，乘剛也。入於其宮，不見其妻，不祥也。

象辭說：「據於蒺藜」，是因爲六三乘凌在九二之陽剛之上。「入

於其宮，不見其妻」，是因爲有不祥之預兆。

九四：來徐徐，困於金車，吝，有終。

直解：來得非常的緩慢，受困於金車之中，羞吝，有所善終。

九四本與初六有應，但其間有九二阻隔，所以感應遇合來遲。

上互卦巽爲風，爲進退，徐徐之象。

金車指九二。下卦坎爲輿爲車。九四爻動變上互卦巽變爲艮。見蒙卦「見金夫」，艮爲金。

九四多懼不中失位有吝。

九四陽處陰位，有靜侯待變之象，不因受困而急躁，所以善終。

象曰：來徐徐，志在下也。雖不當位，有與也。

象辭說：「來徐徐」，是指九四的心志是與下面的初六相應。九四失位雖然位置不正當，但它卻與下面的初六相應，是能夠得到幫忙的。

九五：劓刖，困於赤紱，乃徐有説，利用祭祀。

直解：遭受劓刖的刑罰，受困與於祭祀時穿的紅色禮服，徐緩解脫其困境，利於進行祭祀活動。

劓，是指古代割鼻之刑。

刖，是指古代砍足之刑。

上坎兌伏艮爲鼻，艮不見，劓刑之象。

上互卦巽伏震，震爲足，足不見，有砍足的「刖」刑之象。

赤紱，也是祭祀時穿的紅色禮服，與朱紱之意取象相同。

上卦兌為說，通脫。

九五爻動變上卦兌變震，震主祭祀。

九五陽處尊位，雖得中得位，但被小人所包圍，在顯貴之時有
劓刖之兇險。

**象曰：劓刖，志未得也。乃徐有說，以中直也。利用祭
祀，受福也。**

象辭說：劓刖之厄，是指九五與九二不相應，心志未得相應相
助。九五有剛中正直之德，所以可以從容脫離險境。九五可以用誠
敬之意祭祀神靈，就可以受福於天。

上六：困於葛藟，於臲卼，曰動悔有悔，征吉。

直解：受困於葛藟纏繞之中，於危險不安之處，說的就是：如
果妄動則會悔吝，由此悔悟，征行得吉。

葛藟，是指藤蔓纏繞一類的草本蔓生植物。

臲卼，是指危險不安，動搖不安之貌。

上互卦巽為草木，取象葛藟。上卦兌伏艮，艮為高山，有臲卼
危險不安之象。

上六處困卦終極之位，本應靜侯時變，如果妄動則會有悔。

象曰：困於葛藟，未當也。動悔有悔，吉行也。

象辭說：「困於葛藟」，是因為上六在上之位，位有不當。「動
悔有悔」而征吉，認清自己的形勢，前行出征可以得到吉祥。

第48卦 井 坎上巽下

井：改邑不改井，無喪無得，往來井井。汔至，亦未繘井，羸其瓶，凶。

直解：改變遷移城邑，但不會改變遷移水井的位置，沒有喪失，也沒有獲得，往往來來，井養不窮。汲水之時幾乎快要到達井口，但是井繩提起還沒有提出井口，但卻讓水瓶傾覆毀壞，因此兇險。

井，本義爲水井，轉義爲整齊，有秩序。如成語：井井有條。

上卦坎爲水，下卦巽爲木。木象徵桔槔，俗稱「吊杆」，井上汲水工具。象徵桔槔的木，從下而上，將水汲取，這是井之象。

下互卦離，離中虛，有從井中汲水的容器（瓶）之象。上互卦巽爲進退，正好模擬了汲水容器上上下下。

井水需養大眾，象徵君王治理天下，以謙沖持平的政教滋潤和風化天下，仁政的美德用之不竭，惠澤無有窮盡。

下卦巽爲近利市，有市井城邑之象。

井水的汲用不可窮盡，取之不竭，無喪無得。

人們的日常生活依賴於井水，不管是往者還是來者，人們都離不開井水。古時人們汲水時禮讓成風，依次汲水。

繘，綆也，汲水索也。取象下卦巽爲繩直。

汔，幾也。

羸，敗也，這裏有傾覆墜毀之意。取象下互卦兌毀折離瓶。

水井如果得以利用，則可利物濟人，如果不得其用，會有羸其

瓶之凶，更談不上成濟人利物之功。

《序卦》曰：困乎上者，必反下，故受之以井。

直解：既然是受困於上方，那麼出路只能是回反於下方，而井像是取水在下，所以在「困」卦之後，接著是重新回到應有的秩序的反乎下的「井」卦。

彖曰：巽乎水而上水，井；井養而不窮也。改邑不改井，乃以剛中也。汔至亦未繘井，未有功也。羸其瓶，是以凶也。

彖詞說：巽木入於水中，使水上升，則是井卦的含義。井，以其井水養育人民，而自身的井水則不會窮盡。改變城邑而不改變水井，是因為九二、九五陽剛居中。汲水還沒有出井，是說沒有能達成其利物濟人之功。傾覆毀墜了汲水的水瓶，所以是有兇險的。

象曰：木上有水，井；君子以勞民勸相。

象辭說：木的上面有水，形成井的卦象；君子效法此一象徵，慰勞人民，勸說人民相互幫助。

初六：井泥不食，舊井無禽。

直解：井底井泥淤積，井水不可食用，廢棄的老井，不可能出現有飛禽。

六爻以水井取象，初六在下則是井底。井底井水和泥土混雜分際處，則是井泥。

下互卦兌為口，取象為食。

下卦巽為臭。井泥發臭，不食之象。

初六爻動下卦巽變爲乾，乾爲老，爲舊。

坎卦本身有飛鳥之象。來知德說，「凡易言禽者，皆坎也」。

象曰：井泥不食，下也。舊井無禽，時舍也。

象辭說：「井泥不食」，因爲初六的爻位在最下。「舊井無禽」，是指時間不正確，因此被捨棄。

九二：井穀射鮒，甕敝漏。

直解意爲：在井底出水的穴竅處用弓箭射鮒魚，盛水容器之陶甕被敝破因此而漏水。

井谷，指井底出水的泉眼洞穴孔竅。

九二爻動變下卦巽變爲艮，艮爲山，一陽爻在上爲實，兩陰爻在下爲虛，實者爲山，虛者爲穀。

鮒，是指小魚。今指鯽魚。下卦巽爲魚，巽變爲艮爲小，上卦坎爲弓。

上互卦離中虛，甕之象。

下卦巽下缺，漏水之象。

象曰：井穀射鮒，無與也。

象辭說：「井穀射鮒」而陶甕射破，是因爲九二不能得到幫助。

九三：井渫不食，爲我心惻。可用汲，王明，並受其福。

直解：井中已淘去污泥井水變爲清潔卻仍然不去食用，這是因爲我的心中有悲傷惋惜之意。其實是可以汲水食用，這是因爲君王聖明，可以和別人一起接受福祉。

渫，是指自井中淘去污泥。

九三爻動變下卦巽變爲坎。有井水變清潔之象。

惻，爲悲傷惋惜之意。取象於上卦坎爲心憂。

王，是指九五。上互卦離爲火，爲明。

九三賢人，不中處多凶之位，與九五沒有正常的交流方式，所以雖然是井水已經治理清潔，但還是因其不能施展才能，心憂而不能食。

象曰：井渫不食，行惻也。求王明，受福也。

象辭說：「井渫不食」，是因爲九三的前行心中有悲傷惋惜。希望祈求君王的賢明，使天下人都能受此井養之福。

六四：井甃，無咎。

直解：修治井內的井壁，沒有咎害。

甃，井壁也。

上互卦坎和下互卦離組成水火既濟之卦象，有治理水井已經完成之意。

象曰：井甃無咎，修井也。

象辭說：「井甃無咎」，是因爲修理水井完成。

九五：井冽，寒泉食。

直解：井水甘甜清潔，寒冷的泉水可以食用。

九五爻變上卦坎變爲坤，坤土在五行五味中爲甘。

上卦坎是北方多日之卦，取象爲寒。

象曰：寒泉之食，中正也。

象辭說：寒冷的泉水可以食用，是因爲九五陽剛處於中正之位。

上六：井收勿幕，有孚元吉。

直解：治井之事已經完成，不需要用井蓋將井口蓋住，有此孚信，始即大吉。

收，這裏有完成、收結等意。

幕，本意爲帷幕，指用來遮蓋井口的井蓋。

治理水井之事已經大功告成，應該打開井口，任由往來行人汲用。

上卦坎爲孚。

象曰：元吉在上，大成也。

象辭說：元吉出現在上六上面這個位置，是因爲井養之意在這裏得到了最大的成就。

第49卦 革　兌上離下

革：已日乃孚，元亨利貞，悔亡。

直解：時間到了已日就有孚信，元始、亨通、有利、貞固，悔過消亡。

革，變革。

革的本義是去毛的獸皮。古時王朝更替，君主易姓，要重訂曆法頒佈朝代新的年號，根據五行生克的原理改易服飾顏色，所謂改正朔（正就是正月，朔是月初，正朔即指一年的第一天，所以也用正朔來代表曆法或皇帝的年號），易服色。所以王朝的更替也稱為革命。

革卦上卦兌五行屬金，上互卦乾為金，下卦離為火，下互卦巽為木為風，風木生火上炎，鍛革兌金乾金，可成器物。

已日，指戊已之已日。五行戊已為土。

後天八卦方位離在南方，兌在西方，離兌的中間為坤，坤為西南。八卦配五行，離為火，兌為金，坤為土。土生金，坤土和戊已之土在離火兌金之中，可以鍛革成器物。

戊為陽，已為陰，而兌和離均是陰卦，所以取已土，而日期取為已日。已日為土，孚信於兌金離火之中的坤土。

乾卦之文言中說「乾道乃革」，所以革卦有變革乾道之意，因此卦辭中取乾卦之元亨利貞，如此可以悔亡。

《序卦》曰：井道不可不革，故受之以革。

直解：井卦之道不可以不革舊成新，所以在井卦之後接著是革卦。

彖曰：革，水火相息，二女同居，其志不相得，曰革。己日乃孚，革而信也。文明以説，大亨以正，革而當，其悔乃亡。天地革而四時成，湯武革命，順乎天而應乎人，革之時大矣哉！

彖詞說：革卦上卦澤水下卦離火有相克熄滅之意。上卦兌爲少女，下卦離爲中女，這是二女同居之象，一個家庭中的少女和中女，各自想著出嫁的心思，其心志不同而不相得，因此稱爲革。在己日有孚信，是變革而可以信任。文明而喜悅，大爲亨通而得正，變革而相當，其悔過也因此可以消亡。天地之間因爲有所變革所以才能成就春夏秋冬四時，商湯王和周武王革命，順從了天意而又響應了人民的心志，所以革卦的因時而用的意義真是非常宏大啊！

象曰：澤中有火，革；君子以治曆明時。

象辭說：澤水中有火，形成革的卦象；君子效法此一象徵，修治曆法，明其時用。

初九：鞏用黃牛之革。

直解：黃牛的皮革來加固約束。

鞏，鞏固。

下卦離爲牝牛。六二有黃離之象。離卦中虛外實，有皮革之象。

變革必須先站穩腳跟，立身牢固，才能順應待變。

象曰：鞏用黃牛，不可以有為也。

象辭說：「鞏用黃牛」，是指初九不可以盲目行動，有所作為。

六二：己日乃革之，征吉，無咎。

直解：在己日就可以進行變革，征行得吉，沒有咎害。

離卦得坤之體，六二有陰土之象，取象為己日。解釋同前。

六二中正有應，具有可以進行變革的時和位。

象曰：己日革之，行有嘉也。

象辭說：「己日革之」，是因為其前行受到嘉獎。

九三：征凶，貞厲，革言三就，有孚。

直解：征行有凶，貞固不變危厲，變革要進行三次才能有成就。有所孚信。

九三前行遇九四、九五同性為敵有凶，固守不變沒有好的結果。

言，為語助詞。下卦離，先天八卦數為三。

九三應該反覆討論商議，做好充分的準備。九三與上六正應，此為陰陽感應的孚信。

象曰：革言三就，又何之矣。

象辭說：「革言三就」，還能去什麼地方呢？

九四：悔亡，有孚改命，吉。

直解：悔過消亡，有孚信而改革天命，吉祥。

九四失位不中無應，困處在九三、九五兩陽爻之中。

九四本是有所悔吝，但其變革的志向沒有改變，有此孚信得吉。

下互卦巽爲命。

象曰：改命之吉，信志也。

象辭說：「改命之吉」，是因爲九四的心志有所誠信。

九五：大人虎變，未佔有孚。

直解：大人如猛虎一般推行變革，不用占卜也會有所孚信。

大人是指九五。

上互卦乾爲君爲王，百獸之王爲虎，上卦兌爲西方白虎。

革，本意爲皮革，其最最華美者莫過於虎皮。而虎皮也是多次變化換毛，最後才蔚然成彩。

上六爻的豹變，取象立意與基本相同，只是豹皮略遜於虎皮。

九五當時當位，正是進行變革的大好時機。

象曰：大人虎變，其文炳也。

象辭說：「大人虎變」，是指九五大人變革之德文采彰顯。

上六：君子豹變，小人革面，征凶，居貞吉。

直解：君子如豹子一般推行變革，小人變革自己舊時的顏面，征行有凶，居處貞正得吉。

豹變指君子。虎豹同形，虎大豹小，虎陽豹陰。

上六兌伏艮，艮爲山，虞翻以艮爲豹。

上六革道已成，王公貴族這些君子，追隨在九五大人的虎變之後，以豹變的姿態將改革繼續進行下去。

而相對於一般的民眾，或者是曾經在舊時代作過惡的小人，這時候也應該順應時事，進行自我的改變，洗心革面，再世爲人。

上六如人體頭部位置，取象爲面。

革道已成之時，以安定團結爲吉。

象曰：君子豹變，其文蔚也。小人革面，順以從君也。

象辭說：「君子豹變」，是因爲其文采蔚然可觀。「小人革面」，小人應該採取順從的態度，服從改革之君主。

第50卦 鼎 離上巽下

鼎：元吉，亨。

直解：始即大吉，亨通。

鼎，鼎器。本義爲古代烹煮用的器物，盛行於商、周時期用於煮盛物品，或置於宗廟作銘功記績的禮器。

鼎卦六爻本身有鼎的象形，初六似鼎足，九二、九三、九四似鼎身（鼎腹），六五似鼎耳，上九似鼎鉉（鼎杠）。

上卦離爲火，下卦巽爲風爲木，下互卦乾爲金，上互卦兌爲澤，澤有水象而五行爲金，綜合起來看，乾兌爲金屬器皿而含有澤水被木火燒煮，有鼎烹熟物之象。

鼎烹化生爲熟以養人，在古人看來這與賢明的君王以仁德之政教化天下有異曲同工之妙。

鼎卦化生爲熟，是一個從初到終的過程，所以有初始就吉祥的意義，並且有亨通之道，但九二與六五均不得位，所以只言元亨，而不言利貞。

《序卦》曰：革物者莫若鼎，故受之以鼎。

直解：變革事物的象徵沒有比鼎器更爲適宜，所以在革卦之後接著是鼎卦。

彖曰：鼎，象也。以木巽火，亨飪也。聖人亨以享上帝，而大亨以養聖賢。巽而耳目聰明，柔進而上行，得中而應乎剛，是以元亨。

彖詞說：鼎卦六爻有鼎的形象。下卦巽木上卦離火，有以木入於火中燃燒進行食物烹飪之象。聖人以鼎烹飪食物，祭享於上帝，而以豐盛的食物烹飪，來奉養聖賢。巽順而耳聰目明，陰柔前進向上而行。九二、六五得中，六五陰柔下應九二之陽剛，這就是元亨之意。

象曰：木上有火，鼎；君子以正位凝命。

象辭說：木上面有火，形成鼎的卦象；君子效法此一象徵，應該嚴正其位置，堅凝其使命。

初六：鼎顛趾，利出否，得妾以其子，無咎。

直解：鼎足之趾顛覆而使鼎傾倒，這有利於將鼎腹內的不善和污垢之物傾倒出去。得到妾婦同時也得到其子，沒有咎害。

初爻在下取象爲趾。

下卦巽爲隕落，取象爲顛。

否，即爲不善。下卦巽爲臭，初六在下，有陰濁腐臭之象。

初六應於九四，上互卦兌爲少女，爲妾。下卦巽爲得利。巽伏震爲長子。

初六顛趾出否，除舊佈新，因此無咎。

象曰：鼎顛趾，未悖也。利出否，以從貴也。

象詞說：「鼎顛趾」，並不是說有悖於常理。利於出否，是因為初六上從貴人（以陰從陽）。

九二：鼎有實，我仇有疾，不我能即，吉。

直解：鼎中充實佳餚，我的配偶有了疾病，不能夠前來我這裏，吉祥。

九二陽為實，位置在鼎腹，鼎中不善之物已經傾除，裝進佳餚。

仇，這裏指配偶。

即，就也。

我是指九二。九二選擇的配偶則是六五。

上互卦兌為毀折，九二到六五是一大坎象，坎為心病，疾病之象。

九二、六五之間有九三、九四相阻，六五不能順利與九二相聚。

但是九二、六五均得中有應，故吉。

象曰：鼎有實，慎所之也。我仇有疾，終無尤也。

象辭說：「鼎有實」，是指要謹慎所前去之地。「我仇有疾」，是說最終還是沒有尤過。

九三：鼎耳革，其行塞，雉膏不食，方雨虧悔，終吉。

直解：鼎耳出現了變革，前行的道路被阻塞，野雉羹湯不得食用，將要下雨就會虧消悔吝的事情，最終得吉。

九三爻動變下卦巽則變為坎，坎為耳。初六到六五是大坎之

象，大坎是發生了變異的坎，所以取象為耳革。

鼎耳本來是扛鼎之用，鼎耳改變，則不能扛舉其鼎而行，其行被塞。

上卦離為雉，雉在鼎中烹飪，即野雞羹湯。

上互卦兌為口，下卦巽為臭，不食之象。

初六到六五的大坎為雨。

九三畢竟是陽剛得位，鼎中有食，所以終吉。

象曰：鼎耳革，失其義也。

象辭說：「鼎耳革」，是指九三處事喪失其應有之義理。

九四：鼎折足，覆公餗，其形渥，凶。

直解：鼎折斷了鼎足，傾覆王公享用的珍膳，其形狀沾汙難看，兇險。

上互卦兌為毀折，取象折足。

餗，珍膳。

渥，沾汙。

九四不中失位，所以有凶。

象曰：覆公餗，信如何也。

象辭說：「覆公餗」，他的信義是怎麼樣呢？

言下之意是九四不值得信任。九四本近於六五天子之側，是天子所信任之臣，但九四不勝其任。

六五：鼎黃耳金鉉，利貞。

直解：鼎上有黃色的鼎耳和以金飾之的鼎杠，利於貞正。

六五位於鼎耳之位置，得離黃之色。

鉉，指橫貫鼎兩耳以舉鼎的鼎杠。

六五爻變上卦離變爲乾，乾爲金。

六五失位，宜靜不宜動。

六五鼎實已成，但時位還不是最佳，所以不必急於享祭。

象曰：鼎黃耳，中以爲實也。

象辭說：鼎上有黃色的鼎耳，是指六五本陰虛無實，但是其得中，以中正之道爲實。

上九：鼎玉鉉，大吉，無不利。

直解：鼎上有以玉飾之的鼎杠，大爲吉祥，沒有不利。

上九爻動變爲上卦離變爲震，《荀九家易》之逸象解震爲玉。

上九鼎道已成，以陽居陰，有如玉鉉溫潤剛美，剛而能柔，比之金鉉，更有不加誇飾炫耀的誠摯，所以此時祭享上帝，奉養聖賢，更爲合宜。

象曰：玉鉉在上，剛柔節也。

象辭說：玉鉉在鼎卦之上大吉而沒有不利，是因爲陽剛和陰柔能夠相互制約和調節。

第51卦 震　震上震下

震：亨。震來虩虩，笑言啞啞。震驚百里，不喪匕鬯。

直解：亨通。震雷到來萬物先是恐懼警戒，然後歡笑言語聲不斷。震雷驚動其國邑中百里的土地，但主祭祀的長子卻處變不驚不會失落手中的禮器祭物。

震，震動。

震卦動而能通，所以不言利貞，言亨。

虩，本意為壁虎。虩虩，為震動不安之貌。下互卦艮為虎。

啞啞，指笑聲。虞氏逸象中震取象為言為笑。

震動目開，有眉開眼笑之象。

匕，湯匙之類器具，為祭祀之器。鬯，為祭祀之酒名。

匕鬯，用以指祭祀之禮器物品。

震仰盂，盛裝器具之象。

上互卦坎水，有酒之象。

震為主器之長子，祭祀宗廟。

坤為邑國，有諸侯管理方圓百里土地之象。虞氏逸象震為百。

下互卦艮為手，有手持匕鬯而不喪失之象。

《序卦》曰：主器者莫若長子，故受之以震；震者動也。

直解：主持宗廟祭器的人沒有比長子更為適宜，所以在鼎卦之後接著是代表主持宗廟祭器的長子之震卦。震就是震動。

彖曰：震，亨。震來虩虩，恐致福也。笑言啞啞，後有則也。震驚百里，驚遠而懼邇也。出可以守宗廟社稷，以為祭主也。

彖詞說：震卦有亨通之道。震雷到來驚惶恐懼不安，是因為能夠心存恐懼謹慎之意，而能以此招致福祉。歡笑言語聲不斷，是因為其主器祭祀的君王，本身具有安亨處世的日常不變的準則。震雷驚動百里的土地，是指處於遠處的人聞之而警覺，處於近處的人聞之而畏懼。主祭祀的君王處變不驚，所以可以出任守持宗廟社稷的重任，成為祭祀之主。

象曰：洊雷，震；君子以恐懼修省。

象辭說：兩雷相重形成震卦之象；君子效法此一象徵，心中存以恐懼的憂患意識，修身反省而慎行。

初九：震來虩虩，後笑言啞啞，吉。

直解：同卦辭。

初九剛健有力的陽爻代表震源。

爻辭中增加一個後字，強調其時間順序關係。

象曰：震來虩，恐致福也。笑言啞啞，後有則也。

象辭解釋同前面象辭。

六二：震來厲，億喪貝，躋於九陵，勿逐，七日得。

直解：震雷前來有危厲，大大喪失了財物，登上了九仞之高的

山陵，喪失的財物不要去追逐，七日之後回復得到。

六二震感強烈，乘凌初九有厲。

億，這裏指大。

貝，貝殼，本來是古代的貨幣，這裏指財物。

六二爻動變下互卦艮則變爲離。離爲蚌取象爲貝。離不見所以喪貝。

躋，指舉步升高。

下卦震爲足，下互卦艮爲山陵。

七日，可以理解爲從六二向上，前行到上六，向下又回復到初九，再到六二，經過了七次變化。

震卦形如一變形縮小的復卦，所以有勿逐自複之象。

象曰：震來厲，乘剛也。

象辭說：「震來厲」，是因爲六二以陰柔乘凌於初九之陽剛。

六三：震蘇蘇，震行無眚。

直解：震驚恐懼中神氣渙散，震雷之時前行沒有災眚

上互卦坎爲坎險、心憂、多眚。

六三因震動而上行，前行遇九四有利，可以脫離坎險，所以沒有災眚。

象曰：震蘇蘇，位不當也。

象辭說：「震蘇蘇」，是指六三失位不中，其位置不正當。

九四：震遂泥。

直解：震雷之時墜陷於泥濘之中。

上互卦坎為水，下互卦艮為土，艮土坎水混合而為泥。

遂，此處意為墜陷。

象曰：震遂泥，未光也。

象辭說：「震遂泥」，是指九四爻象處於坎陷，不能煥發其光明。

六五：震往來厲，億無喪，有事。

直解：震雷前往回來有危厲，大大的沒有喪失，有祭祀之事。

六五在上，上下卦均是震，上卦為往，下卦為來。

象曰：震往來厲，危行也。其事在中，大無喪也。

象辭說：「震往來厲」，是指六五處震驚之時，心知危厲而前行。六五得中道主事，不會有大的損失。

上六：震索索，視矍矍，征凶。震不於其躬，於其鄰，無咎。婚媾有言。

直解：震驚恐懼畏縮，目光環顧不安，征行有凶。震動之驚恐不在於其自身，而在於其鄰里，所以沒有咎害。婚媾之事有言語爭執。

矍，驚視貌。上六爻變動上卦震則變為離，離為目。

躬，為自身。指上六自己，鄰是指六五。

震源在初九和九四。六五緊鄰九四，所以直接受到震動。

上六與六三不應，是婚媾爭執之象。

象曰：震索索，未得中也。雖凶無咎，畏鄰戒也。

象辭說：「震索索」，是指上六處位沒有得到中位。上六兇險但沒有咎害，是因為上六已經看到其鄰居九五在前遭受震驚之災禍，而因此有所戒備。

第52卦 艮　艮上艮下

艮：艮其背，不獲其身，行其庭，不見其人，無咎。

直解：艮卦停止其背部，不能獲悉其身體，前行進入其門庭之內，看不見那個人，沒有咎害。

艮，停止。

艮卦卦德為止，止而不前，所以卦辭既不言元亨，也不言利貞。

艮卦一陽爻陽實在上，兩陰爻陰虛在下，以人的身體作比，有背之象。

人前為身，人後為背，背在身之後，身在背之前。艮卦以背示人，不見其人，不獲其身。

艮為門闕，上艮下艮有重門之象。而兩門之間，則為門庭。六四、六五爻為兩門之間的庭院。六四、六五陰虛，取無人之象。

《序卦》曰：物不可以終動，止之，故受之以艮；艮者止也。

直解：事物不可以永遠在運動，最終會停止下來，所以在震卦之後，接著是艮卦。艮就是停止。

彖曰：艮，止也。時止則止，時行則行，動靜不失其時，其道光明。艮其止，止其所也。上下敵應，不相與也。是以不獲其身，行其庭不見其人，無咎也。

　　彖詞說：艮卦代表停止，可以停止的時候則是停止，可以前行的前行則是前行，一動一靜，都是因時而行，不失其時義，所以艮卦之道有正大光明之象。艮卦的停止，是停止在其應該停止的位置之上。上卦三爻和下卦三爻均是陰陽同性，上下敵對不應。所以卦辭中才有「不獲其身行其庭，不見其人，無咎」這樣的說法。

象曰：兼山，艮；君子以思不出其位。

　　彖詞說：兩山兼重，形成艮卦之象；君子效法此一象徵，其思考的事情不超越它的職責許可權。

初六：艮其趾，無咎，利永貞。

直解：停止在其腳趾，沒有咎害，利於永遠貞正

以人身體取象，初六為腳趾。

初六位卑力弱，有不妄動之象。

象曰：艮其趾，未失正也。

象辭說：「艮其趾」，是指初六沒有失其艮止的正道。

六二：艮其腓，不拯其隨，其心不快。

直解：停止在其小腿肚，不拯助其隨從，心意不能暢快。

腓為小腿肚，解釋見咸卦。

隨，如咸卦九三爻辭執其隨。

九三「限」是腰部，六二為九三之「隨」。

《周易》中言「拯」之處均是陰爻被陽爻拯助。

下互卦坎為心病。

象曰：不拯其隨，未退聽也。

象辭說：不拯助隨之前行，是因為九三沒有能夠向下後退聽從六二之心意。

九三：艮其限，列其夤，厲熏心。

直解：停止在其腰位的位置，用力過猛撕裂其背脊之肉，處境危厲心中難受煎熬如同欲火熏烤燒灼內心。

限，指界限，腰部是人體上下分界之處的。

列，假借為裂。

夤，指背脊之肉。下互卦坎「其於馬也，為美脊」，取象為背脊肉。

九三因陽剛得位有妄動之象。

下互卦坎為心病，坎伏離，離為火，綜合而取欲火熏心之象。

象曰：艮其限，危熏心也。

象辭說：「艮其限」，是說危險讓九三感到如欲火熏心一般。

六四：艮其身，無咎。

直解：停止在其身體的部位，沒有咎害。

九三為腰，因此六四取象為在腰部之上的上身。

六四柔處陰位得位，身不動有安靜之象。

象曰：艮其身，止諸躬也。

象辭說：停止在其身體的部位，是指六四能夠安靜自處，停止

於自己的身體。

六五：艮其輔，言有序，悔亡。

直解：停止在其口頰臉輔，言語有邏輯次序，悔過消亡。

六五停止在口頰臉輔，其意近於咸卦「鹹其輔頰舌」，意爲能夠管住其嘴巴，言語謹慎。

六四爲身體，六五取象爲身體之上的臉部。

象曰：艮其輔，以中正也。

象辭說：「艮其輔」，是指六五處於中的位置，以正道自處。

上九：敦艮，吉。

直解：敦厚的艮止，吉祥。

上九陽實，爲兩山重疊的最高峰，有此厚重敦實之象。

象曰：敦艮之吉，以厚終也。

象辭說：敦艮之吉，是因爲上九以其厚重敦實的艮止之德，得到善終。

第53卦 漸　巽上艮下

漸：女歸吉，利貞。

直解：女子出嫁有吉，利於貞正。

漸，漸進。

上卦巽為木，下卦艮為山，山上之木，日漸而長，此漸進之象。

歸，指女子出嫁。

巽為長女，是說家中有女長成，出嫁為吉。

上巽下艮，順而止。有嫁女順從其夫而止於其家的喻意。

嫁女從夫，利於貞正。

古人婚嫁，需要具備六禮，問名納采請期以至於親迎，禮儀齊備之後，才能成婚。所以嫁女有慎重漸進之意。

《序卦》曰：物不可以終止，故受之以漸；漸者進也。

直解：事物不可以永遠靜止，所以艮卦之後，接著是漸卦。漸就是漸進。

彖曰：漸之進也，女歸吉也。進得位，往有功也。進以正，可以正邦也。其位剛，得中也。止而巽，動不窮也。

彖詞說：因為漸卦的慎重漸進，女子歸嫁得吉。漸進得到本位，前往有所建功。漸進而得正，可以用中正之德來匡正天下邦國。九五之位陽剛，而得中位。知止而巽順，行動就會沒有止境和窮盡。

象曰：山上有木，漸；君子以居賢德，善俗。

象辭說：山上有樹木，形成漸卦之象；君子效法此一象徵，積累和培養其賢明的道德，改善其民風民俗。

初六：鴻漸於干，小子厲，有言，無咎。

直解：鴻雁漸漸飛到了水邊，小子有危厲，對其有責怪議論的言語，沒有咎害。

鴻，為大雁。

古代有鴻雁傳書的說法，因為鴻雁為有信守時之靈物。傳說鴻雁為偶，也遵守從一而終的夫婦之道。

漸卦為婚姻卦，六爻皆以鴻雁取象，正是取鴻雁雄雌為偶，堅貞不二這樣的象徵。

上互卦離為雉，飛禽之象。

干，是水旁、江岸或是河岸。

下卦艮為山，下互卦坎為水，初六在六爻之中為水邊的低岸。

下卦艮為少男，為小子。艮伏兌，兌為口為言。

初六失位無應，上行遇六二同性為敵不利。雖有諸多不利因素，但漸進而來，還是可以無咎。

象曰：小子之厲，義無咎也。

象辭說：小子之危厲，從義理上談，沒有大的咎害。

六二：鴻漸於磐，飲食衎衎，吉。

直解：鴻雁漸漸飛到岸邊的大石上，有飲食享用的和樂，吉祥。

六二從低地飛到磐石之上，漸進而升。下卦艮為石。

衎，和樂之貌。

下互卦坎，上互卦離，有酒水飲食之象。

六二得中得正有應，上行陰承陽有利，所以吉祥。

象曰：飲食衎衎，不素飽也。

象辭說：「飲食衎衎」，是指六二並不是白吃飯填飽肚子的人。

九三：鴻漸於陸，夫征不復，婦孕不育，凶；利禦寇。

直解：鴻雁漸漸飛到了水邊的高平的小山丘上，丈夫出征而不復返，妻子懷孕而不生育，凶險。有利於抵禦盜寇。

陸，高平之地，這裏指水邊的高平的小山丘。九三爻動變下卦艮變為坤，坤為平地。

艮為夫，上卦巽長女為婦。

上互卦離為戈兵，征戰之象。上卦巽為進退，不復之象。

上互卦離為大腹，有婦孕之象。九三爻動變坤，坤為死，不育之象。

下互卦坎為盜寇，為弓矢，上互卦離為戈兵，下卦艮為手。當漸進之時，應對盜寇凶險，不要採取主動出擊的手段，而應採取防禦的姿態。

象曰：夫征不復，離群醜也。婦孕不育，失其道也。利用禦寇，順相保也。

象辭說：丈夫出征而不復返，是指九三依附在一群醜惡的小人之中。妻子懷孕而不生育，是指九三失去了漸卦的正道。利於抵禦盜

寇，是指九三應對此兇險的困境，應該因時而順行，相互保全防禦。

六四：鴻漸於木，或得其桷，無咎。

直解：鴻雁漸漸飛到了樹木上，或許可以得到其棲息的樹枝，沒有咎害。

木，是指樹木。

桷，本意是方形的椽子，這裏指樹枝寬闊平整者。取象上卦巽為木。

或，用同乾卦或躍在淵。

象曰：或得其桷，順以巽也。

象辭說：或許可以得到其棲息的樹枝，是因為六四以和順而柔巽。

九五：鴻漸於陵，婦三歲不孕，終莫之勝，吉。

直解：鴻雁漸漸飛到了高陵上，婦人三年不懷孕，但是（阻隔夫婦和合之道的負面力量）最終還是不能取勝，吉祥。

陵，指高陵。取象艮為山。

離先天八卦數為三，取象為三歲。

九五陽剛中正與六二有應，成其婚媾。只要以漸進的姿態，待以時日，終能得吉。

象曰：終莫之勝，吉；得所願也。

象辭說：「終莫之勝，吉」，是指九五最終能得其所願。

上九：鴻漸於陸，其羽可用為儀，吉。

直解：大雁漸漸飛到了水邊的高平的小山丘上，鴻雁美麗的羽毛可以用作婚禮時盛裝華美的禮儀，因此吉祥。

上九終位進無可進，所以鴻雁又飛到了「陸」。

上九知進知退，為有德的君子，漸行的過程已逐漸完滿。預示禮儀具備，婚禮已經可以盛大舉行。

象曰：其羽可用為儀，吉；不可亂也。

象辭說：「其羽可用為儀，吉」，是指不能亂了漸進之道。

第54卦 歸妹 震上兌下

歸妹：征凶，無攸利。

直解：征行有凶，沒有所利。

歸妹，嫁妹。

上卦震爲長男，下卦兌爲少女，是少女嫁長男之象。

兌爲妾，少女嫁長男，年齡不相當，有失婚嫁之事。

漸卦娶女之吉，上下卦都是以陰承陽，合於禮儀。而歸妹卦上下卦都是陰乘陽。

漸卦得時而吉，歸妹卦失時而凶。

《序卦》曰：進必有所歸，故受之以歸妹。

直解：漸進向前必定會有所歸宿，所以在漸卦之後，接著是嫁妹有所歸宿的歸妹卦。

彖曰：歸妹，天地之大義也。天地不交，而萬物不興，歸妹人之終始也。說以動，所歸妹也。征凶，位不當也。無攸利，柔乘剛也。

彖詞說：歸妹卦包含了天地之間陰陽配合的大道理，天地之間，如果陰陽兩氣不能配合相交，那麼萬物都不會興旺生長。歸妹是人道之終結也是人道之開始。因喜悅而行動，這就是歸妹的道理。前往出征有兇險這是因爲位置不正當。無所有利，這是因爲陰柔乘凌陽剛。

象曰：澤上有雷，歸妹；君子以永終知敝。

象辭說：沼澤上有驚雷，形成歸妹卦之象，君子效法此一象徵，應該善始善終，瞭解其不善的弊端而有所預防。

初九：歸妹以娣，跛能履，征吉。

直解：以女娣的身分隨同出嫁，跛足而能夠行走，征行得吉。

娣，女娣。古代貴族娶妻時，常以其妻的妹妹做陪嫁同嫁一夫，是爲女娣。

下卦兌爲妾，女娣之象。

上卦震爲足，下卦兌爲毀折，跛足之象。

初九嫁出的少女，不是正配，有失婚姻之正，是勉強而行之事。

初九以陽剛爲女子賢正之德，陽處陽位得位，有安於其位之象。

象曰：歸妹以娣，以恒也。跛能履吉，相承也。

象辭說：以娣的身分隨同出嫁，是按恒常之道行事，跛足而能夠行走得吉，是指初九有剛正之賢德相承説明正室。

九二：眇能視，利幽人之貞。

直解：眇目勉強能看，利於幽靜不爭之人貞正。

下互卦離爲目，下卦兌爲毀折，取象爲眇。

九二得中有應，是賢德剛正的女子。

六爻中唯有九二爻不言歸妹，因爲九二所遇非時，貞靜待字。

幽人解釋參考履卦。

象曰：利幽人之貞，未變常也。

象辭說：「利幽人之貞」，是指九二沒有改變其安常處靜之道。

六三：歸妹以須，反歸以娣。

直解：以低賤無德的女人出嫁（沒有人要），返回家裏以娣的身分隨同出嫁。

須，賤妾。這裏意指低賤無德的女人。

上卦震為反，又為複。

象曰：歸妹以須，未當也。

象辭說：「歸妹以須」，是說六三失位處凶位置不正當。

九四：歸妹愆期，遲歸有時。

直解：出嫁遷延了日期，推遲出嫁終有其時。

愆，過錯。轉義為延誤。

九四不中失位無應，所以有出嫁不順。但九四前行陽遇陰有利，所以終有其時。

象曰：愆期之志，有待而行也。

象辭說：九四錯過了出嫁的時期，但其出嫁的心志可以待以時日，最終成行。

六五：帝乙歸妹，其君之袂，不如其娣之袂良，月幾望，吉。

直解：帝王嫁妹，其原室正配的君夫人穿著的衣飾，不如其側室之妾的衣飾華麗優良，月亮將要到月圓之時，吉祥。

帝乙歸妹，參考泰卦解釋。

君，正妻。指六五。六五柔處尊位為君夫人。

娣，指六三。六三是女色媚人陪嫁的女娣。

正室之妻，以婦道賢德為上，崇尚簡樸樸素，而側室之妾則是盛妝冶容，取悅於人。

袂，衣袖，這裏泛指衣飾容儀。

六三爻動變下卦成乾有衣飾之象，六五爻動變卻成兌為毀缺，所以六五君之袂不如其娣六三之袂良。

舊曆十五月圓稱為望，上互卦坎為月，下互卦離為目取象為望。

月將圓，象徵嫁期就要到來。

象曰：帝乙歸妹，不如其娣之袂良也。其位在中，以貴行也。

象辭說：帝王嫁妹，原室正配的君夫人穿著的衣飾，不如其側室之妾的衣飾華麗優良，是指六五其位置正中，有尊貴的身分和美德而前行。

上六：女承筐無實，士刲羊無血，無攸利。

直解：（進行祭祀之禮之時）女人捧著竹筐，竹筐內卻沒有充實祭物，男人宰殺羊，卻沒有見到羊之血，沒有所利。

古代夫婦進行祭祀之禮，女人拿著竹筐（上卦震為竹取象）盛裝祭獻之物，男子則宰殺羊作為獻祭祭品。

刲，刺也。

下卦兌爲羊，上互卦坎爲血。上六爻動變全卦變爲火澤睽卦，所以諸事乖違。

上六與下無應婚姻難成，其祭祀之禮不能完成。

象曰：上六無實，承虛筐也。

象辭說：「上六無實」，是因爲所承之竹筐其中空虛。

第55卦 豐　震上離下

豐：亨，王假之，勿憂，宜日中。

直解：亨通，君王到來，不用擔憂，宜於日在中天。

豐，豐大。

上卦震為雷為動，下卦離為火為明。以明而動，豐大之由。雷火大作，豐大之勢。

豐大有亨。但並非一開始就豐大，因此不說元亨。

假，至。上卦震為帝，為王，震動為至。

下卦離伏坎，坎為加憂，坎不見，故稱勿憂。

下卦離為日，豐大之時，正午日中的位置最為有利和適宜。

離日在下，有日昃過中之象。卦辭以「宜日中」之語為告誡勸勉，宜於如日在中，光明周遍普照。

《序卦》曰：得其所歸者必大，故受之以豐；豐者大也。

直解：事物得到他的歸宿，必定終將形成一個盛大富有的局面，所以歸妹卦之後接著是豐卦。豐是豐大。

彖曰：豐，大也。明以動，故豐。王假之，尚大也。勿憂宜日中，宜照天下也。日中則昃，月盈則食，天地盈虛，與時消息，而況於人乎？況於鬼神乎？

彖詞說：豐，是指豐大的意思。光明而有行動，因此豐大。君王到來，正是推崇王者之道的宏大。不用憂慮宜於日中，是指宜於

光明遍照天下。太陽到了正中，就會西斜，月亮到了最圓滿盈之時，就會開始虧損。天地的大道正是一盈一虛，隨著時間的變化有所消退或者是生息，那麼何況是人呢？何況是鬼神呢？

象曰：雷電皆至，豐；君子以折獄致刑。

象辭說：驚雷和閃電都來到，形成豐卦之象；君子效法此一象徵，斷折獄案，量定刑法。

初九：遇其配主，雖旬無咎，往有尚。

直解：遇到其匹配之主，雖然遲了十日，但並沒有咎害，前往能得到嘉賞。

初九上行遇六二陽遇陰有利，六二是初九匹配之主。

下卦離伏坎，坎為月，一月三十日，分配到坎之三爻，每爻十日。

初九之應，本在四位，初九與六二不是正應，所以遲了十日。

豐卦與明夷卦有關，豐卦九四爻動變為六四，全卦就變成明夷卦。所以豐卦九四爻辭說遇其夷主，而豐卦爻辭多有光明被遮蔽之象。

象曰：雖旬無咎，過旬災也。

象辭說：雖然遲了十日沒有咎害，但超過了一旬十日則會有災咎。

六二：豐其蔀，日中見斗，往得疑疾，有孚發若，吉。

直解：豐大被遮蔽，如烏雲遮蔽了太陽，白日中見到了星斗，

前往得遇猜疑的疾難，有所孚信消除發散心中的憂慮，吉祥。

蔀，本義爲遮蔽陽光的草席。取象於下互卦巽爲白茅（虞氏逸象）。

離日在下，因爲六二到六五是大坎之象，所以這四爻爻辭都有光明被遮掩的幽暗之象。

六二在離中，正是宜日中之時。

上互卦兌伏艮，虞氏逸象中艮爲星，爲斗。

疑疾取象於六二到六五爲大坎，坎爲心病。

象曰：有孚發若，信以發志也。

象辭說：「有孚發若」，是指九二有所誠信，可以感發心志。

九三：豐其沛，日中見沫，折其右肱，無咎。

直解：豐大被遮掩，如光明被大雨遮掩，白日中見到小星星，折斷其右手臂，但沒有咎害。

沛指雨盛大的樣子。

九三離日已偏西，雨雲已經化爲大雨。

沫，指小星。

陽爲右，陰爲左。九三陽爻，因此爲右。

上互卦兌伏艮，艮爲手，兌又爲毀折，折肱之象。

九三得位有應最終無咎。

象曰：豐其沛，不可大事也。折其右肱，終不可用也。

象辭說：豐大被大雨遮掩，是指九三不能做大的事情。折其右肱，是指九三最終無用武之地。

九四：豐其蔀，日中見鬥，遇其夷主，吉。

直解：豐大被遮蔽，如烏雲遮蔽了太陽，白日中見到了星斗，遇到其傷害光明之主，吉祥。

夷主取象於明夷卦。

九四上行不僅僅是與六五相遇，還會繼續上行遇到上六：主事之小人「夷主」。

九四遇夷主知道了光明遮蔽受傷的原因，就不會再受其蠱惑。

象曰：豐其蔀，位不當也。日中見鬥，幽不明也。遇其夷主，吉；行也。

象辭說：豐大被遮蔽，是指九四位置不正當。白日中見到了星斗，是指九四幽暗而不能得到光明。「遇其夷主，吉」，是指九四前行有利。

六五：來章，有慶譽，吉。

直解：前來章美，有喜慶讚譽，吉祥。

來章是指下卦離之光明章美上升而來。

象曰：六五之吉，有慶也。

象辭說：六五之吉，是因為有所喜慶。

上六：豐其屋，蔀其家，窺其戶，闃其無人，三歲不覿，凶。

直解：豐盛其居家房屋，家室卻被蔀草之席遮蓋，從外面窺視

戶內，卻是寂靜無人，與其家人三年不能見面，兇險。

上六居於豐卦終位，日已偏中，豐道已窮，上六房屋雖然豐盛，但持家的正道卻遮蔽不明。

闃，寂靜之意。

上六爻動變為離，離為目，離不見，因此不覷。

下互卦巽與下卦離組成風火家人卦，所以爻辭取象為家，屋、戶。

上六陰虛，無人之象。上卦震的後天八卦數為三，取象為三歲。

上六為傷害光明的夷主，所以其爻辭與明夷卦上六意近。

象曰：豐其屋，天際翔也。窺其戶，闃其無人，自藏也。

象辭說：「豐其屋」，指上六居於豐大之極，有在天際飛翔的富貴之象。從外面窺視戶內，是寂靜無人之象，這是指當豐道窮盡，家道中落敗壞之後，其人不再有囂張之勢，只能自我隱藏。

第56卦 旅 離上艮下

旅：小亨，旅貞吉。

直解：小者亨通，行旅貞正得吉。

旅，行旅。離家在外爲客，又稱客旅。

上卦離爲火，下卦艮爲山。山止不動，火行不已，有失其所居的旅人之象。

旅卦六二、六五向上均是以陰承陽，前行有利，陰爲小，所以小亨。

旅而無其居所，卦辭特別指明客旅之時應該貞固守正爲吉。

《序卦》曰：窮大者必失其居，故受之以旅。

直解：達到極點的居大位者驕奢無度一定會覆滅而失所居。所以在豐卦之後，接著是旅無所居的旅卦。

象曰：旅，小亨，柔得中乎外，而順乎剛，止而麗乎明，是以小亨，旅貞吉也。旅之時義大矣哉！

彖詞說：旅卦小亨，是因爲六五之爻陰柔，在外卦得到中位，並且柔順上從上九之陽剛。停止而附麗在光明之上，因此小亨。在行旅之時堅守正道可以得吉。行旅的因時而用之義理，真是宏大啊。

象曰：山上有火，旅；君子以明慎用刑，而不留獄。

象辭說：高山上面有火，形成旅卦之象；君子效法此一象徵，施用刑法之時，明智而又謹慎，不會拖延刑獄的案子不辦理。

初六：旅瑣瑣，斯其所取災。

直解：當行旅之時畏瑣見小，這就是他之所以自取其災禍的原因。

下卦艮爲小石，小之象。初六位卑失位，小人之象。

初六行旅在外，畏瑣粗鄙，不能受人尊敬，反會自取其辱。

象曰：旅瑣瑣，志窮災也。

象辭說：「旅瑣瑣」，是指初六其心志見小，這就是其災害的由來。

六二：旅即次，懷其資，得童僕，貞。

直解：行旅就居客舍，懷裏裝有旅費資財，得到童僕可供驅使，貞正。

即，就也。次，指旅店客舍。

下卦艮爲門闕，客舍旅店之象。下互卦巽利，資財之象。艮爲少男，童僕之象。

初六有向上遇合六二之意，六二柔中得位，可以驅使初六之童僕。

象曰：得童僕貞，終無尤也。

象辭說：「得童僕貞」，是指行旅已到客舍中休息安處，因此最終沒有過尤。

九三：旅焚其次，喪其童僕，貞厲。

直解：行旅之時客舍焚燒被毀，喪失了童僕，貞固不變危厲。

九三爻動變下卦艮變爲坤，虞氏逸象以坤爲喪。艮不見，有上卦離火焚其居所，喪其童僕之象。

九三凶位不中無應，自恃有力，不知機變，一味固守，因此危厲。

象曰：旅焚其次，亦以傷矣。以旅與下，其義喪也。

象辭說：旅舍焚燒被毀，是指九三因過度逞強而受到傷害。當行旅之時，還以剛強頤使下人，所以在道理上說喪失童僕是自然的事情。

九四：旅於處，得其資斧，我心不快。

直解：行旅之時找到暫處之地，得到了資財旅費，我的心中感到不快。

處，止也。指止居暫處之地。

「旅即次」是住進旅店而得到安定，「旅於處」卻是暫時找到落腳點，尚未完全安定。

六四失位，是暫處之象。

斧資，指財物。下互卦巽爲利，爲資。巽在下爲木，離在上爲

兵器，有斧之象。

六二到六五形成一大坎象，坎爲心病。

九四不中處多懼之位，雖然與下面初六有應，但有九三在下相阻，所以心中不快。

象曰：旅於處，未得位也。得其資斧，心未快也。

象辭說：行旅於暫處，是指九四不得其位。雖然得到了資斧，但心中仍然感到不快。

六五：射雉一矢亡，終以譽命。

直解：打獵射野雞時一支箭丟失了，最終能得到讚譽和賞命。

上卦離爲雉。離伏坎爲弓矢。坎不見，所以稱一矢亡。

上互卦兌爲口，下互卦巽爲命，取象譽命。

象曰：終以譽命，上逮也。

象辭說：最終能夠得到讚譽和賞命，是因爲六五向上承剛，能夠與上九陰陽相應得助。

逮，及也。

上九：鳥焚其巢，旅人先笑後號咷。喪牛於易，凶。

直解：鳥兒的巢穴被焚毀，行旅之人先是笑，然後是嚎啕大哭。牛在田邊丟失，凶險。

上卦離爲雉，離中虛，鳥巢之象。離爲火，焚燒之象。

上互卦兌爲口爲悅，笑之象。

上卦離伏坎，坎水眼淚之象。

上卦離爲牝牛，上互卦兌爲毀折，喪牛之象。

上九爻動變離變爲震，震爲大途，有路邊田畔的場地之象，取象爲易。易，假借爲場、田畔。

上九旅道已窮，居高自大，失位無應，妄動躁行，所以才有這諸多先喜後悲的凶象。

象曰：以旅在上，其義焚也。喪牛於易，終莫之聞也。

象辭說：行旅處上位而妄動，鳥巢被焚，是道理上應有之事。牛在田邊丟失，其痛哭嚎啕之聲終究還是沒有被下面的九三聽見（無應）。

第57卦 巽　巽上巽下

巽：小亨，利有攸往，利見大人。

直解：小者亨通，利於有所前往，利於見到大人。

巽，巽順，進入。

巽卦兩陰爻分別伏處兩陽爻之下，有陰柔承陽的巽順之象。

巽卦初六、六四上行均是陰遇重陽而可亨通。陽爲大，陰爲小，所以是小亨。

巽爲風爲入，所以利往。

九二、九五爲大人，同乾卦之九二、九五。

《序卦》曰：旅而無所容，故受之以巽；巽者入也。

直解：客旅在外而無所容身，所以只能採取巽順的態度，才能入而得容，身有所安所寄。所以旅卦之後接著是巽順之巽卦。巽就是進入。

彖曰：重巽以申命，剛巽乎中正而志行。柔皆順乎剛，是以小亨，利有攸往，利見大人。

彖詞說：重巽代表了要再三重複申訴君王的教令。九二、九五之陽剛，巽順於其中正之德使其心志得以推行。巽卦上卦下卦都是陰爻柔順，順從於陽爻之陽剛，所以爲小亨，利於有所前往，利於見到大人。

象曰：隨風，巽；君子以申命行事。

象辭說：兩風相隨，形成巽的卦象；君子效法此一象徵，用以申訴教令，推行政事。

初六：進退，利武人之貞。

直解：或進或退，利於武人的貞固守正。

巽爲進退，初六居重巽之下，位卑力弱，失位無應，有狐疑不決，進退不定之象。

初之應爻在四，上互卦離爲戈兵，有武之象。初六爻動變下卦巽變爲乾，乾爲人。

初六臨事難決，有利於武人的貞固堅定來與之爲助。

象曰：進退，志疑也。利武人之貞，志治也。

象辭說：「進退」，是指初六之心智狐疑不決。「利武人之貞」，是指只有這樣才能使其心志得到整治而不混亂

九二：巽在床下，用史巫紛若，吉無咎。

直解：巽順在於床下，需要多次頻繁任用史官和巫官，吉祥沒有咎害。

巽卦一陰爻在下，兩陽爻在上，其象形爲一張床，與剝卦以床取象類似。

九二失位無應，上行遇九三同性爲敵，只有其下初六相承與之陰陽相和，所以九二之巽順在於其下。

史和巫，均是周禮中所設的官吏，史掌文告，巫掌祭祀，兩者

均要使用言語文辭。取象下互卦兌爲口。

象曰：紛若之吉，得中也。

象辭說：「紛若之吉」，是指九二得到了中位。

九三：頻巽，吝。

直解：頻繁重複之巽順，有羞吝。

九三在上巽下巽之間，因此稱爲頻巽。

頻繁不加節制，濫用巽順之道，所以有吝。

象曰：頻巽之吝，志窮也。

象辭說：「頻巽之吝」，是因爲九三位置不當，其心智困窘難以施展。

六四：悔亡，田獲三品。

直解：悔吝消亡，田獵時獲得三種獵物。

上互卦巽伏震，震爲大途，有大路兩旁田野之象。上互卦離爲雉，離又爲戈兵，下互卦兌伏艮，艮爲手，有手執兵器打獵之象。

巽爲得。離先天八卦數爲三。

三品，三種獵物，來知德解爲：下卦巽爲雞，下互卦兌爲羊，上互卦離爲雉。

六四雖然不中無應，但得位，上行以陰承陽有所收穫。

象曰：田獲三品，有功也。

象辭說：「田獲三品」，是指六四前往遇九五能夠有所建功。

九五：貞吉悔亡，無不利。無初有終，先庚三日，後庚三日，吉。

直解：貞正得吉悔過消亡，沒有不利。初始不順，能有善終，在象徵變更的庚日之前三天申布新令，之後三條執行新令（以示慎重），吉祥。

九五爻動變上卦巽變爲艮，全卦變爲山風蠱卦，所以其爻辭和蠱卦相近。

君王申訴教令，是爲了教化天下，移風易俗，更始成新。

十天干中，甲爲事之端首，庚已過中，是事之當更者，庚有更之義。

所以，蠱卦爲造事之端，言甲；巽卦爲更事之終，所以言庚。

蠱卦彖詞說：終則有始，巽卦這裏說：無初有終，都包含慎始慎終之義。

五行方位庚在西方。後天八卦方位巽在東南，順時針方向數，經過南方離卦，西南方坤卦，到西方庚位，三數。

先後三日，庚前三日終結舊故，庚後三日新事開始。

象曰：九五之吉，位正中也。

象辭說：「九五之吉」，是因爲九五所處的位置既中且正。

上九：巽在床下，喪其資斧，貞凶。

直解：巽順在於床下，喪失了財物，貞固不變有凶。

巽爲利，資財之象。下互卦兌爲毀折，上九爻動變上卦巽變爲坎，坎爲盜。資斧被毀遇盜，喪失財物之象。

上九巽道已窮，恃其陽剛，固守不變，所以有凶。

象曰：巽在床下，上窮也。喪其資斧，正乎凶也。

象辭說：巽順在床下，是因爲上九其巽道已到窮盡之時。喪失了財物，是因爲上九的爻象正當有此兇險。

第58卦 兌　兌上兌下

兌：亨，利貞。

直解：亨通，有利貞固。

兌，同悅，愉悅。

雜卦說，「兌伏巽現」，巽卦兩陰爻伏於陽爻之下，兌卦之兩陰爻則現於陽爻之上。

咸卦爲無心之感，兌卦爲無言之說（悅）。

兌卦陰在上陽在下，陰升陽降，陽上行遇陰亨通。陰得陽之交感，喜悅之情現之於外。

兌卦以陰乘陽，陰陽相遇易於流於不正，悅而不知節制，因此以利貞爲戒。這是樂而不淫之意。

《序卦》曰：入而後說之，故受之以兌；兌者說也。

直解：以巽順的態度進入而後人情才會感到喜悅，所以在巽卦之後是獲福致悅的兌卦。兌就是愉悅。

彖曰：兌，說也。剛中而柔外，說以利貞，是以順乎天，而應乎人。說以先民，民忘其勞；說以犯難，民忘其死；說之大，民勸矣哉！

彖詞說：兌是指愉悅，九二、九五均爲剛中，六三、上六均是陰柔在外，喜悅而利於貞正，因此能夠順從於天道，而感應於人倫。以愉悅之道先施加於民，人民就會忘記其辛勞勞苦；以愉悅之

道去進行艱難危險的事情，人民就會丟掉怕死之心；愉悅之道的意義非常之宏大，人民因此會努力勸勉，奮進向上。

象曰：麗澤，兌；君子以朋友講習。

象辭說：二澤相連而附麗，形成兌卦之象；君子效法此一象徵，和朋友進行研討學習之事。

初九：和兌，吉。

直解：平和愉悅，吉祥。

初九得位在下，有力量而不彰顯，剛正平和，如溫潤如玉之君子。

象曰：和兌之吉，行未疑也。

象辭說：「和兌之吉」，是因為初九的行動沒有內心懷疑。

九二：孚兌，吉，悔亡。

直解：有孚信的愉悅，吉祥，悔過消亡。

九二得中，雖然失位與九五無應，但上行遇六三，陰陽之間能有孚信。

象曰：孚兌之吉，信志也。

象辭說：「孚兌之吉」，是因為九二其心志有所誠信。

六三：來兌，凶。

直解：前來的愉悅，凶險。

六三有九二前來陰陽相感的愉悅。

六三處凶失位不中無應乘凌九二，處於上下兩陽爻之中，左右逢源，以陰柔取悅於人，行為不當。

象曰：來兌之凶，位不當也。

象辭說：「來兌之凶」，是因為六三位置不正當。

九四：商兌未寧，介疾有喜。

直解：相商思量的愉悅未能安寧，辨明身體的疾病會有喜事。

互卦巽為近利市，有商人之象。

九四處多懼之位，失位不中，前行同性為敵。只有六三相承，但六三左右逢源，所以其愉悅有相商之爭，心中不寧。

介，分界，分限，轉義為辨別、分辨。九四在上兌下兌的分界之間，故取象。

九四是全卦中唯一以陽乘陰的陽爻而有喜。

象曰：九四之喜，有慶也。

象辭說：「九四之喜」，是因為有喜慶之事（能得六三之助）。

九五：孚於剝，有厲。

直解：孚信於陽氣將被剝落，有所危厲。

兌為西方秋日之卦，時間上正是陰息陽消，陽氣將被剝盡之時。

所謂見一葉而知秋，秋日來臨，陽氣將被剝盡，這是必有孚信的事。

象曰：孚於剝，位正當也。

象辭說：「孚於剝」，是因為九五得位正當（反將樂極生悲）。

上六：引兌。

直解：牽引的愉悅。

上卦兌伏艮，艮為手，上互卦巽為繩直，取象牽引。

上六引兌的目標，在於九五。上六之小人乘凌九五之君子，唯以狐媚之兌牽引迷惑九五。

象曰：上六引兌，未光也。

象辭說：「上六引兌」，是指上六以陰柔乘凌陽剛遮住了光明。

第59卦 渙　巽上坎下

渙：亨。王假有廟，利涉大川，利貞。

直解：亨通。君王來到廟宇，利於涉渡大川，利於貞正。

渙，離散，解散。

上卦巽為風，下卦坎為水。風行水上，有披離流散之象。

風行水上，本有亨通之意。

王假有廟，解釋同萃卦。

上卦風木為舟，利涉下卦水大川。

當渙卦之時，有人氣不聚，人心渙散的天下大亂之象，所以處此渙道，應該堅守正道，渡過危機。

下互卦震為帝，為主器之長子，有君王進行祭祀之意。

君王觀察到天下已亂，以誠敬之意，來到宗廟，祭祀祖先、神靈和天地，將以拯救天下，肩負重任。

《序卦》曰：說而後散之，故受之以渙；渙者離也。

直解：心情愉悅之後就可以將心中鬱結的情緒宣洩發散，所以在兌卦之後，接著是披離發散的渙卦。渙就是離散。

彖曰：渙，亨。剛來而不窮，柔得位乎外而上同。王假有廟，王乃在中也。利涉大川，乘木有功也。

彖詞說：渙卦亨通。是因為陽剛健行有力前來，不會處境窮困窘迫，陰柔得位在外而上行與陽剛心志相同。君王來到廟宇，是指

九五之君王乃是處在正中之位。利於渡涉大川，是指乘木舟涉險過河能夠建功。

象曰：風行水上，渙；先王以享於帝立廟。

象辭說：風行於水上，形成渙卦之象；先王效法此一象徵，祭享天地，建立宗廟。

初六：用拯馬壯，吉。

直解：用健壯之馬來拯救（衰弱），吉祥。

下卦坎為美脊之馬。

初六上行遇九二承陽有利，可以得到九二的拯助。

當渙卦之時，人心離散，辨之宜早，識機宜先，早做預防和補救措施，尚可有為。

象曰：初六之吉，順也。

象辭說：初六之所以得到吉祥，是因為初六柔順。

九二：渙奔其機，悔亡。

直解：因離散而奔向宗廟中，依憑几案而休息，悔過消亡。

下互卦震為足，下卦坎為馬，取象為奔。

機，是指木桌、茶几之几。木几放在宗廟之中，用以盛放獻祭的供品。

坎卦為堅多心之木，九二陽實，有木几的桌面之象。上互卦為手，有以手依憑几案之象。

九二雖然失位無應，但其得中悔亡。

象曰：渙奔其機，得願也。

象辭說：渙奔其機，可以得償其心願（找到其安身立命之所依憑）。

六三：渙其躬，無悔。

直解：使自己的身體離開（坎險），沒有悔吝。

躬，指自己、自身。上互卦艮，艮爲背，身體之象。

雜卦說：「渙，離也，節，止也」，停止的反面就是離開。

六三處在下卦坎險之上，與上九有應，有脫險之象。

象曰：渙其躬，志在外也。

象辭說：渙其躬，是指六三心志在外（與上九相應）。

六四：渙其群，元吉。渙有丘，匪夷所思。

直解：離散（小人同比的）人群，始即大吉。將山丘聚集之土散離開來變成了平地，是一件不可思議的事情。

下卦坎爲眾水有群之象。

當渙卦之時，天下大亂，小人結黨營私。解散小人同比之群，光大天下爲公至善正道，「元，善之長也」，所以爻辭說元吉。

上互卦艮爲山，山丘之象。上卦巽爲隕落，山丘夷爲平地之象。

夷者，平常也。「渙有丘」這樣深奧難解的道理，是平常人難以思考慮及之事。

象曰：渙其群，元吉；光大也。

象辭說：「渙其群，元吉」，是因爲做這樣的一件事情是光明而偉大的。

九五：渙汗其大號，渙王居，無咎。

直解：頒佈推行君王偉大的號令，有如有風吹散人體身上的汗水（一樣暢快淋漓）。將君王居集的財富離散於天下（讓人民均能被以恩澤），沒有咎害。

下卦坎爲水，上互卦艮爲身體，九二到九五形成大離爲火，合之有身體發熱出汗之象。

上卦巽爲風，風吹水散，渙汗之象。

九五陽剛，爲天下之君主，爲大。上卦巽爲命爲令，大號之象。

居，爲居所，也有居集之意。

上互卦艮爲門闕爲閽寺，有宮室居所之象。上卦巽爲利，有財富之象。

九五中正，處渙之正道，大公無私，自然無咎。

象曰：王居無咎，正位也。

象辭說：「王居無咎」，是因爲九五位置正確。

上九：渙其血，去逖出，無咎。

直解：解散其血光之禍，憂患去除，惕懼驅出，沒有咎害。

下卦坎爲血，爲心憂。上九遠離坎險，有解散其血光之禍而免除憂患之象。

逖，借作惕。

象曰：渙其血，遠害也。

象辭說：「渙其血」，是因爲上九能夠遠離災害。

第60卦 節　坎上兌下

節：亨。苦節不可貞。

直解：亨通。辛苦的節制，不可以固守不變。

節，節制，節儉。本義爲竹節。

以干支計數而言，一甲子正好是六十之數爲一分節，而節卦正好是第六十卦。

下互卦震爲竹，下互卦艮爲堅多節之木，均有節之象。

節卦九二、九五得中，上行均是遇陰爻得助，爲亨通。

五行配五味，土爲甘味，火爲苦味。節卦九二到九五形成大離之象，離火味苦。

知止知節，這是做人的美德。但如果爲節儉而節儉，辛苦於節儉之道，是不會長久的。

《序卦》曰：物不可以終離，故受之以節。

直解：事物不可以永遠離散過越，所以在渙卦之後，接著是節制的節卦。

彖曰：節，亨，剛柔分，而剛得中。苦節不可貞，其道窮也。說以行險，當位以節，中正以通。天地節而四時成，節以制度，不傷財，不害民。

彖詞說：節制，亨通，剛柔分別，陽剛得中。苦節不可固守，其道已是窮盡。以和悅的態度行進於凶難之中，九五當位能夠體現

節卦的正道，因其位置中正以可以通行無阻。天地之間因為也有這節制自止的道理，才能夠形成春夏秋冬四時。節卦的正道是用來制定法度，不浪費資財，不傷害人民。

象曰：澤上有水，節；君子以制數度，議德行。

象辭說：澤上面有水，形成節的卦象；君子效法此一象徵，用以制定禮數法度，評議道德行為。

初九：不出戶庭，無咎。

直解：不走出戶外之庭，沒有咎害。

庭，本義為廳堂，或堂前空地。可以理解為，兩門中間之地為庭。

戶庭，戶外之庭。門庭，門內之庭。

下互卦震與上互卦艮互覆，有重門闔戶之象，六三、六四陰虛，有空地之象。

六三在內，便是門庭；

六四在外，則是戶庭。

初九與六四有應。但初九前行遇九二同性為敵，上卦艮又為止，初九止而不出，不出戶庭。

象曰：不出戶庭，知通塞也。

象辭說：「不出戶庭」，是指初九能夠知悉通達和閉塞的道理。

九二：不出門庭，凶。

直解：不走出門內之庭，兇險。

九二前行遇六三，陽遇陰有利本當走出，但九二無應見上互卦
艮止，還是不出。

九二當出而不出，所以有凶。

象曰：不出門庭，失時極也。

象辭說：「不出門庭」之凶，是因為九二大大錯失了應該出門
的良機。

六三：不節若，則嗟若，無咎。

直解：不知道節制，就會有嗟歎的悔吝之事，沒有咎害。

下卦兌為口，上卦坎為心病。六三本處凶位，不中失位無應，
上有坎險，還不知節制，耽於享樂而樂極生悲。

六三若知悔改可以無咎。

象曰：不節之嗟，又誰咎也。

象辭說：不知道節制的嗟歎是咎由自取，又能怪罪於誰呢？。

六四：安節，亨。

直解：安處的節制，亨通。

六四柔處陰位，有貞靜自安之象。上行遇九五陰承陽可以亨通。

象曰：安節之亨，承上道也。

象辭說：安節之所以亨通，是因為六四向上承順九五之陽爻的
正道。

九五：甘節，吉；往有尙。

直解：甘美的節制，吉祥。前往有所獎賞。

九五陽剛中正得位，能夠發揮節制之正道。

甘節，並不因爲節制而感到辛苦，對節制是怡然處之。

九五爻變上卦坎變爲坤，坤土味甘。

九五前往可以得到陰陽相助的獎賞。

象曰：甘節之吉，位居中也。

象辭說：「甘節之吉」，是因爲九五居於中正之位。

上六：苦節，貞凶，悔亡。

直解：辛苦的節制，貞固不變有凶，悔過消亡。

上卦坎伏離。離火味苦。

上六與下無應，自以爲得位，不知變通而有兇險。

上六雖是爲節所苦，畢竟還是有節儉之本意，所以悔亡。

象曰：苦節貞凶，其道窮也。

象辭說：「苦節貞凶」，是指上六節制之道已到窮盡之時。

第61卦 中孚

巽上兌下

中孚：豚魚吉，利涉大川，利貞。

直解：豚魚有孚信得吉，利於涉渡大川，利於貞固。

中孚，信發於中，中心誠信。

下卦兌悅，悅以承上；上卦巽順，順以安下，上下有序，有中心誠信之義。

豚，本義為小豬。

中孚為一大離象，離伏坎，坎為豕。上互卦艮為小。

上卦巽為魚。

豚魚，或可解釋為江豚，並非豚和魚兩物。

古人傳說江豚知風，見信風而出。另外還有鶴知秋，雞知時，此三物都有孚信之象，所以卦辭爻辭取象於此三物，體現其孚信之意。

上卦巽為風木為舟利涉下卦兌之澤水。

中孚卦，中而有孚信所以利於貞固。

《序卦》曰：節而信之，故受之以中孚。

直解：持以作憑證的符節使人信任，所以在節卦之後，接著是中心誠信的中孚卦。

彖曰：中孚，柔在內而剛得中。說而巽，孚乃化邦也。豚魚吉，信及豚魚也。利涉大川，乘木舟虛也。中孚以利貞，乃應乎天也。

彖詞說：中孚之卦，陰柔在內而陽剛得中，愉悅並且巽順，其孚信可以教化邦國人民。豚魚之吉，是指其孚信能夠到達於豚魚。利涉大川，是因為乘坐虛空之木舟。中孚卦辭中說利貞，是指中心誠信之意順應了天道。

象曰：澤上有風，中孚；君子以議獄緩死。

象辭說：澤的上面有風，形成中孚的卦象；君子效法此一象徵，審議獄案，寬緩死刑。

初九：虞吉，有它不燕。

直解：安處得吉。有另外的一種不安。

虞，為樂，為安。燕，通宴，為喜，為安。虞和燕兩字意義相近。

但初九得位得正，上行遇九二同性為敵，有安處不妄動之象。

它，是指六四。

初九與六四本有陰陽遇合之喜，但其間有九二、六三兩爻相阻，而六四自己上承九五，也並不以初九為意。

初九安處得吉，動輒得咎。

象曰：初九虞吉，志未變也。

象辭說：「初九虞吉」，是指初九其安處的心志沒有改變。

九二：鳴鶴在陰，其子和之，我有好爵，吾與爾靡之。

直解：鳴叫的仙鶴棲息在陰濕之地，他的朋友在應和著他，我這裏有好酒，我與你共同乾杯。

《荀九家易》之逸象巽爲鶴（鶴為陰禽，巽既是為雞，所以也可以取象為鶴）。

下互卦震爲鳴，九二爲鳴鶴，二之爻位爲陰，下卦兌爲澤，在陰之象。

子與爾，均是指九五。子借爲爲第二人稱代詞，如夫子之子。

九二與九五，一在君位，一在臣位，本來並無陰陽相應。但因中孚卦心中有孚信，所以兩陽並不猜忌，甚至將君臣尊卑的禮儀都暫且放在了一邊，而如朋友一般聲氣相求。

爵，指盛酒之器，這裏代指美酒。

中孚大象離中虛，有盛酒容器之象。離伏坎，水中有火，酒水之象。

靡之，意爲共之。

象曰：其子和之，中心願也。

象辭說：「其子和之」，是指九二和九五同性而能夠相互唱和，是因爲心中有此意願。

六三：得敵，或鼓或罷，或泣或歌。

直解：得遇強敵，或是以手擊鼓，或是遇阻而罷止，或是哭泣，或是唱歌。

上卦巽爲得利。

上卦巽為進退，上互卦艮為手。下互卦震為鼓，下卦兌為口，全卦大象離為目，又伏坎為水，為淚，綜合言之爻辭說：「或鼓或罷，或泣或歌」。

罷，通疲乏之疲。

象曰：或鼓或罷，位不當也。

象辭說：或鼓或罷，是因為六三位置不正當。

六四：月幾望，馬匹亡，無咎。

直解：月亮將圓而未圓，良馬的匹配亡失，沒有咎害。

舊曆十五月圓之時為望。

大象離伏坎，坎為月，坎不見，月幾望。

震為馬。六四與初九有應，有匹配之象。但六四其下有六三相阻，上行承應九五，不與初九感應，有匹配亡失之象。

六四得位，前行遇九五陰承陽得助，所以無咎。

象曰：馬匹亡，絕類上也。

象辭說：馬匹亡失，是因為六四與初九的同類之應相絕，上承順應九五。

九五：有孚攣如，無咎。

直解：有所孚信牽連維繫，沒有咎害。

上卦巽為繩直，上互卦艮為手，牽連之象。

九五與九二因有孚，所以無咎。

象曰：有孚攣如，位正當也。

象辭說：「有孚攣如」，是因為九五位置正當。

上九：翰音登於天，貞凶。

直解：雞鳴之聲飛登於高天之上，固守不變有凶。

雞曰翰音。

上卦巽為雞。巽又為高，上互卦艮為天。雞本身並不是登天之物，登於天是失常之象。

上九中孚之道窮盡將變，如仍然固守不變，因此會有兇險。

象曰：翰音登於天，何可長也。

象辭說：雞鳴之聲飛登於高天，怎麼可能會長久呢？

第62卦 小過

震上艮下

小過：亨，利貞，可小事，不可大事。飛鳥遺之音，不宜上，宜下，大吉。

直解：亨通，利於貞固，可以進行小事，不可以完成大事。飛鳥迅疾飛過而其鳥鳴之聲音還遺留其後，不宜於向上，宜於下位，大爲吉祥。

小過，小者過越，小有過越。

上卦震爲動爲過，下卦艮爲小，小者過越之象。

能過而爲亨。小者爲陰柔，利貞。

小者過越，所以小事能成，大事非其所宜。

全卦象形爲一大坎象。全卦六爻中間二陽爻象形爲飛鳥之身體，上下各二陰爻象形爲飛鳥之兩翼。

上卦震爲鳴，上互卦兌爲口舌。飛鳥已過，其音尚遺。

下卦六二得中得正，而上卦六五得中失位，所宜在下，而不在上。

宜下大吉，這正如謙卦謙卑處下之意。

《序卦》曰：有其信者，必行之，故受之以小過。

直解：有自信滿滿的人，遇到事情必定會執著前行而得過越，所以在中孚卦之後，接著是小者過越的小過卦。

彖曰：小過，小者過而亨也。過以利貞，與時偕行也。柔得中，是以小事吉也。剛失位而不中，是以不可大事也。有飛鳥之象焉，飛鳥遺之音，不宜上，宜下，大吉；上逆而下順也。

彖詞說：小過，小者過越於而有所亨通。過越而利於貞正，是指應該與時間和諧同行。六二、六五陰柔得中位，所以小事能夠吉祥。九四陽剛失位，所以不能夠做大事。小過卦有飛鳥之形象，所以才會出現「飛鳥遺之音，宜上宜下，大吉」這樣的卦辭。上卦六五失位乘凌於九三、九四陽剛之上，是上位陰逆行之象。而下卦六二得中得位得正處在九三、九四之下，是下位陰柔承順陽剛之象。

象曰：山上有雷，小過；君子以行過乎恭，喪過乎哀，用過乎儉。

象辭說：高山上有雷，形成小過的卦象；君子效法此一象徵，其行為應當略微超過一般的恭敬，辦理喪事之時，應該表現略微超過一般程度的哀傷，日常用度應該略微超過一般程度的節儉。

初六：飛鳥以凶。

直解：飛鳥妄動以此為兇險。

小過卦以飛鳥取象，初六首言飛鳥。

初六失位不正，位卑力弱，與九四有應，上行遇六二同性為敵不利。

象曰：飛鳥以凶，不可如何也。

象辭說：「飛鳥以凶」，是指初六不可能有什麼作為。

六二：過其祖，遇其妣；不及其君，遇其臣；無咎。

直解：超過其祖父，遇見其祖母；不能及至其君王，但是能夠遇見其大臣，沒有咎害。

卦名小過，所以爻辭取象爲過，遇，及這些詞。

巽爲長女爲婦，有長女嫁人爲婦成母之象；艮爲宮室，有祠堂宗廟、祭祀先祖之象。

六二上承九三，九三爲祖，六二爲妣。

六二過九三之祖之時，還遇見了在二之位的妣。

君指六五。臣指六二。二與五不應，所以不及其君。小過卦宜下不宜上，六二安處，所以無咎。

象曰：不及其君，臣不可過也。

象辭說：「不及其君」，是因爲六二之臣與六五之君無應，在這個時候，六二還不能過越。

九三：弗過防之，從或戕之，凶。

直解：不能過越，應該防守，或會受到戕害，兇險。

九三不中處多凶之位，急於過越前行與上六相應，但上行遇九四同性爲敵，所以不能通過。

下卦艮爲手，爲止，有以手制止的防守之象。

如果九三一定要妄動上行，那麼九四在其上面爲敵，九三則或

410

會受到戕害而有兇險。

戕，殘殺。

象曰：從或戕之，凶如何也。

象辭說：九三或會受到戕害，其兇險如之奈何。

九四：無咎，弗過遇之。往厲必戒，勿用，永貞。

直解：沒有咎害，不要過越，自然會（與初六）相遇。前往有危厲，必須要戒備，不要作爲，永遠貞固守正

九四陽處陰位有收斂其陽剛之象，所以無咎。

小過卦「可小事不可大事」，陽爲大，陰爲小，所以九三、九四都是大事不可爲，都說弗過。

卦辭說「宜下不宜上」，所以九四不宜上行去遇合六五，而應宜下去與初六正應。

上行會有危厲。九四應該以此警戒貞正。

象曰：弗過遇之，位不當也。往厲必戒，終不可長也。

象辭說：「弗過遇之」，是因爲九四位置不正當。「往厲必戒」，是指九四上行跟隨九五，其相隨最終是不可以長久的。

六五：密雲不雨，自我西郊，公弋取彼在穴。

直解：雨雲密佈卻不下雨，它是來自我們城邑的西郊，王公以弓弋射鳥，從鳥之巢穴中取之。

小過本有大坎之象，坎爲雨爲雲。上互卦兌在西方，下互卦巽爲風，風吹雲散，有不雨之象。

上卦震爲大塗，有郊野之象

上卦震爲帝，爲主器之長子，王公之象。

弋，是指繫有繩索的弓箭。

大坎之象本爲弓矢，下互卦巽爲繩直，取象爲弋。坎有穴之象。

彼，指所射之鳥。

下卦艮爲手，有取之之象。

易經中言狩獵之事，也有大事小事之差別。弋，爲狩獵之小事；田，爲狩獵之大事；而狩，則是狩獵中最大之事。

小過可小事不可大事，所以六五雖然處於天子之尊位，也只能做一做射弋取巢穴中不飛之鳥這樣的小事。

象曰：密雲不雨，已上也。

象辭說：「密雲不雨」，是指六五之爻已經處在了上卦之位。

上六：弗遇過之，飛鳥離之，凶，是謂災眚。

直解：不能相遇，而已過越，飛鳥罹難陷入羅網，兇險，這就是所謂的災難禍患。

上六本是與九三有應可以有所遇合，但其中有九四、六五阻隔相攔，所以不能相遇。

上六處終極之位，不知不覺中已經過越，過越而失去分寸，成爲災禍。

上六爻動變爲上九，上卦震變爲離，離有捕鳥之羅網之象。

象曰：弗遇過之，已亢也。

象辭說：「弗遇過之」，是因爲上六已經亢奮過度。

第63卦　既濟　坎上離下

既濟：亨小，利貞，初吉終亂。

直解：亨通見小，利於眞固守正，初始吉祥，最終危亂。

既濟，已經濟渡，轉義事情已完成。

上卦坎爲水，下卦離爲火，水性就下，火性炎上，水火相濟，天地人倫大事皆可成濟，此爲既濟之象。

中孚有大離象，小過有大坎象，所以坎離相雜，下經三十四卦最後以既濟未濟收尾。

水火交感則成既濟，不交成未濟。猶如天地交感成泰，不交成否一樣。

既濟卦是六十四爻中唯一一個六爻都能得位正應之卦，前行亨通。

但既濟萬事已成，已經暗含了盛極必衰、物極必反的道理，發展的前景不大，亨小。

既濟大功告成，所以此時有利於安處守正，持盈保泰。

既濟之初，前景光明，但既濟之終，濟道將窮，結局會有亂象。

《序卦》曰：有過物者，必濟，故受之以既濟。

直解：有能夠過越事物的，事情必定能夠做成，所以在小過卦之後接著是事情必濟的既濟卦。

上經中，大過卦過越過分，所以其卦之後繼以險難之坎卦。

下經中，小過卦則可能有矯枉過正之效，雖然有所失當，並不

過份，故可成事既濟。

彖曰：既濟，亨，小者亨也。利貞，剛柔正而位當也。初吉，柔得中也。終止則亂，其道窮也。

彖詞說：既濟卦之亨通，是指小者之亨通。利貞，是指陽剛陰柔位置正當。初吉，是指陰柔得中。最終止步出現危亂，是指既濟之道已經窮盡。

象曰：水在火上，既濟；君子以思患而預防之。

象辭說：水在火上，形成既濟的卦象；君子效法此一象徵，居安思危，懷有憂患意識，而預先加以防範。

初九：曳其輪，濡其尾，無咎。

直解：曳止拖住其車輪，濡濕其狐狸尾巴，沒有咎害。

上卦坎為輪為車，初九爻動變下卦離則變為艮，艮為手，為止，有以手曳輪之象。

虞氏逸象中坎為狐。坎水取濡濕之象。

初九在下，比之於狐狸的身體，有尾之象。

初九得位有應，所以無咎。

象曰：曳其輪，義無咎也。

象辭說：曳止車輪，是指義理上是沒有咎害。

六二：婦喪其茀，勿逐，七日得。

直解：婦女丟失其頭上的首飾，不用去追逐，七日之後會失而

復得。

茀，指首飾。

六二爻動變下卦離則變爲乾，乾爲衣，乾又爲首，爲金玉，取象爲茀。

乾不見，下互卦坎又爲盜，丟失首飾之象。

從二位上行，經過三、四、五、上位再恢復到初位，循環一周，是七日之數。

六二柔中，有守靜待變複得之象。

象曰：七日得，以中道也。

象辭說：七日得，是因爲六二按中正之道行事。

九三：高宗伐鬼方，三年克之，小人勿用。

直解：高宗討伐鬼方之國，用了三年的時間攻而克之，不要任用小人。

高宗，是指殷王武丁。鬼方，指遠方未開化的蠻夷小國。

九三爻動變下卦離變爲震，震爲帝。

來知德說「鬼方者，北方國也」。下互卦坎在北方，取鬼方之象。

下卦離爲戈兵，攻伐之象。離先天八卦數爲三，三年之象。

九三雖然不中，但得位有應。九三陽剛有力，能夠挺身而出，討伐叛亂，安定局面，雖然其成功不能一蹴而就，堅持了三年之久，但功業終可完成。

既濟亨小利貞，所以戒之小人勿用。

象曰：三年克之，憊也。

象辭說：用了三年的時間攻而克之，也會有疲憊之時。

六四：繻有衣袽，終日戒。

直解：有華美的衣服不穿，而穿破舊的敝壞之衣，終其一日，心懷警戒。

繻，為染有彩色的絲綢，借指為華美的衣服。

袽，指破敗敝壞的衣服。

六四爻變動上互卦離變為乾，乾為衣，取繻之象。上卦坎則變為兌，兌為毀折，取袽之象。

上互卦離為麗，六四衣飾本應盛妝明豔，但六四貞正，衣著樸素，深有憂患意識。

六四居下卦離之上，有離日已盡之象。

象曰：終日戒，有所疑也。

象辭說：終其一日心懷警戒，是因為六四對災眚將至有所疑懼。

九五：東鄰殺牛，不如西鄰之禴祭，實受其福。

直解：東邊的鄰居宰殺牛，舉行盛大的的祭祀，不如西邊的鄰居，以誠敬之心進行簡樸的祭祀（禴祭），能夠確實得到神靈的賜福。

古代祭祀神靈的儀式中，殺牛為犧牲，其祭禮最為豐盛。禴祭，是指夏天的的祭祀，其祭禮很簡樸。取象於離為夏日之卦。

九五爻動變後，上互卦離則變為震，震主祭祀。

　　殺牛之祭豐盛，而禴祭則菲薄，但神靈賜福並不只是看中儀式，而看中祭祀之人內心的誠敬。

　　先天八卦方位，離在東，坎在西。

　　殷周交替之際，周朝岐山在西，所以以西鄰自比。《周易本義》說，此「當文王與紂之事」。

　　九五有陽剛中正之德，不尚侈華，以簡約自處。這就是九五能夠確實得到賜福之緣由。

　　離爲牝牛，爲黃牛，爲戈兵。下互卦坎爲血，有以戈兵宰牛見血之象。

　　九五陽實，實受其福。

象曰：東鄰殺牛，不如西鄰之時也；實受其福，吉大來也。

　　象辭說：東鄰殺牛，其祭祀雖然豐盛，卻比不上西鄰因時而祭的誠心敬意。能夠實受其福，吉祥大大前來。

上六：濡其首，厲。

　　直解：濡濕其頭部，危厲。

　　上六在上取象爲首。

　　上六坎水濡濕其頭部，有過涉滅頂之象，已成亂局，所以有厲。

象曰：濡其首厲，何可久也。

　　象辭說：濡濕其首有所危厲，其既濟之道怎麼可以長久呢？

第64卦　未濟　

離上坎下

未濟：亨，小狐汔濟，濡其尾，無攸利。

直解：亨通，小狐狸幾乎就可以濟渡，濡濕其尾部，沒有所利。

未濟，未能濟渡，轉義事未完成。

上卦坎爲火，下卦離爲水，火性炎上，水性就下，水火二氣相違相背，坎離無法交媾，天地人倫大事皆成未濟。

六十四卦中，未濟卦是唯一一個六爻均不得位之卦。雖然六爻均失位，但六爻均是陰陽有應，事雖未成，但其道卻有亨通。

下卦坎爲狐。

汔，幾乎的意思。

未濟卦下互卦離，上互卦坎，組成既濟的卦象，所以未濟中隱含有既濟。

小狐有濟渡的勇氣，果敢而行，幾乎就可以濟渡，但最後終因體弱力微，濡濕其尾，功虧一簣，所以無利。

《序卦》曰：物不可窮也，故受之以未濟終焉。

直解：天地之間萬事萬物總是生生變化不已不可能窮極，所以在萬事皆濟的既濟卦之後，接著是萬事未濟的未濟卦作爲六十四卦的終結。

彖曰：未濟，亨；柔得中也。小狐汔濟，未出中也。濡其尾，無攸利；不續終也。雖不當位，剛柔應也。

彖辭說：未濟而能亨通，是因為六五陰柔得中的原因。小狐幾乎濟渡，是指未能出於坎陷之中。所以未能渡河，所以未濟。尾巴濡濕，無有所利，是指不能繼續而得其最終的善果。六爻雖然不當位，但其陽剛和陰柔卻能相應。

象曰：火在水上，未濟；君子以慎辨物居方。

象辭說：火在水的上面，形成未濟的卦象；君子效法這一象徵意義，謹慎辯明物事，使物事各歸其主，各得其類。

初六：濡其尾，吝。

直解：濡濕其尾部，羞吝。

初六位卑力微失位，並無濟物之材。冒進急於渡河而濡濕其尾。

象曰：濡其尾，亦不知極也。

象辭說：初六小狐濡濕其尾，亦是它不知道其渡河的盡頭在什麼地方。

九二：曳其輪，貞吉。

直解：曳止拖住其車輪，貞正得吉。

曳其輪解釋如既濟卦初九。

九二得中，處在陰位，不遂然冒進，貞正得吉。

象曰：九二貞吉，中以行正也。

象辭說：二貞正得吉，是因為以得中之位實行正道。

六三：未濟，征凶，利涉大川。

直解：未能濟渡，征行有凶，利於涉渡大川。

六三的爻辭似乎前後矛盾，一般認為「利涉大川」之前缺漏一個「不」字。

象曰：未濟征凶，位不當也。

象辭說：未濟出征有凶，是因為六三位置不正當。

九四：貞吉，悔亡，震用伐鬼方，三年有賞於大國。

直解：貞正得吉，悔過消亡，以雷霆震動之威討伐鬼方，三年克之，功成被大國賞賜。

伐鬼方、三年，解釋如既濟卦九三爻辭。

九四失位不中，處多懼之位，本有悔吝，但因貞正得吉，度過危機。

鬼方為僻遠小國，討伐鬼方的則是上國大國。

象曰：貞吉悔亡，志行也。

象辭說：貞正得吉悔過消亡，是因為九四其心志得以實行。

六五：貞吉，無悔，君子之光，有孚，吉。

直解：貞正得吉，沒有悔吝，君子的光輝，有所孚信，吉祥。

下卦坎月，上卦離日，光輝相互映襯而有孚信得吉。

象曰：君子之光，其暉吉也。

象辭說：君子之光，他的光輝也是很吉祥的。

上九：有孚於飲酒，無咎，濡其首，有孚失是。

直解：所以孚信於飲酒之事，沒有咎害，濡濕其頭部，有所孚信定會過失於此事。

濡其首如既濟上六爻辭。

坎水離火取飲酒之象。

上九高而失位，其陽剛之才無所用處，只是飲酒宴樂，無譽也可無咎。

上九困於酒食宴樂沒有節制，其陰陽孚信失於正道。

象曰：飲酒濡首，亦不知節也。

象辭說：飲酒濡濕其首，是指上九亦是不知節制之道。

第八章

十翼

：理解《周易》精髓的捷徑

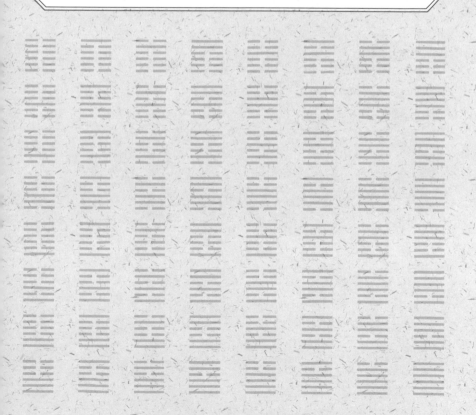

《繫辭上傳》白話全譯

繫辭，有兩層意思：

一是指繫綴連屬在卦象和爻象之下的卦辭爻辭。

另一指此處孔子所作《十翼》中的繫辭傳，闡明其中卦之與爻內在邏輯的「綱繫」，形成解釋《周易》經文的提綱挈領的一套哲學系統。

繫辭傳分上下二篇，各十二章。

第一章

天尊地卑，乾坤定矣。

直解：天為尊顯，地為卑微，乾和坤兩卦的性質相應而確定。

卑高以陳，貴賤位矣。

卑下和高上一經陳列，貴重和輕賤的品質差別就各居其位。

動靜有常，剛柔斷矣。

乾天為動，坤地為靜，這是有恆常的規律，陽剛和陰柔也因此得以分斷。

物以群分，吉凶生矣。

事物按照群類分別，吉祥和兇險由此發生。

在天成象，在地成形，變化見矣。

在天形成八卦之表像，在地形成八卦之物形，宇宙萬物的變遷和化生由此呈現。

是故剛柔相摩，八卦相盪。

所以陽剛和陰柔相互作用摩磋，八卦之間兩兩相互盪突衝撞。

鼓之以雷霆，潤之以風雨。

以雷霆來鼓動，以風雨來潤澤。

日月運行，一寒一暑。

日和月運轉往行，生成季節一寒一暑的推演更替。

乾道成男，坤道成女。

乾卦陽剛之道構成男性，坤卦陰柔之道構成女性。

乾知大始，坤作成物。

乾卦主管萬物創造開始的功能，坤卦作成萬物孕育生長的功效。

乾以易知，坤以簡能。

乾卦的性質是平易可知，坤卦的性質是簡約能行。

易則易知，簡則易從。

平易所以容易知曉，簡約所以容易遵從。

易知則有親，易從則有功。

容易知曉所以能夠親比隨附，容易遵從所以能夠建立事功。

有親則可久，有功則可大。

能夠親比附隨就可以長久，能夠建立事功就可以廣大。

可久則賢人之德，可大則賢人之業。

可以長久這是賢人的美德，可以廣大這是賢人的功業。

易簡而天下之理得矣。

理解了乾坤兩卦平易簡約的性質，就能夠掌握天下的道理。

天下之理得，而易成位乎其中矣。

掌握了天下的道理，萬物在天地中就能夠成就其應有之位置。

第二章

聖人設卦，觀象，繫辭焉，而明吉凶。剛柔相推而生變化。

聖人設置了六十四卦，觀察天地之間的物象，在六十四卦三百八十四爻之後撰繫了文辭，用以明辨吉祥與兇險的徵兆，陽剛陰柔相互作用推衍而生出變遷和化生的諸多關係。

是故吉凶者，失得之象也。悔吝者，憂虞之象也。

所以吉與凶對應的是失到與得去的現象。悔與吝對應的是憂愁和虞慮的現象。

變化者，進退之象也。剛柔者，晝夜之象也。

變化對應的是前進與後退的現象，剛柔對應的是白晝與黑夜的現象。

六爻之動，三極之道也。

六爻的發動，蘊涵著天地人三才極至的道理。

是故君子所居而安者，易之序也。所樂而玩者，爻之辭也。

所以君子居處而能得到安定的，是易卦六爻的位序。快樂而能玩索的，是易卦六爻的文辭。

是故君子居則觀其象而玩其辭，動則觀其變而玩其占，是以自天右之，吉無不利。

所以君子居處時就觀察易卦的象徵而玩索其文辭，行動時就觀察易卦的變化而玩索其占語，這樣就會像大有卦上九爻辭所說的，有著來自上天的保佑，吉祥而沒有不利。

第三章

象者，言乎象者也。爻者，言乎變者也。

象詞，是言說卦象的涵義。爻辭，是言說六爻陰陽變化的涵義。

吉凶者，言乎其失得也。悔吝者，言乎其小疵也。無咎者，善補過也。

吉凶，是言說行為處事的得失。悔吝，是言說行為處事有所小

疵。無咎，表示善於補救過錯。

是故列貴賤者存乎位，齊大小者存乎卦，辯吉凶者存乎辭，憂悔吝者存乎介，震無咎者存乎悔。

所以陳列貴賤品序的在於爻位，辨正陰陽大小的在於卦體，辯明吉凶的在於爻辭，憂慮悔吝的在於見微，震懼無咎的在於知悔。

是故卦有小大，辭有險易。辭也者，各指其所之。

所以卦體有陰小陽大的差等，爻辭有兇險平易的不同。爻辭，是分別指示其行動趨避的方向所在。

第四章

易與天地準，故能彌綸天下之道。

易道與天地準同，所以能夠廣大包絡天地之間的道理。

仰以觀於天文，俯以察於地理，是故知幽明之故。

仰頭觀看日月星辰天之文采，俯身考察山川河流地之紋理，所以能夠知道幽微顯明的由故。

原始及終，故知死生之說。

考原初始，推反終極，所以能夠知道生死的學說。

精氣為物，遊魂為變。

陰陽精靈之氣氤氳凝聚為萬物，浮游精魂離散物形為變化。

是故知鬼神之情狀。與天地相似，故不違。

所以從聚散之理知道遊魂爲鬼、精氣爲神的真情實狀。與天地運行的道理相與類似，所以就不會有差違之處。

知周乎萬物，而道濟天下，故不過。

易的知識周遍於萬物，而且易道能夠匡濟天下，所以就不會有差過。

旁行而不流，樂天知命，故不憂。

廣爲通行而不流於淫泛，順樂於天，知命無違，所以就不會有憂愁。

安土敦乎仁，故能愛。

安處於居土，敦篤於仁義，所以能夠有生息萬物的大愛。

範圍天地之化而不過，曲成萬物而不遺，通乎晝夜之道而知，是故神無方而易無體。

法範周備天地的化育之功而不會過越，曲盡周全成就萬物而不會有所遺漏，通徹晝夜陰陽推移的道理而無所不知，所以神的妙用沒有一定的常方，易的變化沒有一定的定體。

第五章

一陰一陽之謂道。

一陰一陽的變化關係就是所說的道。

繼之者，善也。成之者，性也。

統攝此道的，是善。化成此道的，是性。

仁者見之謂之仁，知者見之謂之知。

仁者見到此道，便說此道中有仁。智者見到此道，便說此道中有智。

百姓日用而不知，故君子之道鮮矣！

普通百姓日常應用此道但卻不知不曉，所以君子體悟的此道人們很少能夠知道。

顯諸仁，藏諸用，鼓萬物而不與聖人同憂，盛德大業至矣哉。

此道寂然無心，在仁德中顯現，在日用中潛藏，鼓動化育萬物，不會同有聖人的那種經營成務的有為之憂，它的茂盛美德和宏大偉業做到了極致。

富有之謂大業，日新之謂盛德。

富足豐有物無不備便是宏大偉業，日日更新變化不息便是茂盛美德。

生生之謂易。成象之謂乾，效法之謂坤。極數知來之謂占，通變之謂事，陰陽不測之謂神。

陰陽推移輾轉相生這就是易。取陽爻剛健為天之義成卦象，這

就是乾卦。效陰爻柔順為地之義為法，這就是坤卦。究極蓍策之數
預測知道將來的吉凶就叫做占，懂得變通趨時以成事業就叫做事，
陰陽變化之機不可測定就叫做神。

第六章

夫易廣矣，大矣。

易道廣闊，宏大。

**以言乎遠則不禦，以言乎邇則靜而正，以言乎天地之間則
備矣。**

用以言說遙遠之事則是無有止境，用以言說近處之事則是寧靜
正確，用以言說天地之間一切事情則是周備詳盡。

**夫乾，其靜也專，其動也直，是以大生焉。夫坤，其靜也
翕，其動也辟，是以廣生焉。**

乾陽靜時是清靜專一，含養萬物，動時直道而行，導出萬物，
所以是宏大生物。坤陰靜時是，閉藏微伏，應育萬物，動時開闢用
事，疏導沉滯，所以是廣闊生物。

**廣大配天地，變通配四時，陰陽之義配日月，易簡之善配
至德。**

廣闊宏大匹配天地，變化通達匹配四時，陰柔陽剛的意義匹配
日月，易道簡約的善美匹配至極的德性。

第七章

子曰：易，其至矣乎。

孔子說：易道的善美到了極致。

夫易，聖人之所以崇德而廣業也。

易道，是聖人用以增崇德性廣擴事業的。

知崇禮卑，崇效天，卑法地。天地設位，而易行乎其中矣。

智慧尊崇，禮儀謙卑，尊崇效仿天，謙卑取法地。天地陳設尊卑的位置，易道就通行在其中了。

成性存存，道義之門。

成就的美善德性存而又存永不停息，這就是通往道義的門戶。

第八章

聖人有以見天下之賾，而擬諸其形容，象其物宜，是故謂之象。

聖人因為洞見天下幽深玄妙的道理，就擬仿出它易於理解的形象容貌，象徵出事物適宜應有的特徵，所以就稱為卦象之象。

聖人有以見天下之動，而觀其會通，以行其典禮，繫辭焉以斷其吉凶，是故謂之爻。

聖人因為見天下複雜變動的道理，就觀察陰陽動移會合融通的

情況，用以實行人事行動的典章儀禮，在卦爻之下系屬文辭來判斷吉凶，所以就稱爲卦爻之爻。

言天下之至賾而不可惡也，言天下之至動而不可亂也。擬之而後言，議之而後動，擬議以成其變化。

言說解釋天下幽深玄妙的道理不可以輕鄙厭惡，言說解釋天下極致變動的道理不可以擾亂乖離。擬仿出它然後再言說，審議了它然後再行動，擬仿審議用以達成它的變遷和化生。

鳴鶴在陰，其子和之，我有好爵，吾與爾靡之。

中孚卦九二爻辭說：鳴叫的仙鶴棲息在陰濕之地，他的朋友在應和著他的叫聲，我這裏有好酒，我與你共同飲用這美酒。

子曰：君子居其室，出其言善，則千里之外應之，況其邇者乎。居其室，出其言不善，則千里之外違之，況其邇者乎。

孔子說：君子在家室裏居處，說出的言辭美善，那麼就是在千里之外也有志同道合的人相應唱和，何況是在近處的人。在家室裏居處，說出的言辭不美善，那麼就是在千里之外也有人相違唾棄，何況是在近處的人。

言出乎身加乎民，行發乎邇見乎遠。言行，君子之樞機。樞機之發，榮辱之主也。言行，君子之所以動天地也。可不慎乎。

從自身發出的言語會施加給民眾，從近處發出的行爲會顯現在遠處。言語和行爲，猶如君子開閉發動門戶的門軸門鍵。門軸門鍵的開閉發動，猶如施爲或榮或辱的主宰。言語和行爲，是君子用以

鼓動感應天地的途徑，難道可以不慎重嗎？

同人：先號咷而後笑。

同人卦九五爻辭說：和同於人，先是嚎啕大哭，而後欣喜歡笑。

子曰：君子之道，或出或處，或默或語。二人同心，其利斷金。同心之言，其臭如蘭。

孔子說：君子為世的道理，或是外出，或是居處，或是沉默，或是言語。兩個人和同心意，猶如鋒利的刀刃可以斬斷金屬。和同心意的言辭，有如蘭花一樣馨香。

初六：藉用白茅，無咎。

大過卦初六爻辭說：將潔白的茅草鋪墊在地上，沒有咎害。

子曰：苟錯諸地而可矣。藉之用茅，何咎之有，慎之至也。夫茅之為物薄，而用可重也。慎斯術也以往，其無所失矣。

孔子說：或是放置在地上就可以了。用茅草鋪墊，會有什麼咎害呢？這是極致的慎重啊。茅草作為物品雖然是菲薄的，但它香潔可貴可以有重要的用處。恭慎按照這樣的道理而前往，就不會有所錯失了。

勞謙，君子有終吉。

謙卦九三爻辭說：辛勞而謙虛，君子能有善終，吉祥。

子曰：勞而不伐，有功而不德，厚之至也。語以其功下人者也。德言盛，禮言恭。謙也者，致恭以存其位者也。

孔子說：辛勞卻不自以誇耀，建有功業卻不自以居德，這是敦厚的極致。這是說有功勞卻謙下於人。德性要講究隆盛，禮儀要講究恭敬。謙虛，就是致力做到恭敬來保存其所處地位。

亢龍有悔。

乾卦上九爻辭說：亢極過高之龍將會有所悔吝。

子曰：貴而無位，高而無民，賢人在下位而無輔，是以動而有悔也。

孔子說：尊貴卻沒有處在正當適宜的位置，高高在上卻沒有臣服的子民，賢人居於下面的位置得不到他們的佐輔，所以行動就會有所悔吝。

不出戶庭，無咎。

節卦初九爻辭說：不從家裏的門戶庭院中外出，沒有咎害。

子曰：亂之所生也，則言語以為階。君不密則失臣，臣不密則失身，幾事不密則害成，是以君子慎密而不出也。

孔子說：危亂的產生，都是以不慎的言語為起禍的臺階。君主不謹慎周密就會損失臣子，臣子不謹慎周密就會損失自身，幾微未著初始籌畫之事不謹慎周密就會危害成功，所以君子慎重周密謹言不出。

子曰：作易者其知盜乎？《易》曰：負且乘，致寇至。負也者，小人之事也。乘也者，君子之器也。小人而乘君子之器，盜思奪之矣。上慢下暴，盜思伐之矣。慢藏誨盜，冶容誨淫。《易》曰：負且乘，致寇至，盜之招也。

孔子說：創作周易的人大概知道盜寇之事吧。《周易》中解卦六三爻辭說：背著東西而又乘坐車馬，導致盜寇的來到。背著東西，是小人做的事情。乘坐的車馬，是君子的器物。小人卻去乘坐君子的器物，盜寇就會思謀去奪取。居上位的君子輕慢懈怠，居下位的小人橫暴無禮，盜寇就會思謀去攻伐。怠慢於收藏財物有如教誨誘引小人去盜劫，妖冶過分裝扮容貌有如教誨誘引小人去淫邪。《周易》中說：背著東西而又乘坐車馬，導致盜寇的來到。意思就是說盜寇就是這樣自己招來的。

第九章

天一，地二。天三，地四。天五，地六。天七，地八。天九，地十。

天數一，地數二。天數三，地數四。天數五，地數六。天數七，地數八。天數九，地數十。

天數五，地數五，五位相得而各有合。天數二十有五，地數三十，凡天地之數五十有五。此所以成變化而行鬼神也。

象徵天的數字是一、三、五、七、九五個奇數，象徵地的數字是二、四、六、八、十五個偶數，五位天數地數相互諧和而且各自有所配合。天數一、三、五、七、九五個奇數相加便是二十五，地數二、四、六、八、十五個偶數詳加便是三十，總共天地之數相加便是五十五。這就是易道能體現成就變化而通行鬼神玄妙功用的原因。

大衍之數五十，其用四十有九。

正大莊重推衍演算的著策的數目是五十，但實際運算的著策數目只是四十九（留一不用）。

分而爲二以象兩，掛一以象三，揲之以四，以象四時，歸奇於扐以象閏，五歲再閏，故再扐而後掛。

正大莊重推衍演算的著策的數目是五十，但實際運算的著策數目只是四十九（留一不用）。將四十九根著策任意分開作（左右）兩份用以象徵陰陽兩儀，就兩份著策之中分掛其中一根著策出來（於左手小指之間）配合兩儀用以象徵天地人三才，將著策以四爲數四根一揲四根一揲分開，用以象徵春夏秋冬四時，將（左份）分揲後最後餘下的奇餘零頭著策歸到手指之間的夾扐（於左手無名指之間）用以象徵閏月，因爲五年中有兩次閏月，所以再次將（右份）分揲後最後餘下的奇餘零頭著策歸到手指之間的夾扐（於左手中指之間），而後別起一掛反覆揲算（如此三次揲算可算出一爻，共十八次揲算才能算出六爻成一卦）。

乾之冊二百一十有六，坤之冊百四十有四，凡三百有六十，當期之日。二篇之冊，萬有一千五百二十，當萬物之數也。

運算乾卦六爻包含的著草策數共爲二百一十六根，運算坤卦六爻包含的著草策數共爲一百四十四根，兩者相加共爲三百六十根，相當於一年三百六十天。運算《周易》上下兩篇六十四卦，包含的著草策數共爲一萬一千五百二十根，大致相當於萬物的數目。

是故四營而成易，十有八變而成卦。八卦而小成，引而伸之，觸類而長之，天下之能事畢矣。顯道神德行，是故可與酬酢，可與右神矣。子曰：知變化之道者，其知神之所為乎？

所以（分二，掛一，揲四，歸奇）四度營算方成易之一爻，如此十八次揲算才能算出六爻而成一卦。三畫所形成的乾坤震巽坎離艮兌八卦只是象徵萬物小有成算的基礎，由此導引而延伸，觸發類比而增長擴展，天下所能象徵的萬事都畢備在內了。這樣就可以顯揚易道神妙德行，因此能夠用以斟酌周旋世事，能夠用以佑佐贊助神明。孔子說：洞察知悉變遷和化生的道理，大概也就知道神明的所作所為了吧。

第十章

易有聖人之道四焉：以言者尚其辭；以動者尚其變；以制器者尚其象；以卜筮者尚其占。

《周易》含有聖人之道四個方面：用之在言說的崇尚它的文辭，用之在行動的崇尚它的變化，用之在制作物器的崇尚它的象徵，用之在蔔問筮算的崇尚它的占斷。

是故君子將有為也，將有行也，問焉而以言。其受命也如響。無有遠近幽深，遂知來物。非天下之至精，其孰能與於此。

所以君子將要有所作為，將要有所行動之時，以言語蔔問，《周易》承受占筮的命令就會應聲如響做出回應。不論是遙遠的未來、切近的現在、還是幽微難顯、深邃不測，它都能知悉將要到來的物事。如果它不是天下極致精誠的大道，誰能做到這些呢？

參伍以變，錯綜其數。通其變，遂成天下之文；極其數，遂定天下之象。非天下之至變，其孰能與於此。

三番五次類推而變化，錯逆綜理卜算的蓍數：會通它的變化，就能形成天下萬物的文理；究極它的蓍數，就能確定天下萬物的象徵。如果它不是天下極致變化的大道，誰能做到這些呢？

易無思也，無為也，寂然不動，感而遂通天下之故。非天下之至神，其孰能與於此。

易道無所思謀，無所作為，寂靜沒有行動，感而應之就能通會天下萬事的由故。如果它不是天下極致神應的大道，誰能做到這些呢？

夫易，聖人之所以極深而研幾也。唯深也，故能通天下之志；唯幾也，故能成天下之務；唯神也，故不疾而速，不行而至。子曰：易有聖人之道四焉者，此之謂也。

《周易》，是聖人用來窮極幽深和研盡幾微的。惟有窮極幽深，所以能夠會通天下的心志；惟有研盡幾微，所以能夠成就天下的事務；惟有極致通神，所以不須急疾就能快速達成，不須行動就能自然達至。孔子說：《周易》含有聖人之道四個方面，就是說的這個意思。

第十一章

子曰：夫易何為而作也？夫易開物成務，冒天下之道，如斯而已者也。是故聖人以通天下之志，以定天下之業，以斷天下之疑。

孔子說：《周易》是因爲什麼目的而創作的呢？創作《周易》的目的是爲了開啓物情而成就事務，統括天下的大道，就是如此罷了。所以聖人用以來會通天下的心志，用以來確定天下的事業，用以來斷決天下的疑難。

是故蓍之德圓而神，卦之德方以知，六爻之義易以貢。聖人以此洗心，退藏於密，吉凶與民同患。神以知來，知以藏往，其孰能與於此哉！古之聰明睿知神武而不殺者夫！是以明於天之道，而察於民之故，是興神物以前民用。聖人以此齋戒，以神明其德夫。

所以蓍數的德性圓通而神應，卦體的德性方正而智慧，六爻的意義是通過變易以告人吉凶。聖人用此洗濯潔淨內心，在易道的奧密中退隱潛藏，吉凶之事和民眾同甘苦共憂患。神應用以預知將來，智慧用以潛藏既往，誰能做到這些呢？是古時聰明睿知神異英武而活力不衰的聖人吧！所以明瞭於天之大道，洞察於民眾的情狀由故，於是興起蓍數神應之物用以前導民眾的用事。聖人因此齋戒虔誠，用以彰顯其德性的神明。

是故闔戶謂之坤，闢戶謂之乾，一闔一闢謂之變，往來不窮謂之通。見乃謂之象，形乃謂之器，制而用之謂之法，利用出入，民咸用之謂之神。

所以閉合門戶就叫做坤（坤柔象夜如閉戶），打開門戶就叫做乾（乾剛象晝如開戶），一閉一開就叫做變化，往來循環不會窮竭就叫做會通。顯現出來的外表象徵就叫做表像，形成物狀形體的就叫做物器，製作物器來使用就叫做效法，便利用度反覆出入使用，民眾都享用（而不知所由來）就叫做神奇。

是故易有太極，是生兩儀，兩儀生四象，四象生八卦，八卦定吉凶，吉凶生大業。

所以易道先有（混沌未分之）太極，太極生出（分判陰陽之）兩儀，兩儀生出（太陽、太陰、少陽、少陰）四象，四象生出（乾坤、坎離、震巽、艮兌）八卦，八卦判定了事物的吉凶，判定出事物的吉凶就可以生成創建宏大的功業。

是故法象莫大乎天地，變通莫大乎四時，縣象著明有莫大乎日月，崇高莫大乎富貴；備物致用，立成器以為天下利，莫大乎聖人；探賾索隱，鈎深致遠，以定天下之吉凶，成天下之娓娓者，莫善乎蓍龜。

所以效法取象沒有比天地更大的，變化會通沒有比四時更大的，懸掛物象顯著光明沒有比日月更大的，尊崇高位沒有比富貴更大的；備置物品致使民眾來使用，創立現成的器物來便利天下，沒有比聖人更大的；探求初隱未見追索幽隱難解，鈎取深奧致力遠大，來判定天下的吉凶，成就天下那些親密不懈的功業的，沒有比蓍龜更大的。

是故天生神物，聖人則之；天地變化，聖人效之；天垂象，見吉凶，聖人象之；河出圖，洛出書，聖人則之。易有四象，所以示也；繫辭焉，所以告也；定之以吉凶，所以斷也。

所以上天生出神應的蓍龜之物，聖人取則範法於它；天地變遷化生，聖人仿效於它；天垂示萬象，顯現吉凶，聖人擬象於它；黃河出現龍圖，洛水出現龜書，聖人取則范法於它；《周易》有（太陽、太陰、少陽、少陰）四象，是用來指示的；《周易》卦爻系撰的文辭，是用來詔告的；用吉凶判定的文辭，是用來占斷的。

第十二章

《易》曰：自天右之，吉無不利。子曰：右者，助也。天之所助者順也，人所助者信也。履信思乎順，有以尚賢也。是以自天右之，吉無不利也。

《周易》大有卦上九爻辭說：得到來自上天的佑助，吉祥沒有不利。孔子說：佑，就是幫助的意思。上天所幫助的人是願意順從正道的，人們所幫助的人是履行誠信的。履行誠信信天道之順，又能夠尊崇賢人。所以得到來自上天的佑助，吉祥沒有不利。

子曰：書不盡言，言不盡意。然則聖人之意，其不可見乎？子曰：聖人立象以盡意，設卦以盡情偽，繫辭焉以盡其言，變而通之以盡利，鼓之舞之以盡神。

孔子說：書面文字不能詳盡表達口頭語言，口頭語言不能詳盡表達思想心意。那麼聖人的思想心意，就不可以顯現表示出來嗎？孔子說：聖人創立象徵用以詳盡表達思想心意，設置卦體用以詳盡表達事物的實情和偽狀，系撰文辭用以詳盡表達口頭語言，變化和會通用以盡行施利，鼓動舞動（陰陽變化）用以盡行神應。

乾坤其易之縕邪？乾坤成列，而易立乎其中矣。乾坤毀，則無以見易。易不可見，則乾坤或幾乎息矣。

乾坤兩卦應該是易道的精縕吧？乾坤兩卦排成位列，易道就確立在其中了。乾坤兩卦毀壞（不能成列），就不能夠顯現出易道。易道不能夠顯現，乾坤（陰陽造化變易的機理）差不多就停息了。

　　是故形而上者謂之道，形而下者謂之器；化而裁之謂之變，推而行之謂之通；舉而措之天下之民，謂之事業。

　　所以形質之上的妙用之理就叫做道，形質之下的物用功能就叫做器；化育而裁制就叫做變，推演而流行就叫做通；推舉這些道理錯置應用到天曉得民眾，就叫做事業。

　　是故（此處與第八章重出）（夫象，聖人有以見天下之賾，而擬諸其形容，象其物宜，是故謂之象。聖人有以見天下之動，而觀其會通，以行其典禮，繫辭焉以斷其吉凶，是故謂之爻。）極天下之賾者存乎卦，鼓天下之動者存乎辭；化而裁之存乎變，推而行之存乎通；神而明之，存乎其人；默而成之，不言而信，存乎德行。

　　所以（此處與第八章重出）（聖人因為洞見天下幽深玄妙的道理，就擬仿出它易於理解的形象容貌，象徵出事物適宜應有的特徵，所以就稱為卦象之象。聖人因為見天下複雜變動的道理，就觀察陰陽動移會合融通的情況，用以實行人事行動的典章儀禮，在卦爻之下系屬文辭來判斷吉凶，所以就稱為卦爻之爻。）究極天下幽深玄妙的在於卦體，鼓舞天下奮動的在於文辭；化育而裁制的在於變化，推演而流行的在於會通；神應而又顯明的，在於述《易》之聖人；靜默修為而成功，不有言述就能取信於人，在於美善的德性和品行。

《繫辭下傳》白話全譯

第一章

八卦成列，象在其中矣。因而重之，爻在其中矣。剛柔相推，變在其中矣。繫辭焉而命之，動在其中矣。

八卦創設形成列陣，萬物的象徵就在其中了。八卦互為相因而重組疊加，六爻也就在其中了。陽剛陰柔相互推演，變化也就在其中了。系撰文辭之後而命告出吉凶，動變也就在其中了。

吉凶悔吝者，生乎動者也。剛柔者，立本者也。變通者，趣時者也。吉凶者，貞勝者也。天地之道，貞觀者也。日月之道，貞明者也。天下之動，貞夫一者也。

吉祥、兇險、悔恨、羞吝，產生於動變之中。陽剛陰柔，是確立易道的本源。變化會通，是趨向配合四時的。吉祥、兇險，是指示貞正得勝的。天地的大道，是以貞正使人觀瞻的。日月的大道，是以貞正使人明照的。天下的動變，是貞正於純一的。

夫乾，確然示人易矣。夫坤，隤然示人簡矣。爻也者，效此者也。象也者，象此者也。爻象動乎內，吉凶見乎外，功業見乎變，聖人之情見乎辭。

乾卦，健確剛勁顯示給人以平易。坤卦，安定柔順顯示給人以簡易。爻，就是效仿陰陽變化情況的。象，就是象徵陰陽變化情況的。爻和象發動在卦內，吉凶顯現在外面，功業顯現在變化，聖人的情志獻血者文辭。

天地之大德曰生，聖人之大寶曰位。何以守位曰仁，何以聚人曰財。理財正辭，禁人為非曰義。

天地的大德是化生，聖人的大寶就是得位。如何來守住本位呢？是用仁賢。如何來聚集萬民呢？是用財富。管理財富正定辭名，禁止小人做非法之事，就是宜義。

第二章

古者庖犧氏之王天下也，仰則觀象於天，俯則觀象於地，觀鳥獸之文，與地之宜，近取諸身，遠取諸物，於是始作八卦，以通神明之德，以類萬物之情。

古時候庖犧氏為王於天下，仰頭觀看天上的垂象，俯身觀看地上的現象，觀察鳥獸的文理，以及地上萬物所安之宜義，近處的就取法於身體，遠處的就取法於事物，於是開始製作八卦，用以會通神明的德性，用以類歸萬物的情狀。

作結繩而為網罟，以田以漁，蓋取諸離。

庖犧氏編結繩索製作獵網漁罟，用來田獵和捕魚，大概是取法於離卦的象徵（離卦為目為網能附麗取物）。

庖犧氏沒，神農氏作。斲木為耜，揉木為耒，耒耜之利，以教天下，蓋取諸益。

庖犧氏時代終沒，神農氏興起繼作。砍斲樹木製作耕田翻土農具「耒耜」的下部端頭「耜」，揉彎樹木製作耕田翻土農具「耒

耜」的上部曲柄「耒」,「耒耜」耕作的便利,用來教會天下民眾,大概是取法於益卦的象徵（益卦上卦巽為入為木,下卦震為動為木,以木入土而動如以農具「耒耜」耕田翻土）。

日中為市,致天下之民,聚天下之貨,交易而退,各得其所,蓋取諸噬嗑。

日到中天為集市之時,招致天下的民眾,聚集天下的貨物,交換易物之後散退,各人得到他們需要的東西,大概是取法於噬嗑卦的象徵（噬嗑卦上卦離為日,下卦震為大塗為動,如日中動而交易之集市）。

神農氏沒,黃帝、堯、舜氏作,通其變,使民不倦；神而化之,使民宜之。易窮則變,變則通,通則久,是以「自天右之,吉無不利」也。黃帝、堯、舜垂衣裳而天下治,蓋取諸乾坤。

神農氏時代終沒,黃帝、堯、舜氏興起繼作,會通變化,使人民進取不感到厭倦；神妙加以化生,使人民所用適宜。易道窮盡就會改變,改變之後就能通達,通達之後就能長久,所以「得到來自上天的佑助,吉祥沒有不利」。黃帝、堯、舜制度服飾垂示上衣下裳就使天下得到治理,大概是取法於乾坤卦的象徵（乾卦為天居上覆物象衣。坤卦為地在下含物象裳。乾坤緼含萬物,所以象衣裳。乾為明君,坤為順臣,百官以治,萬民以察,所以「天下治」）。

刳木為舟,掞木為楫,舟楫之利,以濟不通,致遠以利天下,蓋取諸渙。

刳挖掏空樹木製造舟船,剡坎削尖樹木製作槳楫,舟船槳楫的

便利，用以濟渡不能通行的江湖，致達遠方用以便利天下，大概是
取法於渙卦的象徵（渙卦上卦巽為風為木，下卦坎為水，木以為舟，
風行水上，如舟楫濟渡）。

服牛乘馬，引重致遠，以利天下，蓋取諸隨。

服駕牛，乘禦馬，牽引輜重致達遠方，用以便利天下，大概是
取法於隨卦的象徵（隨卦上卦澤為悅，下卦震為動為大塗，下面行動
於大路而上面欣悅，如服牛乘馬，引重致遠之便利）。

重門擊柝，以待暴客，蓋取諸豫。

重重設門防衛，夜裏敲擊柝梆示警，用防待暴徒強盜，大概是
取法於豫卦的象徵（豫卦上卦震為木為雷為鳴為動如擊柝梆示警，下
卦坤為夜為闔戶閉關如重門以待暴客）。

斷木為杵，闕地為臼。臼杵之利，萬民以濟，蓋取諸小過。

截斷樹木製作搗杵，挖掘土地製作搗臼。搗杵搗臼的便利，天
下萬民得以改善飲食的濟利，大概是取法於小過卦的象徵（小過卦
上卦震為木為動如搗杵之動，下卦艮為止如搗杵之止）。

弦木為弧，剡木為矢；弧矢之利，以威天下，蓋取諸睽。

弦揉彎曲樹木製作弓弧，剡坎削尖樹木製作箭矢；弓弧箭矢
的利用，可以威懾天下，大概是取法於睽卦的象徵（睽卦上卦離為
矢，下卦兌為金為毀缺，如金矢毀壞之威懾）。

上古穴居而野處，後世聖人易之以宮室，上棟下宇，以待風雨，蓋取諸大壯。

上古時代人們居住在洞穴處身在野外，後來世代的聖人用宮室來改易這樣的居住方式，上面有房屋的棟樑，下面有房屋的簷宇，用來防待風雨，大概是取法於大壯卦的象徵（大壯卦上卦震為木似棟，下卦乾為天似宇，上棟下宇，以木覆天，風雨不入）。

古之葬者，厚衣之以薪，葬之中野，不封不樹，喪期無數，後世聖人易之以棺槨，蓋取諸大過。

遠古時候的喪葬，只是用薪柴厚厚衣裹遺體，下葬在野地之中，不用土封成墳墓也不植樹，居喪的期限也沒有定數，後來世代的聖人用內棺外槨來改易這樣的喪葬方式，大概是取法於大過卦的象徵（大過卦上卦兌為剛鹵低窪之地，下卦巽為入為木如棺槨，大過卦如棺槨入地）。

上古結繩而治，後世聖人易之以書契。百官以治，萬民以察，蓋取諸夬。

上古時代人們編結繩索而進行事務治理，後來世代的聖人用文字書寫契刻來改易這樣的記錄方式。百官用來治理政務，萬民用來審察俗務，大概是取法於夬卦的象徵（夬卦上卦兌為口舌如言辭，下卦乾為金如契刻，夬卦如言辭轉為先書寫而後契刻。夬卦本身意為夬決，有用書契決斷萬事之意）。

第三章

是故易者，象也。象也者，像也。彖者，材也。爻也者，效天下之動者也。是故吉凶生，而悔吝著也。

所以《周易》，就是象。象，就是對事物的象徵和取象。彖，就是材制裁決。爻，就是效仿天下萬事的動變。所以吉凶因此出處，而悔吝因此著明。

第四章

陽卦多陰，陰卦多是，其故何也？陽卦奇，陰卦耦，其德行何也？陽一君而二民，君子之道也。陰二君而一民，小人之道也。

陽卦中陰爻爲多，陰卦中陽爻爲多，它的原因是什麼？陽卦中的一陽爻爲奇數，陰卦中的二陰爻爲偶數，它的德性行狀是什麼？陽卦一個君主兩個子民，這是君子之道。陰卦兩個君主一個子民，這是小人之道。

第五章

《易》曰：「憧憧往來，朋從爾思」。子曰：「天下何思何慮？天下同歸而殊塗，一致而百慮。天下何思何慮？日往則月來，月往則日來，日月相推而明生焉。寒往則暑來，暑往則寒來，寒暑相推而歲成焉。往者詘也，來者信也，詘信相感則利生焉。尺蠖之詘，以求信也。龍蛇之蟄，以存身也。精義入神，以致用也。利用安身，以崇德也。過此以往，未之或知

也。窮神知化，德之盛也」。

《周易》咸卦九四爻辭說：「心意不定往返徘徊，朋友跟從你的心思」。孔子說：「天下有什麼可以思考和疑慮的？天下沿著不同的道路卻歸結到相同的目標，百種思慮卻最終為一致。天下有什麼可以思考和疑慮的？太陽往去月亮就複來，月亮往去太陽就複來，太陽月亮相互推移而光明就產生了。寒冷往去暑熱就複來，暑熱往去寒冷就複來，寒冷和暑熱相互推移年歲的形成。往去就是屈縮，複來就是伸展，屈縮伸展相互感應利用就產生了。尺蠖的屈縮，是為了求得伸展。龍蛇的蟄伏，是為了保存身體的。精解義理深入神妙，是為了達致實用。利於功用安定自身，是為了尊崇德性。超過這種限度再行前往，或是就難以知道了。窮究神妙知悉變化，這是最盛美的德性」。

《易》曰：「困於石，據於蒺藜，入於其宮，不見其妻，凶」。子曰：「非所困而困焉，名必辱。非所據而據焉，身必危。既辱且危，死其將至，妻其可得見邪」。

《周易》困卦六三爻辭說：「受困於岩石之中，支撐憑據在蒺藜之上，進入了自己的宮室，沒有見到自己的妻子，有所兇險」。孔子說：「困窮在不應該困窮的地方，名聲一定會受到侵辱。憑據在不應該憑據的地方，身體一定會。既受到侵辱又受到危害，死期也將要臨至，難道可以見到妻子嗎？」

《易》曰：「公用射隼於高庸之上，獲之無不利」。子曰：「隼者，禽也。弓矢者，器也。射之者，人也。君子藏器於身，待時而動，何不利之有？動而不括，是以出而有獲，語成器而後動者也」。

《周易》解卦上六爻辭說：「王公在高牆之上射殺兇惡的隼鳥，射獲了隼鳥，沒有不利」。孔子說：「隼，是禽鳥。弓矢，是器具。射隼的，是人。君子懷藏器物在身上，等待十級而行動，哪裏會有什麼不利的呢？行動而不滯礙收括，所以出動就會有所收穫，這是說先備成器具而然後再行動的道理」。

子曰：「小人不恥不仁，不畏不義，不見利不動，不威不征。小征而大誡，此小人之福也。《易》曰：『屨校滅趾，無咎』。此之謂也」。

孔子說：「小人不知羞恥不知仁德，不知畏懼不知道義，不見到利益就不會行動，不受到威懾就不知懲懼。承受小的懲罰得到大的誡懼，這是小人的福祉。《周易》噬嗑爻卦初九爻辭說：『木製之刑具施加在足上遮掩了腳趾，沒有咎害』。說的就是這個道理」。

「善不積，不足以成名。惡不積，不足以滅身。小人以小善為無益而弗為也，以小惡為無傷而弗去也，故惡積而不可弇，罪大而不可解。《易》曰：『何校滅耳，凶』」。

「善行不積累，不足以成就美名。惡行不積累，不足以毀滅自身。小人以為小的善行無所收益所以不去做，小人以為小的惡行無傷大體所以不除去，所以惡行累積而無法掩飾，罪行巨大而無法解脫。《周易》噬嗑爻卦上九爻辭說：『木製刑具負戴在頸脖之上遮掩了耳朵，兇險』」。

子曰：「危者，安其位者也。亡者，保其存者也。亂者，有其治者也。是故君子安而不忘危，存而不忘亡，治而不忘亂，是以身安而國家可保也。《易》曰：『其亡！其亡！繫於

包桑』」。

孔子說：「遭受危害的，是只知偷安逸處於既得位置的人。遭受滅亡的，是（沒有誘惑意識）只知保守既有存在的人。遭受禍亂的，是自以為保有萬事得到整治無可擔心的人。所以君子安定的時候不忘記危機，生存的時候不忘記懷亡，得到整治的時候不忘記禍亂，所以自身安全國家就可以保有。《周易》否爻卦上九爻辭說：『就要滅亡，就要滅亡，天命繫之於柔弱之叢桑』」。

子曰：「德薄而位尊，知小而謀大，力小而任重，鮮不及矣。《易》曰：鼎折足，覆公餗，其形渥，凶。言不勝其任也。」

孔子說：「德性菲薄而地位尊貴，智慧狹小而圖謀大事，力量微小而擔任重負，很少不會召及（災禍）的。周易中鼎卦九四的爻辭說：『鼎足折斷，傾覆王公的美食，其形狀非常難看，兇險』。說的就是能力不能勝任的情況。」

子曰：「知幾其神乎？君子上交不諂，下交不瀆，其知幾乎！幾者，動之微，吉之先見者也。君子見幾而作，不俟終日。《易》曰：『介於石，不終日，貞吉』。介如石焉，寧用終日？斷可識矣！君子知微知彰，知柔知剛，萬夫之望。」

孔子說：「知曉幾兆的人，可以算得上是神妙的了。君子與上位之人交往而不巴結媚諂，與下位之人交往而不簡慢褻瀆，大概算得上知曉幾兆的！幾兆，是發動的細微。君子見到幾兆就行動，不會等到一日之終。《周易》中豫卦的六二爻辭說：『介然如石，不待終日，貞靜正固得吉』。既然能夠介然如石，那裏需要等待一日之終呢？當時就可以認識其中的道理！君子知曉細微之隱，也知曉彰明之顯，知曉陰柔之用，也知曉陽剛之功，他就能

得到萬人的仰望。

子曰:「顏氏之子,其殆庶幾乎?有不善,未嘗不知;知之,未嘗復行也。《易》曰:不遠復,無祇悔,元吉。」

孔子說:「顏家的子弟,他在德行上的修養大概成功了吧?有不完善之事,他沒有不知道的。知道了,就沒有再次去那樣做。《周易》中復卦的初九爻辭說:『所行不遠而能迅速回復,因此沒有大的悔恨,開始即是吉祥』」。

「天地絪縕,萬物化醇。男女構精,萬物化生。易曰:『三人行,則損一人;一人行,則得其友。』言致一也。」

「天地之間陰陽二氣彌漫纏繞交互作用,萬物因此化育醇美。男女之間陰陽相交,構合精血,萬物因此化育生長。《周易》中損卦六三爻辭說:『三人同行,則會損去一人;一人獨行,則能得到朋友』。說的就是陰陽諧和致於純一之意。

子曰:「君子安其身而後動,易其心而後語,定其交而後求。君子修此三者,故全也。危以動,則民不與也;懼以語,則民不應也;無交而求,則民不與也。莫之與,則傷之者至矣。易曰:『莫益之,或擊之,立心勿恒,凶』」。

孔子說:「君子安定了自己的身體然後再行動,平易自己的心智然後再言語,確定了自己的交往,然後再去相求。君子營修這三種美德,所以能得到萬全。自己身處危險而去行動,那麼民眾就不會贊成輕與;自己內心疑懼而發出言語,那麼民眾就不會回應;沒有交往而去相求,那麼民眾就不會給與。沒有給予,那麼傷害的人,就跟著來了。《周易》益卦上九爻辭說:『沒有增益給他,或是

會攻擊他，其所立心意不能恒常安定，兇險』」。

第六章

子曰：「乾坤，其易之門邪？乾陽物也，坤陰物也。陰陽合德，而剛柔有體，以體天地之撰，以通神明之德。其稱名也，雜而不越。於稽其類，其衰世之意邪？」

孔子說：「乾坤兩卦，應該是周易的門戶吧？乾代表陽剛之物，坤代表陰柔之物。陰陽和合德性，而剛柔形成形體，可以用來體察天地的撰述經營，用來貫通神妙光明的德性。周易中各卦的名稱，複雜但不過越。稽考其事類，大概其中暗含有衰微的世道警懼憂患的含意吧？」

子曰：「夫易，彰往而察來，而微顯闡幽，開而當名，辨物正言，斷辭則備矣。其稱名也小，其取類也大，其旨遠，其辭文，其言曲而中，其事肆而隱。因貳以濟民行，以明失得之報。」

孔子說：「周易彰顯以往之事，明察未來之機，將細微顯著，將幽暗闡明，開釋卦爻使其名稱適當，辨察事物正定言語，決斷文辭則義理周備。卦爻辭中稱述的物名雖然細小，但取象的事類卻是宏大，他的旨意深遠，他的言辭文飾，他的言語曲婉但切中，他的事典肆直顯白卻又隱晦。他憑藉陰陽貳德來濟助民眾，用來明示或失或得的報驗。

第七章

易之興也，其於中古乎？作易者，其有憂患乎？

周易的興起，大概是在中古的時代吧？寫作周易的人，大概是懷有憂患吧？

是故，履，德之基也；謙，德之柄也；複，德之本也；恒，德之固也；損，德之修也；益，德之裕也；困，德之辨也；井，德之地也；巽，德之制也。

所以履卦，說的是德性的基礎；謙卦，說的是德性的握柄；復卦，說的是德性的根本；恒卦，說的是德性的正固；損卦，說的是德性的營修；益卦，說的是德性的豐裕；坤卦，說的是德性的分辨；井卦，說的是德性的處地；巽卦，說的是德性的制宜。

履，和而至；謙，尊而光；複，小而辨於物；恒，雜而不厭；損，先難而後易；益，長裕而不設；困，窮而通；井，居其所而遷；巽，稱而隱。

履卦，和順而至極；謙卦，尊貴而光明；復卦，稚小而辨察於事物；恒卦，複雜而不厭煩；損卦，先困難而後容易；益卦，長久豐裕而不虛設；困卦，窮極而亨通；井卦，安居其所處而遷施惠澤；巽卦，稱頌教令而隱伏。

履，以和行；謙，以制禮；複，以自知；恒，以一德；損，以遠害；益，以興利；困，以寡怨；井，以辨義；巽，以行權。

履卦，用以和順前行；謙卦，用以制度禮儀；復卦，用以自我

致知；恒卦，用以恒一德性；損卦，用以遠離禍害；益卦，用以興起惠利；困卦，用以寡減怨恨；井卦，用以辨明義理；巽卦，用以行使權柄。

第八章

易之為書也，不可遠；為道也，屢遷。變動不居，周流六虛，上下無常，剛柔相易，不可為典要，唯變所適。

周易這本書包含的道理，不可與之遠離；但它包含的道理又屢屢變遷。它變動而不居處固定之地，周遍流轉在六爻所處的虛待之未，或上或下，沒有恆常，陽剛陰柔相互變易，不可作為不變化的典常綱要，只是以其變化順應適從。

其出入以度，外內使知懼，又明於憂患與故，無有師保，如臨父母。

周易卦爻變化出入往來都有法度，或在外卦或在內卦都以徵兆使人知道警懼，又使人明察於憂患和事故，雖然沒有師保的監護，但好像面臨父母的教誨。

初率其辭，而揆其方，既有典常。苟非其人，道不虛行。

行動之處循順卦爻辭的指示，揆度揣摩其方略，就會有了典常綱要。如果不是賢明之人，易理之道不會憑空而行。

第九章

易之為書也，原始要終，以為質也。六爻相雜，唯其時物也。

周易這本書包含的道理，以追原初始，推要終結，為其本質。六爻相互雜陳，只是象徵時位和物象。

其初難知，其上易知，本末也。初辭擬之，卒成之終。若夫雜物撰德，辨是與非，則非其中爻不備。

初爻象徵事物初始，吉凶未判，難以知曉，上爻象徵事物終結，趨向顯明，易於知曉，這是因為初爻和上爻猶如樹木的根本和末梢。初爻爻辭擬議推測事物發展的端緒，最後在上爻形成終結涵義。至於錯綜相雜物象撰述確定德性，辨明是與非，則是不是中間四爻（上下互卦）不能周備完成。

噫！亦要存亡吉凶，則居可知矣。知者觀其彖辭，則思過半矣。二與四，同功而異位，其善不同，二多譽，四多懼，近也。柔之為道，不利遠者，其要無咎，其用柔中也。三與五，同功而異位，三多凶，五多功，貴賤之等也。其柔危，其剛勝邪？

是啊！推要把握存與亡，吉與凶，則是居處也可知曉事理了。智慧之人觀察卦中的彖詞，就思悟了全卦過半的要義。二爻和四爻，同具有陰柔的功能但位置相異，它們象徵的善惡吉凶就不相同，二爻多有美譽，四爻多有憂懼，這是因為它們與五爻或遠應或近逼的原因。陰柔的道理，是不利於遠大作為，想要無所咎害，應該以陰柔居中為用。三爻和五爻，同具有陽剛的功能但位置相異，三爻多有兇險，五爻多有建功，這是因為它們所處之位置有貴賤的

差等分別。難道豈是陰柔一定危險，陽剛一定勝出嗎？

第十章

易之為書也，廣大悉備，有天道焉，有地道焉，有人道焉。兼三才而兩之，故六；六者，非它也，三才之道也。道有變動，故曰爻；爻有等，故曰物；物相雜，故曰文；文不當，故吉凶生焉。

周易這本書包含的道理，廣博宏大悉盡周備，有天之道，有地之道，有人之道。兼合三爻卦天地人三才，兩兩相重，所以有了六爻卦；六爻，並非意指其他，也是天地人三才之道。道出現有變動，所以就叫做爻；爻有上下貴賤的等級，所以就叫做物。物相互雜陳交錯，所以就叫做文；文的交錯會出現陰陽不當位，所以吉凶就產生了。

第十一章

易之興也，其當殷之末世，周之盛德邪？當文王與紂之事邪？是故其辭危。危者使平，易者使傾，其道甚大，百物不廢。懼以終始，其要無咎，此之謂易之道也。

周易的興起，大概是在殷朝的末世，周代盛美德業顯現的時候吧？大概是周文王與商紂王的故事吧？所以周易的文辭多有危懼之意。危懼使人平順，輕易使人傾覆，其中的道理非常宏大，使世間百物不會怠廢。至始至終保持憂懼，就會得到無所咎害，這就是所說的周易之道。

第十二章

夫乾，天下之至健也，德行恒易以知險。夫坤，天下之至順也，德行恒簡以知阻。

乾卦是天下至極的剛健，它的德性所行是恒常的平易因而能夠知曉兇險。坤卦是天下至極的柔順，它的德性所行是恒常的簡易中因而能夠知曉阻難。

能説諸心，能研諸侯之慮，定天下之吉凶，成天下之亹亹者。是故，變化云為，吉事有祥，象事知器，占事知來。

乾坤兩卦知曉險阻所以能夠使人愉悅心情，研消憂慮（「研諸侯之慮」中的「侯之」為衍文），確定天下的吉凶，成就天下敏勉者的事功。所以變動化生，言語行為，吉祥之事一定有祥瑞的預兆，擬象於事物就能知道器具之妙用，占卜於事物就能知道未來的情況。

天地設位，聖人成能，人謀鬼謀，百姓與能。

天地設立了其尊卑上下的位置，聖人依此效法成就周易的功能，人的謀劃合於鬼神的謀劃，百姓也參與這樣的周易的功能。

八卦以象告，爻象以情言，剛柔雜居，而吉凶可見矣！

八卦用其卦爻之象告知，爻辭象詞用其六爻的情狀言說，陽剛陰柔雜錯居處，吉凶就可以看出來了。

變動以利言，吉凶以情遷。是故，愛惡相攻而吉凶生；遠近相取而悔吝生；情偽相感而利害生。凡易之情，近而不相得

則凶；或害之，悔且吝。

卦爻的變動是隨著利害的不同而顯示言說的，卦爻的吉凶是隨著情狀的不同而遷移更改的。所以卦爻之間相愛相親或相憎相惡的敵對攻伐關係，就生出了吉凶；卦爻之間或遠或近的相互取捨關係，就生出了悔吝；卦爻之間真情相感或是虛偽不應的關係，就產生了利害。大凡是易理的情理，卦爻之間相互接近但卻不能陰陽相得就會兇險，也許會受到傷害，出現悔恨而且吝憾的情況。

**　將叛者，其辭慚，中心疑者其辭枝，吉人之辭寡，躁人之辭多，誣善之人其辭游，失其守者其辭屈。**

將會背叛的人其言辭必然心虛慚愧，內心在懷疑的人其言辭必然支吾散亂，吉祥的人其言辭簡潔寡約，急躁的人其言辭多而繁複，枉誣善良的人其言辭游移不定。喪失操守的人其言辭屈曲難展。

《說卦傳》白話全譯

說卦一章，主要就是解釋八卦最基本的象徵意義和取象法則。

第一章

昔者，聖人之作易也，幽贊於神明而生蓍，參天兩地而倚數，觀變於陰陽而立卦，發揮於剛柔而生爻，和順於道德而理於義，窮理盡性以至於命。

往昔聖人創作易經，深幽贊助於神明而創生出筮算，生數中一、三、五三個奇數為三天，二、四兩個偶數為兩地，它們相依成數，觀察陽陰的變化而建立卦象，發動揮變剛柔的情況而生出爻象，和偕合順於道德而明理於宜義，窮究事理極盡物性用以達致於天命。

第二章

昔者聖人之作易也，將以順性命之理。是以立天之道，曰陰與陽；立地之道，曰柔與剛；立人之道，曰仁與義。兼三才而兩之，故易六畫而成卦。分陰分陽，迭用柔剛，故易六位而成章。

往昔聖人創作易經，是要用以順應物性天命的義理。所以確立天之道就就叫做陰與陽，確立地之道就就叫做柔與剛，確立人之道就就叫做仁與義。兼以天地人三才而兩兩重疊，所以易經六爻之畫形成卦象。分別出陰與陽，迭替使用柔與剛，所以易經六爻之位雜成文章。

第三章

天地定位，山澤通氣，雷風相薄，水火不相射，八卦相錯，數往者順，知來者逆；是故，易逆數也。

乾天坤地確定處位，艮山兌澤感通氣息，震雷巽風相互薄激，坎水離火不會交相射害，八卦互相錯雜，追數往昔是順序相究（或謂先天八卦方位乾一兌二離三震四往行順數），預知將來是逆行相推（或謂先天八卦方位巽五坎六艮七坤八來復逆數）；所以易經的預測是逆推其數。

第四章

雷以動之，風以散之，雨以潤之，日以烜之，艮以止之，兌以說之，乾以君之，坤以藏之。

震雷是用來鼓動萬物的，巽風是用來播散萬物的，坎雨是用來潤澤萬物的，離日是用來烜照萬物的，艮山是用來停止萬物的，兌澤是用來愉悅萬物的，乾天是用來君臨萬物的，坤地是用來含藏萬物的。

第五章

帝出乎震，齊乎巽，相見乎離，致役乎坤，說言乎兌，戰乎乾，勞乎坎，成言乎艮。萬物出乎震，震東方也。齊乎巽，巽東南也，齊也者，言萬物之潔齊也。離也者，明也，萬物皆相見，南方之卦也，聖人南面而聽天下，向明而治，蓋取諸此也。坤也者，地也，萬物皆致養焉，故曰致役乎坤。兌，正秋

也，萬物之所說也，故曰說言乎兌。戰乎乾，乾西北之卦也，言陰陽相薄也。坎者，水也，正北方之卦也，勞卦也，萬物之所歸也，故曰勞乎坎。艮東北之卦也，萬物之所成終而所成始也，故曰成言乎艮。

上天主宰的帝氣生出於震位，齊整於巽位，紛相顯現於離位，致力委役於坤位，欣悅於兌位，陰陽接戰於乾位，慰勞修養於坎位，終成於艮位。萬物生出於震位，震位就是指東方。齊整於巽位，巽位就是指東南，齊的意思，是說萬物清潔整齊。離，代表光明，萬物都紛相顯現，是南方之卦，聖人面向南方而聽政天下，朝向光明而治理政務，大概就是取法效仿這一卦象的。坤，代表地，萬物都致力養育於地，所以說致力委役於坤位。兌，代表正處秋天的位置，是萬物所欣悅的季節，所以說欣悅於兌位。陰陽接戰於乾位，乾是代表西北方位的卦，說的是陰陽相互薄激。坎，代表水，是正北方之卦，慰勞修養之卦，是萬物所歸之處，所以說慰勞修養於坎位。艮是東北方之卦，萬物在這裏成就終結，也成就開始，所以說終成於艮位。

這一段的內容其實是用文字的方式描述了後天八卦方點陣圖，參見前述。

第六章

神也者，妙萬物而為言者也。動萬物者，莫疾乎雷；橈萬物者，莫疾乎風；燥萬物者，莫熯乎火；說萬物者，莫說乎澤；潤萬物者，莫潤乎水；終萬物始萬物者，莫盛乎艮。故水火相逮，雷風不相悖，山澤通氣，然後能變化，既成萬物也。

神奇造化，是就其妙化萬物的功用而說的。鼓動萬物的，沒有

比雷更迅疾的；橈曲萬物的，沒有比風更迅疾的；乾燥萬物的，沒有比火更燥熱的；愉悅萬物的，沒有比澤更欣悅；潤澤萬物的，沒有比水更滋潤的；終成萬物始發萬物，沒有比艮更美盛的。所以水與火相互逮及，雷與風不相位違悖，山與澤感通氣息，然後能夠變生化育，成就萬物。

第七章

乾，健也；坤，順也；震，動也；巽，入也；坎，陷也；離，麗也；艮，止也；兌，說也。

這一段言說八卦的卦德和性情，是八卦最為基本的象徵。八卦可以象徵萬物，但都應該歸結到這八種最基本的內在性質。

乾卦三爻純陽，純陽所以剛健。坤卦三爻純陰，純陰所以柔順。

艮坎震三卦都是陽卦，所以都有健的性質。巽離兌三卦都是陰卦也，所以都有順的性質。

剛健所以能夠奮動，所以震為動。

柔順所以能夠潛入，所以巽為入。

坎卦一陽爻在二陰爻之中，猶如陽剛之健遇到上下陰柔皆順則，陽必然溺陷在陰中，所以坎為陷。

離卦一陰爻在二陽爻之中，猶如陰柔之順遇到上下皆健則，陰必然附著於陽而彰顯出文麗，所以離為麗。

艮卦一陽爻在二陰陽之上，陽爻的剛健處在終極的上位，前面已經是沒有去路，無所可往，必然停止。所以艮為止。

兌卦一陰爻在二陽爻之上，陰爻的柔順表現在外面，所發出的情緒必然是順悅。所以兌為悅。

第八章

乾為馬，坤為牛，震為龍，巽為雞，坎為豕，離為雉，艮為狗，兌為羊。

乾是馬（乾象天行健，故為馬，健行者莫若馬，所以乾為馬），坤是牛（坤象地任重而順，故為牛），震是龍（震，動象，龍，動物，故為龍也），巽是雞（巽主號令，雞能知時，故為雞也），坎是豕（坎主水漬，豕處汙濕，故為豕也），離是雉（離為文明，雉有文章，故為雉也），艮是狗（艮為靜止，狗能善守，禁止外人，故為狗也），兌是羊（羊者，順之畜，故為羊也）。

這一段言說八卦取象對應的八種動物。

第九章

乾為首，坤為腹，震為足，巽為股，坎為耳，離為目，艮為手，兌為口。

這一段言說八卦取象對應的人身體八個部位。

《周易正義》中孔穎達的疏解非常簡明：「乾尊而在上，故為首也『坤為腹』，坤能包藏含容，故為腹也『震為足』，足能動用，故為足也。『巽為股』，股隨於足，則巽順之謂，故為股也。『坎為耳』，坎北方之卦，主聽，故為耳也。『離為目』，南方之卦，主視，故為目也。『艮為手』，艮既為止，手亦能止持其物，故為手也。『兌為口』，兌，西方之卦，主言語，故為口也」。

第十章

乾，天也，故稱乎父；坤，地也，故稱乎母；震一索而得男，故謂之長男；巽一索而得女，故謂之長女；坎再索而得男，故謂之中男；離再索而得女，故謂之中女；艮三索而得男，故謂之少男；兌三索而得女，故謂之少女。

乾，象徵天，所以稱作父；坤，象徵地，所以稱作母；震是乾父初次求索於坤母陰陽交合所得之男，所以稱作長男；巽是乾父初次求索於坤母陰陽交合所得之得女，所以稱作長女；坎是乾父再次求索於坤母陰陽交合所得之男，所以稱作中男；離是乾父初再求索於坤母陰陽交合所得之女，所以稱作中女；艮是乾父第三次求索於坤母陰陽交合所得之男，所以稱作少男；兌是乾父第三次求索於坤母陰陽交合所得之女，所以稱作少女。

這一段解釋乾坤生六子。

第十一章

乾為天、為圜、為君、為父、為玉、為金、為寒、為冰、為大赤、為良馬、為瘠馬、為駁馬、為木果。

這一段廣明乾卦所象徵的卦象。

乾卦純陽至健，所以為天。

天圓地方，天氣運動不息，所以為圜。

乾為天為至尊，尤如君王君臨天下，父親主宰家庭，所以為君，為父。

乾卦純粹至剛至健，又有天氣清明的性質，所以為玉，為金。

乾為西北之卦，西北乃寒冷冰凍之地，所以又為寒，為冰。

乾在《文言》中爲「大明始終」，陽氣是最爲旺盛之勢，所以爲大赤之色。

乾卦健行爲馬，所以爲善行之良馬。

老馬，爲行健已久之馬。

瘠馬，爲骨多肉少之瘦馬。乾爲骨，坤爲肉，所以乾有骨多肉少之象。

駁馬爲色彩斑駁之馬，雜色之馬。

乾爲馬，但乾道變化，所以引申出各種不同之馬（**來知德說，良馬爲見之不變者，老馬爲見之時變者，瘠馬爲見之身變者，駁馬爲見之色變者**），爲老馬、瘠馬、駁馬。歸根結底都是健行之馬。

乾爲木果，是因爲懸掛在樹木上的果實是圓形的。

另外，《荀九家易》中還有乾爲龍、爲直、爲衣、爲言的說法。

坤爲地、爲母、爲布、爲釜、爲吝嗇、爲均、爲子母牛、爲大輿、爲文、爲眾、爲柄、其於地也爲黑。

這一段廣明坤卦所象徵的卦象。

乾卦純陽在上爲天，所以坤卦純陰在下爲地。

大地化育滋生萬物，所以爲母。

地勢廣布流行，無邊，所以爲布。地南北爲經，東西爲緯，也有以經緯織布之象。

地生長萬物，化生成熟，以萬物養人，猶如釜中煮熟的食物，供養人食，所以爲釜。

地生養萬物而不轉移，所以地爲吝嗇。

地道平均，承載萬物，不分良幼，一視同仁，所以爲均。

坤爲牛爲陰，所以爲母牛。大地蓄育萬物，繁衍不息，生生相

濟，所以爲子母牛。

大地容載萬物，所以爲大輿（**大車**）。

地生萬物，色彩駁雜，草木繽紛，山川如畫，所以爲文。

地容載萬物，所以爲眾。

地爲萬物生長之根本，萬物皆依附於地，尤如器物依附於其木柄，所以爲柄。

坤爲純陰，極陰之色幽暗無光，所以共於地爲黑。

另外，《荀九家易》中還有坤爲牝，爲迷，爲方，爲囊，爲裳，爲黃，爲帛，爲漿的說法。

震爲雷、爲龍、爲玄黃、爲敷、爲大塗、爲長子、爲決躁、爲蒼筤竹、爲萑葦。其於馬也，爲善鳴、爲馵足，爲作足，爲的顙。其於稼也，爲反生。其究爲健，爲蕃鮮。

這一段廣明震卦所象徵的卦象。

震爲震動，氣動於下，激震爲雷。物動於下，奮起爲龍。所以震爲雷、爲龍。

震爲乾父坤母陰陽初次交合而生出的長子，所以兼有天地玄黃之雜色，爲玄黃。

震在東方，爲春日之卦。春氣時至，草木生長，花朵繽紛，所以爲花朵爲敷（**花朵**）。敷又古同敷字，所以也可解釋爲敷布，春氣草木敷布而生。

大塗，即爲大路。震一陽爻動於下，二陰爻開張在前，前行通達，所以爲大塗。

震爲長子見前。

震一陽爻在下初動，急於前往，秉承乾父的健行，其動也銳。

所以有震爲決躁。

蒼筤，竹是指初生的幼竹，萑葦是指蘆葦類的植物，根成堅剛，下實上虛，猶如震卦一陽實在下，二陰虛在上。所以震爲蒼筤竹、爲萑葦。

震爲長子，繼承乾父健行的特性，善動而行，所以也有馬象。

震爲善鳴之馬，取象於雷聲，雷鳴遠聞。

馵，震伏巽，巽爲白。震爲馵足之馬，取象於此馬的後左足爲白色，其行動之時，白色在下，顯而易見。

作，《說文解字》解釋：「作，起也」。馬足起而動爲作足。所以震爲作足之馬。

馬的額上有白色，稱爲的顙。的顙之馬也是動而易見。震伏巽，巽爲白，所以震爲的顙之馬，

震取象於禾稼爲反生。

反生是指頂著種子的甲殼破土萌生，帶甲而生。震一陽在下爲實，猶如帶甲殼的種子。

震動到了極致，也有健的性質，所以其究是健。

蕃鮮是指草木蕃育鮮明。震爲春日之卦，所以有草木蕃育鮮明之象。

另外，《荀九家易》中還有震爲玉，爲鵠，爲鼓的說法。

巽爲木、爲風、爲長女、爲繩直、爲工、爲白、爲長、爲高、爲進退、爲不果、爲臭。其於人也，爲寡髮、爲廣顙、爲多白眼、爲近利市三倍。其究爲躁卦。

這一段廣明巽卦所象徵的卦象。

巽二陽爻在上，一陰爻在下，陰爻安靜於下，陽爻發動於上，

有似於樹木紮根在土地中。善於潛入土地者莫如木，善於潛入孔穴者莫如風，所以巽爲木，爲風。

巽爲長女，也有其坤母巽服柔順的特質。

樹木進行加工可以使其或曲或直，加工時以繩取直，所以巽爲繩直，爲工。

巽爲風，風吹去塵爲潔白，所以巽爲白。

陽爲長，陰爲短，陽爲高，陰爲卑。巽卦二陽在上，一陰在下，所以有陽長有陽高之象。巽爲風，風氣也有高遠之象。所以爲長，爲高。

巽爲風，風行無常，所以有進退之象。或東或西，不能果敢決斷，所以也有不果之象。所以巽爲進退，爲不果。

臭是指氣味，氣味隨風遠布，所以巽爲臭。

來知德解釋說，巽一陰伏於二陽之下，鬱積不散，所以爲臭。

寡髮指頭髮稀少。巽風吹落樹上的花葉，使其自稀疏，猶如人之頭髮稀少，所以巽爲寡髮。

廣顙是指額頭很寬，也有頭髮稀少之意，所以巽爲廣顙。

離爲目，眼睛中白者爲陽，黑者爲陰。離目則象形於一陰爻的黑睛位於二陽爻的眼白之中。巽卦二陽在上，一陰在下，猶如二白遮蔽一黑，比之於人的眼睛，如多白眼。

巽善入，如市場中的交易，收入頗豐，有三倍之獲利，所以爲近利市三倍。

巽卦和震卦陰陽相伏，巽卦的終極則有震的特性，如風之動近於急躁，所以其究是躁卦。

另外，《荀九家易》中還有巽爲楊，爲鸛的說法。

坎為水、為溝瀆、為隱伏、為矯輮、為弓輪。其於人也，為加憂、為心病、為耳痛、為血卦、為赤。其於馬也，為美脊、為亟心、為下首、為薄蹄、為曳。其於輿也，為多眚、為通、為月、為盜。其於木也，為堅多心。

這一段廣明坎卦所象徵的卦象。

水清潔內明，有陽氣在內。坎卦一陽爻在內，二陰爻在外，陽氣藏在陰中，在所以坎為水。坎為北方之卦，北方亦為水。

坎卦一陽在中流動，二陰在外相夾，所以有溝瀆之象，坎為溝瀆。

坎卦一陽在中被二陰所遮掩，所以有隱伏之象，坎為隱伏。

矯是指使直者彎曲，輮是指使曲者矯直。水流無定形，可以使之曲，也可以使之直，所以坎為矯輮。

弓和輪都是矯輮加工而成，所以坎又為弓輪。

坎卦一陽陷於二陰之中，因陷落而擔心其危厲，所以其於人也為加憂。

憂患其坎險，所以為心中之病。

坎為耳，又有病象，所以為耳痛。

水藏地中，猶如人的血液藏在身體之中，所以坎為血。

血為赤紅之色，所以坎為赤。

坎為陽卦，一陽在中，也有健行的特質，所以也可以為馬。

坎一陽在中，猶如馬背之脊骨，二陰在外，猶如馬背之肉，所以其於馬也為美脊之馬。

亟為急躁。坎剛陷於內為加憂，所以為其於馬也為亟心之馬。

坎陰爻在上柔弱，猶如馬首無力下垂，不能昂揚，所以為其於馬也為下首之馬。

又坎陰爻在下柔弱，猶如馬蹄薄而不厚，又猶如水摩地拖曳而行，所以其於馬也為下首，為薄蹄，為曳之馬。

坎為輪所以有車輿之象。坎陰柔在外，摩地而行，難以任重，多有災禍，所以為多眚。

坎水流而不止，所以為通。

日為火之精，月為水之精，所以坎為月。

水隱伏潛行，剛強隱伏在陰柔之中，所以有盜之象。

坎中堅實，剛在於內，所以有堅多心的木之象。

另外，《荀九家易》中還有坎為宮，為律，為可，為棟，為叢棘，為狐，為蒺藜，為桎梏的說法。

離為火、為日、為電、為中女、為甲冑、為戈兵。其於人也，為大腹，為乾卦。為鱉、為蟹、為蠃、為蚌、為龜。其於木也，為科上槁。

這一段廣明離卦所象徵的卦象。

離卦陽明在外，陰質在內，有火之象。

日為火之精，所以離為日。

電為火之光，所以離為電。

離為中女，見前面的解釋。

離卦外剛內柔，猶如甲冑保護人體，外堅內弱，所以有甲冑之象。

離卦陽剛在外，以剛自捍，所以有戈兵之象。

離卦中虛，猶如人之大腹，內懷陰氣，所以其於人也為大腹。

離為乾卦。離火燥物，水份流失，所以離為乾卦。

離外剛內柔，有甲殼動物之象，所以為鱉、為蟹、為蠃（**此處**

通螺）、為蚌、為龜。

科，此處意為虛空，為木中空也。

離卦陰虛在內，是為虛空。離為火，火性炎上，上必枯槁，所以其於木也為科上槁。

另外，《荀九家易》中還有離為牝牛的說法。

艮為山、為徑路、為小石、為門闕、為果蓏、為閽寺、為指、為狗、為鼠、為黔喙之屬。其於木也，為堅多節。

這一段廣明艮卦所象徵的卦象。

艮為止，高山靜止在大地上，所以艮為山。艮一陽在上為高，所以有山之象。

艮一陽止於外，和震卦相反，不通大路，所以震為大塗，而艮為徑路，為山上的小道。

艮為少男，為陽卦之小，艮又為山，所以綜合取象為小石。

艮卦一陽在上相連，二陰在下虛斷分拆，其形狀猶如門闕。所以艮為門闕。

木實為果，草實為蓏，果蓏皆為山中生長，所以艮為果蓏。

閽是指閽人，指看守宮門的人；寺指寺人，指古時執守宮中的小臣，猶如後世的宦官。閽人寺人的職責都是禁止外人進入。又閽是指宮門，寺是指寺廟，閽寺也是門闕之形，所以艮為閽寺。

人能夠將取執物件而停止下來的，正是手指，所以艮為指。

艮為狗如前解釋。

艮為鼠，鼠止人家，有停止之意。

喙，這裏特指鳥獸的嘴，一說黔喙猶如鳥喙，鳥喙簡要多為黑色。艮卦一陽爻在外如堅硬的鳥喙，所以艮為黔喙之屬。

艮一陽在上，二陰在下，象形爲樹林木堅多節，猶如坎陽在內，木堅在心。

另外，《荀九家易》中還有艮爲鼻，爲虎，爲狐的說法。

兌爲澤、爲少女、爲巫、爲口舌、爲毀折、爲附決。其於地也爲剛鹵，爲妾、爲羊。

這一段廣明兌卦所象徵的卦象。

兌卦二陽爻在下，如堅實之地。一陰爻在上，如所蓄積的沼澤之水，所以兌有澤象。

兌爲少女解釋見前。

巫者以歌舞取悅於神，兌爲悅，所以亦爲巫。

取悅於人的莫若言語，所以兌亦爲口舌。

兌爲正秋西方之卦，秋日草木枯萎，萬物蕭條，所以有毀折之象。

兌卦一陰柔之爻附著在二陽剛之爻之上，形如夬卦之五陽決一陰，所以兌爲附決。

震卦陽動，所以爲決躁，兌卦陰悅，所以爲附決。附卦之意乃是附於剛而決，並非是能自決。

兌爲西方之卦爲金。《說文解字》解釋：「鹵，西方鹹地也」。所以兌爲剛鹵。

古時少女從姊嫁夫爲娣，所以兌爲妾。

羊的特性是外表順悅而內有狠，如兌卦陰順在外，陽剛在內，所以兌爲羊。

另外，《荀九家易》中還有兌爲常，爲輔頰（虞翻注：「耳目之間稱輔頰。」）的說法。

《雜卦傳》白話全譯

　　《雜卦》之雜，是雜亂交錯之意。

　　《十翼》中雜卦排在序卦之後。《雜卦》將序卦的排列順序打亂，雜揉眾卦，把六十四卦重新進行安排組合，以簡明概括的詞語加以解釋。

　　雜卦的排列與序卦有相關之處，卻又雜亂不同，其基本的原則是遵循「二二為偶，非覆即變」的易例，將六十四卦分為三十二對，兩兩對舉，特別強調覆（卦形旋轉一百八十度）變（卦中所有陰陽爻全部變為相反的陽陰爻），或名之為錯（即是變）綜（即是覆），或名之為旁通（即是變）反對（即是覆）的辯證統一關係。

　　乾剛，坤柔，比樂，師憂。

　　乾卦陽剛，坤卦陰柔。

　　臨、觀之義，或與或求。

　　臨卦和觀卦的義理，或是施予，或是索求。

　　屯見而不失其居。蒙雜而著。

　　屯卦顯現而不離失居處的尊位，蒙卦雜陳而顯著。

　　震起也，艮止也；損益盛衰之始也。

　　震卦是興起，艮卦是停止。損卦和益卦是興盛和衰敗的初始。

大畜時也。無妄災也。

大畜卦是應時，無妄卦是災禍。

萃聚，而升不來也。謙輕，而豫怠也。

萃卦表示彙聚，而升卦卻有上升而不回來的含義。謙卦表示自輕，而豫卦卻有懈怠之意。

噬嗑食也，賁無色也。

噬嗑卦表示飲食，賁卦代表無色。

兌見，而巽伏也。

兌卦外現，而巽卦內伏。

隨無故也，蠱則飭也。

隨卦沒有事故，蠱卦則是需要整飭。

剝爛也，復反也。

剝卦表示朽爛，復卦表示回返。

晉晝也，明夷誅也。

晉卦表示白晝，明夷表示誅殺，

井通，而困相遇也。

井卦通達無阻，而困卦陰陽相遇卻困窘受阻。

咸速也，恒久也。

咸卦感應速度，恒卦恒長持久。

渙離也，節止也；解緩也，蹇難也；睽外也，家人內也；否泰反其類也。

渙卦表示離散，節卦表示節止。解卦代表緩解，蹇卦表示蹇難。睽卦表示見外，家人卦表示內親。否卦與泰卦是相反的類別。

大壯則止，遯則退也。

大壯卦代表會停止，遯卦代表會後退。

大有眾也，同人親也；革去故也，鼎取新也；小過過也，中孚信也；豐多故也，親寡旅也。

大有卦代表眾多，同人卦代表親近。革卦表示去除故舊，鼎卦表示取其新鮮。小過卦代表過越，中孚卦代表孚信。豐卦表示多有故舊，旅卦表示親戚寡少。

離上，而坎下也。小畜寡也，履不處也。需不進也，訟不親也。

離卦代表炎上，坎卦代表潤下。小畜卦代表寡少，履卦代表所處之位不當。需卦表示不想前進，訟卦表示不想親和。

大過顛也。姤遇也，柔遇剛也。漸女歸，待男行也。頤養正也，既濟定也。歸妹女之終也。未濟男之窮也。夬決也，剛決柔也；君子道長，小人道憂也。

　　大過代表顛倒，姤卦表示相遇，以陰柔相遇與陽剛。漸卦表示女子歸嫁，等待男方迎親。頤卦代表以正道頤養。既濟卦代表確定。歸妹卦代表女子有終極之歸依。未濟代表男人的窮困。夬卦表示夬決，陽剛夬決陰柔，這是代表君子之道盛長，小人之道憂危。

後記：回歸以象解易傳統

覃賢茂

2009 年開始我在四川大學錦江學院文學傳媒學院開授易經課程以來，已經五輪課程結束。在教學中我深有體會，實在難以找到適合推薦給初次接觸到《周易》的大學生的學習教材。在四川大學錦江學院嚴廷德教授的鼓勵下我開始寫作適合大學生學習的周易讀本，三年的時間，整理修改教案，印證我對《周易》研究的心得，在 2013 年出版了《易經說什麼》一書，並且當年 5 月即印刷二版。但是因為此書對「以象解易」的觀點進行了大量學術的論述引證，致使篇幅過長，達 575 頁。

為了更好適應大學生通識教育課學習的要求，2014 年我在《易經說什麼》一書的基礎上進行了字斟句酌的反覆修訂和改寫，將其中過於學術化的內容刪除或通俗化，與《易經說什麼》一書有了絕大的區別和不同，形成這樣的一本篇幅適中真正便於大學生學習和入門的《周易》的通俗讀本。

我的寫作理念其實很簡單，就是要真正做到：明明白白！一定要有言之成理的內在邏輯。所以，在同樣能夠解釋清楚的學說中，一定選擇最明白簡單的解釋。能夠簡明的地方，絕不搞複雜！

不敢說自己做到了，起碼我是這樣努力的。

我的這本書，是寫給那些真正想學習《周易》，想由此登堂入室、一窺《周易》門奧的有志學生讀的。

是為後記。

附錄：主要參考書目

周易正義（唐）孔穎達撰（十三經注疏，北京大學出版社，2000年12月版）

周易程氏傳（宋）程頤撰，四庫全書本

周易本義（宋）朱熹撰，清武英殿本

周易鄭康成注（宋）王應麟編，四部叢刊本

周易集注（明）來知德撰，四庫全書本

周易集解纂疏（清）李道平撰，1994年中華書局出版

禦纂周易折中（清）李光地撰，四庫全書本

周易恒解（清）劉沅撰，續修四庫全書本

易象集解（清）黃守平輯，清同治漱芳園刻本

易象匯解 （明）陳士元撰，續修四庫全書本

周易不我解（明）徐體乾撰，續修四庫全書本

虞氏逸象考證（清）紀磊撰，劉氏嘉業堂刻吳興叢書

周易尚氏學 尚秉和著，1980年中華書局出版

周易解讀 辛介夫著，1998年陝西師範大學出版社出版

周易圖像集解 郭彧著，2000年中國文聯出版社出版

周易學說 馬振彪著，2002年花城出版社出版

周易今注今譯 陳鼓應 趙建偉注譯，2005年商務印書館出版

周易譯注 黃壽祺、張善文譯注，2007年上海古籍出版社出版

易學哲學史 朱伯崑著，1995年華夏出版社出版

易經說什麼 覃賢茂著，2013年江西科技出版社出版

明明白白學易經：周易解謎

作　　者：覃賢茂
發 行 人：陳曉林
出 版 所：風雲時代出版股份有限公司
地　　址：105台北市民生東路五段178號7樓之3
風雲書網：http://www.eastbooks.com.tw
官方部落格：http://eastbooks.pixnet.net/blog
Facebook：http://www.facebook.com/h7560949
信　　箱：h7560949@ms15.hinet.net
郵撥帳號：12043291
服務專線：(02)27560949
傳眞專線：(02)27653799
執行主編：劉宇青
美術編輯：吳宗潔

法律顧問：永然法律事務所　　李永然律師
　　　　　北辰著作權事務所　蕭雄淋律師
版權授權：覃賢茂
初版日期：2016年8月

ISBN：978-986-352-362-8

總 經 銷：成信文化事業股份有限公司
地　　址：新北市新店區中正路四維巷二弄2號4樓
電　　話：(02)2219-2080

行政院新聞局局版台業字第3595號
營利事業統一編號22759935

定　價：330元　　　　　　　　　　版權所有　翻印必究

◎ 如有缺頁或裝訂錯誤，請退回本社更換

國 家 圖 書 館 出 版 品 預 行 編 目 資 料

明明白白學易經：周易解謎 / 覃賢茂著. —
　臺北市：風雲時代，2016.07
　　面；　　公分
ISBN 978-986-352-362-8(平裝)
1.易經 2.研究考訂

121.17　　　　　　　　　　　　105010256